UMA NOVA HISTÓRIA DA GUERRA DO PARAGUAI

UMA NOVA HISTÓRIA DA GUERRA DO PARAGUAI

SOLANO LÓPEZ E A IMPERATRIZ DA AMÉRICA DO SUL

NIGEL CAWTHORNE

M.Books

M.Books do Brasil Editora Ltda.

Rua Jorge Americano, 61 - Alto da Lapa
05083-130 - São Paulo - SP - Telefones: (11) 3645-0409/(11) 3645-0410
Fax: (11) 3832-0335 - e-mail: vendas@mbooks.com.br
www.mbooks.com.br

Dados de Catalogação na Publicação

Cawthorne, Nigel – Uma nova história da Guerra do Paraguai: Solano López e a imperatriz da América do Sul / Nigel Cawthorne.

São Paulo – 2015 – M.Books do Brasil Editora Ltda.

1. História   2. Guerras e Batalhas   3. História Geral

ISBN: 978-85-7680-252-5

Do original: The empress of South America
Publicado originalmente em ingles por The Random House Group Limited.
2003 © The Random House Group Limited.
2015 © M.Books do Brasil Editora Ltda.

Editor
Milton Mira de Assumpção Filho

Tradução
Marisa Motta

Produção Editorial
Carolina Evangelista

Capa
Zuleika Iamashita

Editoração
Crontec

2015
Proibida a reprodução total ou parcial.
Os infratores serão punidos na forma da lei.
Direitos exclusivos cedidos à M.Books do Brasil Editora Ltda.

Sumário

1. Uma heroína nacional 7
2. O rio e o mar 15
3. El Supremo 29
4. Francisco López 43
5. Elisa Lynch 49
6. O encontro do destino 59
7. A ascensão ao poder 83
8. Ambições imperiais 101
9. A rainha do cerco 123
10. A ofensiva sedutora 147
11. A grande conspiração 163
12. O fim do império 177
13. A queda de um tirano 203
14. Elisa no exílio 225
15. Imperatriz por fim 237

Bibliografia selecionada 243
Índice remissivo 247

1
Uma heroína nacional

Em maio de 1961, Teófilo Chammas, um paraguaio de origem libanesa, subiu à noite os muros do cemitério Père Lachaise, em Paris. Os portões estavam trancados, mas os muros altos não tinham arame farpado como atualmente. Não havia também policiamento noturno no cemitério. E, como agora, jovens apaixonados iam neste lugar para namorar protegidos pela escuridão.

No entanto, Chammas tinha algo mais tortuoso em mente. Assim que entrou no Père Lachaise andou em direção à avenida Carette, passou pelo túmulo de Oscar Wilde, e seguiu para a divisão 92 do cemitério. Em seguida, começou a procurar a sepultura número 6/42-18/90. O ponto de referência mais próximo era uma escultura reclinada, feita em bronze, do jornalista Victor Noir, cujos lábios e virilha brilhavam de tão polidos pelas inúmeras carícias de mulheres enlutadas, desde que fora morto com um tiro pelo príncipe Pierre Bonaparte em 1870, um fato que precipitou o fim do Segundo Império. Seis aleias de túmulos atrás de Noir e 18 a partir da avenida Carette, Chammas encontrou o que procurava.

Na base do mausoléu ornamental do Lote 6/42-18/90 havia a inscrição Concession à Perpétuité n. 542/1886 (*C.A.P*). Uma inscrição na tampa do túmulo dizia que pertencia à *Famille Martin*. A sepultura, segundo outra inscrição, abrigava Estelle Martin, que morrera em 18 de fevereiro de 1900. Mas, não era Estelle Martin que Chammas procurava. Havia citações e desenhos curiosos no túmulo. Em um dos lados Chammas viu a inscrição *Paz y Justicia*. Embaixo havia o desenho de um leão dançarino segurando um barrete frígio em uma vareta, que os escravos libertos romanos já usavam, mas é conhecido na França como o "barrete vermelho da liberdade" dos franceses revolucionários. Esse desenho fora tirado de um grande selo do Paraguai. Do outro lado do túmulo havia o desenho da estrela de cinco pontas e do galho de oliveira da bandeira paraguaia. No final do mausoléu próximo ao túmulo de Victor Noir, Chammas viu um brasão com três trevos estilizados. Em cima, o desenho de um lobo com a seguinte legenda: *Lupus me fugit inermen* – "O lobo foge de mim embora eu esteja desarmado".

O significado dessas inscrições talvez passasse despercebido a um visitante casual, porém indicaram a Chammas que estava no lugar certo. Para as pessoas que conheciam o passado turbulento da América do Sul, seu sentido era explicado por uma pequena placa de mármore na outra extremidade do túmulo, com a seguinte frase em espanhol:

> Monumento erguido por:
> Enrique, Federico e Carlos Solano López.
> Em homenagem à memória da sempre amada e inesquecível mãe:
> Doña Elisa Alicia Lynch-López.
> Morta em 25 de julho de 1886.

Ao ler essa inscrição alunos de história latino-americana lembrariam, no mesmo instante, da guerra mais violenta da América, um conflito que causou mais mortes do que a terrível guerra civil dos Estados Unidos e devastou uma nação rica por meio da fraqueza de um homem e a ambição de uma mulher. Era essa mulher, Elisa Alicia Lynch-López, mais conhecida como Elisa Lynch, que Chammas procurava.

Um empresário, exportador e importador independente, Chammas era um neófito na atividade de saquear túmulos, mas cultivara contatos úteis

Elisa Lynch após a Guerra do Paraguai.

com funcionários do Père Lachaise. O dinheiro havia trocado de mãos, e o túmulo já fora aberto. Havia cinco caixões na sepultura. Os dois primeiros eram de Estelle Martin e de Elisa Lynch, que haviam sido enterradas nessa sepultura em maio de 1900. Estelle Martin morrera em fevereiro desse ano, e fora enterrada por um curto período em outro lugar, enquanto Elisa definhara em um minúsculo túmulo na divisão 53 do Père Lachaise, desde 27 de julho de 1886. Como as duas haviam sido enterradas antes dos outros ocupantes do mausoléu, os caixões empilhavam-se em cima dos delas, o que dificultava a exumação. Remover um caixão de um túmulo era, na melhor das hipóteses, um trabalho cansativo e demorado e, em razão do tempo em que haviam permanecido no chão úmido do Père Lachaise, os caixões estavam muito frágeis. Assim, já quase amanhecia quando Chammas se aproximou dos caixões de Estelle e Elisa.

Aproximadamente nessa mesma hora, o embaixador do Paraguai, Dr. Hipólito Sánchez Quell, fazia uma visita oficial ao governo francês, com o pedido formal de levar os restos mortais de Elisa Lynch para o Paraguai. Embora fosse irlandesa, portanto, de origem inglesa, e francesa pelo casamento (parisiense por inclinação), o ditador paraguaio, general Alfredo Stroessner, convencera-se que seu cadáver pertencia ao Paraguai. Os papéis oficiais do pedido feito pelo governo do Paraguai haviam sido entregues às autoridades francesas e, enquanto a burocracia do governo francês os examinava com lentidão, Dr. Quell fez uma visita ao túmulo de Elisa com a filha de 10 anos. Ele sentiu um choque ao descobrir que os restos mortais de Madame Lynch haviam sido exumados e levados às pressas do país. Mas não tinha dúvidas em relação à identidade do responsável – um conterrâneo que ele denunciara como o chefe dos contrabandistas.

Enquanto Dr. Quell procurava levar os restos mortais de Elisa Lynch para o Paraguai pelos trâmites apropriados, Chammas agiu mais rápido e contrabandeou o cadáver para a América do Sul em um esquife carregado de haxixe libanês. A alfândega em Buenos Aires o interceptou. Da Argentina, os restos mortais ou foram levados para o Paraguai em uma canhoneira depois de um acordo diplomático, ou Chammas, o traficante de drogas, que se transformara em violador de túmulos para se aproximar do ditador Stroessner, subornou os funcionários da alfândega local, alugou um hidroavião e levou a ossada de Elisa para o Paraguai em uma mala.

Essa é apenas uma das versões da história. Extraordinária, sem dúvida. Mas seria um *postscriptum* adequado para a vida de uma mulher notável. Houve, é claro, relatos mais prosaicos de seu retorno ao Paraguai.

As autoridades francesas insistiram que Elisa Lynch fora legalmente exumada. Apesar de o público em geral não ter acesso aos arquivos do cemitério, de acordo com a documentação arquivada no escritório do Père Lachaise, o embaixador paraguaio estava presente no momento em que desenterraram o corpo. No entanto, segundo as leis francesas seria preciso ter o consentimento de um parente próximo de todas as pessoas enterradas no túmulo antes de abri-lo. O Departamento Municipal de Polícia obteve o consentimento de Jorge Manuel e Elisa A. Solano López, netos de Elisa Lynch, para exumar seu cadáver. Porém, seria difícil, ou até mesmo impossível, encontrar as famílias das outras quatro pessoas.

As autoridades do Paraguai também afirmaram que a exumação fora feita legalmente. Mas havia um fato estranho em toda essa história. Dr. Quell, um escritor prolífico e apaixonado por Madame Lynch, não se referiu à exumação de seus restos mortais nos extensos volumes que escreveu sobre suas atividades em Paris, embora o retorno dos restos mortais de Elisa fosse, sem dúvida, um dos maiores triunfos diplomáticos de sua carreira.

O historiador do Père Lachaise, Christian Charlet, disse que essa omissão poderia ser explicada com facilidade. O pedido de retorno dos restos mortais de Elisa Lynch fora negociado em segredo pela embaixada francesa em Assunção, capital do Paraguai. Assim, a embaixada do Paraguai em Paris só foi informada mais tarde, e o embaixador só descobriu que o cadáver havia sido removido do túmulo ao visitar o cemitério, em 23 de maio. Disse M. Charlet:

"Tendo em vista as razões implícitas na exumação dos restos mortais de Elisa Lynch-López, e sua transferência para o Paraguai, é possível que o poder político na época (general-presidente Alfredo Stroessner) tenha optado por um retorno discreto, estritamente familiar, 'em vez de fazer uma tramitação política oficial, que provavelmente provocaria uma reação negativa do governo francês'.

Mas, esse incidente de modo algum causou problemas políticos ou diplomáticos para o governo francês. O presidente francês Charles de Gaulle visitou o Paraguai em 1964, três anos depois do retorno dos restos mortais de Elisa Lynch ao país, e não demonstrou preocupação ou interesse pelo possível "uso" dos restos mortais. Com certeza, o presidente francês não teria visitado o Paraguai se houvesse algum conflito político entre os dois países, por causa de uma pequena violação de um túmulo. Depois disso o incidente foi esquecido. Afinal, não é muito difícil fazer os ajustes adequados em arquivos que não estão abertos ao público.

Na época, os paraguaios queriam que os restos mortais de Madame Lynch voltassem para o país em um navio de guerra. Porém, o Paraguai não tem acesso ao mar e, por esse motivo, não tinha (nem tem) navios de guerra. Sua atividade naval limitava-se aos três rios navegáveis – Paraguai, Paraná e Pilcomayo –, que se estendem por quase toda a fronteira atual do Paraguai.

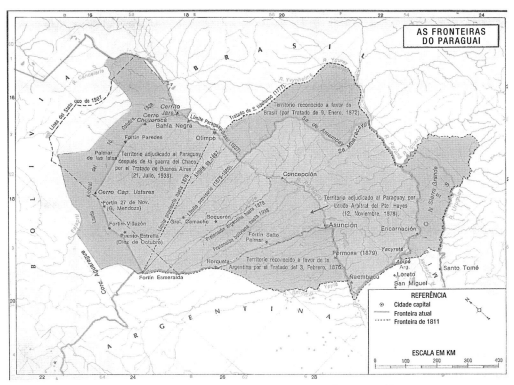

As fronteiras do Paraguai com territórios que, segundo o país, lhe pertenceram e os quais teve de renunciar a favor dos aliados.

Ainda sim, os restos mortais de Elisa chegaram ao porto de Assunção em 25 de julho de 1961, no aniversário de 75 anos de sua morte. O general

Stroessner estava à espera no cais. Ele declarara que esse seria o "Dia da Homenagem Nacional", e o governo inteiro estava presente, além da guarda de honra e de uma enorme multidão. Enquanto a orquestra do Exército paraguaio tocava o hino nacional operístico do país, os restos mortais de Elisa Lynch desembarcaram dentro de uma grande urna de bronze. A urna era idêntica à dos supostos restos mortais de outro grande herói da história do Paraguai, o amante de Elisa e parceiro no crime, General Francisco Solano López, ditador, chefe do Exército e herói de guerra, descrito também como um dos piores tiranos do mundo, como Nero, e comparável a um dos maiores assassinos da história da humanidade, Gengis Khan. Elisa e Francisco foram responsáveis pelo massacre de quase toda a população masculina do Paraguai, enquanto sem que ele soubesse, ela esvaziava os cofres públicos.

Entretanto, de acordo com o discurso grandiloquente do general Stroessner no cais, a bela Elisa era uma heroína nacional e uma mártir, apesar de ter morrido longe do Paraguai e em uma situação bem mais confortável do que a maioria de suas vítimas. O enorme cortejo funerário subiu a colina do Pantéon de los Heroes, uma réplica do túmulo de Napoleão no Les Invalides, construído por Francisco para abrigar seus restos mortais. Stroessner queria que esses improváveis heróis nacionais ficassem deitados lado a lado para sempre no Pantéon de los Heroes. Mas, no último momento, a Igreja Católica interveio. Elisa e Francisco não foram casados. Durante sua estadia no Paraguai, Madame Lynch continuou casada com um francês e sua ligação com Francisco havia sido adúltera. O Pantéon de los Heroes fora construído em um terreno santificado e, segundo a Igreja, seria uma afronta a Deus que os dois ficassem juntos, embora não pudessem cometer o pecado contra o sétimo mandamento de novo, pois estavam mortos.

Os escrúpulos da Igreja não preocuparam muito Alfredo Stroessner, o ditador que governava o Paraguai sem oposição desde que assumiu o poder em um golpe de Estado em 1954, e que se manteria no comando até 1989, o governante que, dentre todos os dos países da América do Sul no século XX, ficara por mais tempo à frente do governo. No entanto, seis anos antes, ele vira seu antigo amigo Juan Perón ser expulso da Argentina depois do rompimento com a Igreja. Perón tivera a petulância de pedir ao papa para canonizar sua falecida esposa Evita Perón, a ex-prostituta Eva Duarte (em solteira). E a reputação de Elisa Lynch não era melhor do que a de Evita. Stroessner não tinha outra escolha a não ser ceder aos pedidos da instituição. Mas, não se privaria desse momento de glória em público. Como o representante máximo do cortejo, Stroessner conduziu a procissão até o Pantéon de los Heroes. Em uma cena rica de simbolismo, a urna de Elisa entrou solenemente pela porta da frente do mausoléu de Francisco e, em seguida, depois de uma breve reunião com os supostos restos mortais de seu amante, saiu às pressas pela porta de trás.

Logo após, o cortejo desceu a avenida General Francisco Solano López em direção ao Ministério Nacional de Defesa. Um pequeno "Museo Madame Lynch" fora instalado no segundo andar, em um armário de guardar vassouras ao lado do banheiro masculino. Dentro do armário havia uma espada enferrujada, que supostamente pertencera a Francisco López, um livro de homenagens com mais de 85 mil assinaturas e um retrato da heroína nacional, mostrando sua extraordinária beleza e seu porte imperioso. Nesse lugar, os restos mortais acumulariam poeira nos nove anos seguintes.

2
O rio e o mar

O Paraguai é um país relativamente pequeno menor do que o estado de Minas Gerais. Faz fronteira com o Brasil, com a Argentina e com a Bolívia, três gigantes regionais, localiza-se no centro do extenso território em forma de cone sul-americano. Antes, uma das nações mais ricas e poderosas da região, o Paraguai foi destruído na Guerra da Tríplice Aliança na década de 1860, na qual lutou contra o Brasil, a Argentina e o Uruguai. A guerra foi resultado, em grande parte, das ambições de Elisa Lynch e do caráter pusilânime de Francisco López. Três quartos de sua população morreram. O país foi saqueado, faliu e seu território foi desmembrado. No entanto, a partir da década de 1960 os autores da destruição do Paraguai têm sido homenageados como heróis nacionais. Mas tudo bem, a história do país sempre foi lida como a mais negra das comédias de humor negro.

O Paraguai foi descoberto por acaso por Sebastian Cabot, em 1526. Os acontecimentos adversos perseguiam a família de Cabot. O pai de Sebastian, John Cabot, tinha sofrido uma "infelicidade" semelhante quando, em 1497, encontrou a América do Norte, fincou a bandeira Tudor no local e reivindicou sua posse para a Inglaterra. E, possivelmente, escolheu seu nome em homenagem ao seu patrono, o principal xerife do condado de Bristol, Richard Ameryk. No ano seguinte, John Cabot desapareceu em uma expedição para encontrar uma passagem a noroeste ao redor do continente improdutivo e sem interesse, que bloqueava as rotas comerciais da Europa para o Oriente. No entanto, há indícios de que ele navegou pelo litoral a leste da América do Norte até o Caribe, onde foi capturado e talvez morto pelos espanhóis, que queriam proteger suas descobertas.

Por isso, é ainda mais irônico que, em abril de 1526, o filho Sebastian estivesse fazendo uma viagem marítima para os espanhóis à procura de uma passagem a sudoeste, quando entrou em um canal largo que pensou que o levaria ao Pacífico. Porém, logo descobriu que estava na foz do rio da Prata. Cabot o batizou com esse nome porque os índios à margem do rio o presentearam com umas "quinquilharias" de prata e disseram que havia uma grande quantidade desse metal mais acima do curso d'água.

Cabot desistiu de encontrar uma rota comercial para as ilhas Molucas, as "Ilhas das Especiarias", e subiu o rio Paraná, com a esperança de descobrir as minas de prata do Peru. Esse foi mais um erro, mas a expectativa de encontrar um caminho fluvial para saquear a riqueza dos incas estimulou-o tanto, que ele batizou a região inteira de rio da Prata.

Cabot fundou o primeiro povoamento espanhol na região de San Espiritu. Mas esse povoado desapareceu assim que ele partiu, quando os responsáveis pela defesa do forte decidiram procurar o El Dorado, a lendária cidade do ouro, e nunca mais foram vistos. Nesse ínterim, o explorador continuou a subir o rio Paraguai, cujos afluentes seguiam em direção ao norte em uma distância de mil quilômetros do mar, onde o rio Paraná fazia uma curva acentuada para leste, na região da atual fronteira ao sul do Paraguai. Segundo diziam, o nome "paraguai" significava, na língua dos pacíficos índios guaranis que viviam na região, "o rio que deu origem ao mar", embora os guaranis estivessem muito contentes com a vida na selva e seria pouco provável que se aventurassem até o oceano. Outros diziam que "paraguai" significava o "rio que corria para o mar", como se a fonte do rio fosse o lago Xarayes. Porém, Xarayes era um pântano fétido que só servia para inundar no verão. Havia também outras interpretações semânticas como "o rio da parte mais alta" (nesse caso a área do Xarayes malcheiroso); "o buraco do mar"; "o rio de muitas cores" (por causa das flores e aves coloridas que cresciam e viviam em suas margens); "o rio das penas" (mais uma vez por causa das aves); e "a água do jacuaçu" (embora esta espécie de ave não existisse ao sul do Equador). No entanto, talvez a explicação mais plausível seja que o rio foi nomeado pelos guerreiros paiaguás, também chamados de índios canoeiros, famosos por distender artificialmente os seios das mulheres de sua tribo, ou mais particularmente das mulheres do cacique Paraguá.

A uns 200 quilômetros mais acima do rio, no Refúgio das Três Bocas onde o rio Paraguai seguia em direção ao rio Paraná, Cabot encontrou os índios paiaguás perto de Angostura. Os índios não resistiram aos mosquetes e canhões dos espanhóis. Sebastian Cabot perdeu apenas dois soldados no confronto. Mesmo assim, pediu um reforço de tropas para acompanhá-lo.

Quando voltou à Espanha foi preso por ter fracassado em sua missão de encontrar uma passagem a sudoeste, e o deportaram para a África. Após dois anos o perdoaram e Cabot voltou para a Inglaterra e, sempre estimulado pelo gosto da aventura, começou a procurar uma rota a nordeste para as Índias.

Apesar do fracasso de Cabot, o rio da Prata incentivou a imaginação dos espanhóis. Em 1534, quatro anos depois da volta à Europa, os espanhóis organizaram outra expedição para a América do Sul sob o comando de um membro rico da família real, Dom Pedro de Mendoza.

Note que Hernando Cortés precisou de quinhentos soldados para dizimar os ferozes astecas no México e roubar o ouro deles. Com menos de duzentos soldados Francisco Pizarro matou o extremamente civilizado povo inca no Peru e saqueou a fortuna do império. Por sua vez, Mendoza partiu com 2.650 homens fortemente armados em 14 navios para enfrentar os índios primitivos e indefesos da região do rio da Prata.

A situação complicou-se antes de chegarem à América do Sul. Durante a travessia do oceano Atlântico, Mendoza sentiu ciúme do popular e experiente comandante militar, Dom Juan de Osorio, e o prendeu. Em um interrogatório no Rio de Janeiro, um mal-entendido resultou na morte de Osorio apunhalado pelo chefe de polícia (lacaio de Mendoza), Juan de Ayolas.

Em seguida, Mendoza fundou Buenos Aires, conhecido como o pior porto do mundo na época. Os navios tinham de ancorar a uns 14 quilômetros da costa e o frete de um navio de carga custava o mesmo de um frete de Liverpool a Nova York. Por causa das pedras no fundo do rio, se houvesse uma pequena mudança na direção do vento, os navios se arrastariam como âncoras encalhando, e teriam de ser deixados apenas para servir de lenha. A situação não era melhor no interior do país. Longe de Buenos Aires havia planícies sem árvores, sujeitas a tempestades de areia na estação seca. E, na época das chuvas a lama tornava o terreno intransitável.

Mesmo para a perspectiva limitada de Mendoza, o povoamento de Buenos Aires era inviável, porque o abastecimento de víveres era precário para alimentar seus soldados. Os índios locais, os querandis, forneciam alguma caça, mas em quantidade insuficiente. Com o objetivo de explorá-

-los ainda mais, Mendoza decidiu atacá-los com as tropas de cavalaria. Porém, os índios atraíram as tropas para um pântano e mataram metade dos soldados, entre eles o irmão de Mendoza, Dom Diego. Em seguida, os querandis atacaram Buenos Aires com boleadeiras, uma arma tradicional da tribo feita com três bolas presas por cordas de couro. Feixes de varas em combustão presos nas extremidades das bolas incendiaram o forte e diversos navios.

Os soldados resistiram ao ataque dos índios, mas as tropas de abastecimento enviadas por Mendoza à procura de alimentos foram destruídas pelos querandis e os espanhóis ficaram quase sem mantimentos. Felizmente, os índios timbus que haviam abastecido Cabot ainda eram amistosos. Mendoza subiu o rio Paraná e fundou um forte chamado Corpus Christi, perto do povoado abandonado San Espiritu, que Cabot fundara.

Nesse momento, havia apenas seiscentos homens dos 2.650 soldados com os quais Mendoza iniciara sua campanha no ano anterior. Metade deles acompanhou Juan de Ayolas em sua expedição ao Peru. Eles não voltaram. Depois de um ano, Mendoza enviou mais soldados para procurá-los, entre eles outro parente seu, Dom Gonzalo, que também não voltaram, Mendoza desistiu de sua missão e decidiu retornar à Espanha. Mas a tensão o havia esgotado: ele enlouqueceu e morreu delirando durante a viagem.

No entanto, nem todos os soldados de Ayolas tinham morrido. Domingo Martínez de Irala e uma tropa de cem homens fundaram o forte Olimpo, no rio Paraguai, 386 quilômetros acima da atual capital Assunção. Os espanhóis estabeleceram uma relação pacífica com os índios paiaguás, e enviavam regularmente destacamentos para procurar Ayolas, que continuava a subir o rio. Dom Gonzalo de Mendoza encontrou Irala no forte Olimpo, mas como não havia notícias de Ayolas, decidiu voltar para Corpus Christi. No caminho, localizou um penhasco íngreme em uma curva fechada no rio, na confluência com seu afluente, o rio Pilcomayo. No fundo do penedo havia uma enseada profunda e do pico Dom Gonzalo observou a região, que se estendia por quilômetros de distância. Esse lugar seria perfeito para fundar um entreposto comercial no caminho para o Peru, pelo menos se fosse possível chegar ao Peru por essa rota, pensou Gonzalo de Mendoza. Assim, com a ajuda dos pacíficos índios guaranis, ele começou a construir o forte em 15 de agosto de 1537. Como era o dia da festa da Assunção de Nossa Senhora, batizou o entreposto de Assunção. Mais antiga que qualquer cidade dos Estados Unidos, a capital do Paraguai foi fundada setenta anos antes da chegada dos primeiros colonos ingleses em Jamestown [primeiro assentamento britânico fundado no continente americano em 1607].

Quando o pequeno grupo de soldados espanhóis que ainda estava em Buenos Aires soube que a cidade de Assunção fora fundada, decidiu evitar a inanição iminente, além de um possível ataque dos índios hostis, e partiram para esse lugar acima do rio de solo fértil e clima ameno. Mas depararam-se com cenas de devastação. A praga de gafanhotos espalhara-se pela região, destruíra as colheitas, envenenara os poços de água com os cadáveres dos gafanhotos e empesteara o ar com os defuntos em decomposição.

Enquanto isso, o violento Francisco Ruiz de Galán ocupara Assunção. Quando Domingo Martínez de Irala chegou do forte Olimpo para contestar a autoridade de Galán, ele mandou prendê-lo e o enviou de volta para o forte. Na ausência de Irala, os índios paiaguás revoltaram-se com a invasão dos europeus em suas terras ancestrais e planejaram uma emboscada. Os índios sofreram uma terrível derrota. Irala matou, sozinho, segundo diziam, 12 índios, que estavam entre os melhores guerreiros da tribo.

Na mesma época, Galán seguiu pelo rio em direção a Corpus Christi onde massacrou os índios timbus, que haviam dado suprimentos a Cabot e a Mendoza. Outros índios revidaram o ataque. Em meio a um combate, em 3 de fevereiro de 1538 – dia de são Brás –, dizem que são Brás surgiu no campo de batalha com uma espada flamejante na mão. Sua aparição cegou os índios, Galán os matou com facilidade, e o sanguinário são Brás tornou-se o santo padroeiro do Paraguai. Mas, Galán não precisava da ajuda celestial para ser cruel. Ao encontrar uma espanhola que fora viver com os índios para escapar da inanição, amarrou-a em uma árvore para ser devorada por animais selvagens.

Quando um novo navio carregado de colonos chegou à costa, Galán decidiu que seria melhor partir de Buenos Aires e reunir-se aos colonos em Assunção, o único lugar onde os espanhóis não tinham ainda conseguido expulsar os índios. Ao chegarem à cidade encontraram Irala ainda no controle do entreposto. Pois, com a partida de Dom Pedro de Mendoza e a provável morte de Juan de Ayolas, os espanhóis fizeram uma eleição para escolher um governador interino. Irala venceu a eleição. Ele, sensatamente, percebeu que os homens brancos precisavam dos índios para alimentarem-se e, por esse motivo, mudou a tática de Mendoza e Galán.

Em vez de uma atitude agressiva, eles tornaram-se amantes das índias guaranis com seios nus, pele morena, dóceis e submissas, e aprenderam a língua local. Quando os índios guaranis protestaram e se rebelaram, os líderes do conflito foram executados, e os índios tiveram de ceder suas mulheres, irmãs e filhas aos espanhóis. Mais tarde, um cronista espanhol comentou que os índios ficaram felizes em dispensar as mulheres da tribo. Não sentiam ciúme, eram frios em suas relações sexuais e faziam o ato sexual sem preâmbulos ou demonstração de afeto. Sem mulheres ou padres para aconselhá-los a se comportar de outra forma, a maioria dos espanhóis tinha de trinta a cinquenta concubinas. Irala tinha setenta amantes. No entanto, era um homem esclarecido. Com o objetivo de promover a harmonia racial, insistiu que as crianças espanholas falassem guarani e aprendessem os costumes dos índios.

A política de interação racial de Irala resultou no rápido crescimento da população de colonos no Paraguai. Outras cidades foram fundadas, e surgiram mais conflitos entre os colonos e as tribos hostis. Porém, os costumes tribais tinham características intrínsecas de destruição da população indígena. Por exemplo: as mulheres só podiam ter um filho; as jovens eram açoitadas regularmente ao redor do estômago, para mantê-las núbeis o maior tempo possível e sem filhos; o primeiro filho era automaticamente assassinado; e só quando a mulher chegava ao final de sua vida reprodutiva lhe era permitido ter um filho, os outros todos eram assassinados. Quando as tribos que adotavam tais costumes foram derrotadas pelos espanhóis e seus filhos mestiços, os guerreiros foram mortos e os brancos permitiram que as concubinas tivessem quantos filhos quisessem. Com essa política de miscigenação, a região do rio da Prata transformou-se em uma colônia espanhola próspera, apesar de os habitantes falarem guarani e terem hábitos indígenas. Com o tempo, as senhoras paraguaias exibiam-se com tanta elegância como uma europeia em um baile, porém, no dia seguinte, andavam descalças, usando apenas um vestido longo e folgado e fumando charutos como uma índia. Essa miscigenação racial realizada por Irala também significou que os guaranis foram poupados da escravidão. Mas um destino muito pior os aguardava.

A região do rio da Prata era uma colônia pacífica e em expansão sob a administração do governador Irala, mas este era um governo temporário, que terminaria assim que o rei nomeasse um novo governador. O rei escolheu Álvar Núñez de Vera Cabeza de Vaca – para ocupar o cargo. Cabeza de Vaca tinha um passado aventureiro. Em 1528, partiu como tesoureiro em uma expedição para conquistar a Flórida. O navio em que viajava naufragou na baía de Tampa, e ele se viu sozinho e nu na área da atual cidade de Galveston, no Texas. Aparentemente, os índios nativos, de uma raça imberbe, ficaram fascinados por suas duas barbas, a do rosto e a outra mais abaixo do corpo. Os nativos pensaram que ele era um deus, e o escolheram como chefe da tribo. Em 1536, Cabeza de Vaca foi resgatado por um grupo de conquistadores do México, e contou a esses homens que existiam riquezas fabulosas nas Sete Cidades de Ouro de Cibola que, segundo ouvira dizer, situavam-se ao norte. Cabeza de Vaca voltou para a Espanha onde publicou um relato da época em que morou na "Nova Espanha", as possessões espanholas na América do Norte. Diversas expedições partiram para procurar as Sete Cidades de Ouro. Elas nunca foram encontradas. Mas, como na América do Sul a procura pelo El Dorado ainda continuava, Cabeza de Vaca foi a escolha certa para governar Assunção.

Depois de uma travessia terrível, a frota de quatro pequenos navios de Cabeza de Vaca ancorou em Santos, na costa brasileira, o porto do atual estado de São Paulo. Em vez de seguir a viagem por mar cujas condições estavam muito difíceis, Cabeza de Vaca e suas tropas atravessaram a pé mais de mil quilômetros de floresta virgem. A época em que viveu com os índios na América do Norte o havia deixado em bom preparo físico. Só perdeu um soldado na viagem, que por acidente afogou-se ao cruzar um rio. Depois de quatro meses e nove dias na floresta, Cabeza de Vaca e seus homens chegaram ao rio Paraguai, mais saudáveis do que quando os navios fundearam na costa. Mas, assim que Cabeza de Vaca entrou em Assunção, Irala mandou prendê-lo, e o enviou de volta à Espanha, onde foi julgado por ter fracassado em sua missão e, assim como Cabot, foi condenado ao exílio na África.

Em 1580, os espanhóis fundaram uma nova colônia em Buenos Aires. Apesar das deficiências como porto, a colônia logo sobrepujou sua rival a 1.600 quilômetros acima do rio. Nessa ocasião, os exploradores espanhóis não tinham mais dúvida que Assunção não era um caminho para o Peru, e sim um caminho para "lugar nenhum". Mas, apesar de o rio Paraguai não levar à prata dos incas, ele produziu o primeiro santo do Novo Mundo. Em 1589, Francisco Solano descobriu Assunção por acaso. Nascido na Espanha, chegou ao Peru em 1582. Do Peru escalou os Andes e atravessou o Gran Chaco, a região semiárida a oeste do rio Paraguai, que ocupava mais da metade do território paraguaio. No caminho, segundo seu próprio relato, ele mudou seu nome para João Batista, converteu mais de 200 mil seguidores e explicou os mistérios da Santíssima Trindade, da transubstanciação, da transfiguração de Cristo e da sucessão do papa para sua nova congregação. Entretanto, as expedições futuras não encontraram cristãos na região. Na verdade, havia pouquíssimas pessoas nessa área. Os habitantes falavam línguas com um vocabulário de menos de mil palavras, que eram em grande parte relacionadas ao mundo natural que os rodeava e, portanto, mais difíceis de serem usadas para explicar as questões sofisticadas da teologia. Mesmo assim, Francisco Solano foi beatificado em 1675 e canonizado em 1726.

O Paraguai separou-se formalmente da região do rio da Prata e da colônia de Buenos Aires em 1620, tendo por responsável Hernando Arias de Saavedra. A partir dessa data, o único acesso do Paraguai ao mar era através do território de outros países, o que provocou guerras inevitáveis com seus vizinhos. Quando jovem, Saavedra viajara pela Patagônia e aprendeu em seus confrontos com os índios nessa região que eles eram tão numerosos, que seria quase impossível exterminá-los. Em vez disso, os nativos deveriam ser convertidos e, em 1608, pediu à Igreja que enviasse jesuítas à América do Sul. Os jesuítas ignoraram a herança cultural mestiça do Paraguai e tentaram criar uma segregação racial. Os padres começaram a catequização dos índios nas missões jesuítas, e iniciaram os guaranis no amor a Deus com mão de ferro – nenhum meio era extremo demais para o trabalho do Senhor. Os índios, que, até então, haviam sido poupados da crueldade da escravidão comercial, converteram-se em escravos da sociedade de Jesus. As escolas para os nativos criadas pelos franciscanos foram fechadas, e os índios só aprenderam a seguir o catecismo. No entanto, o Paraguai vangloriava-se da época de convívio com os jesuítas – foi o primeiro país do mundo a ser governado sem dinheiro, e superou a crueldade do Kampuchea de Pol Pot por mais de três séculos e meio.

Mas, a conjuntura política e social não continuaria assim por muito tempo. Quando Dom Luis de Cespedes Jaray foi nomeado governador, sua esposa portuguesa percebeu que os índios dóceis das missões jesuítas seriam excelente mão de obra para suas fazendas no Brasil e convenceu o marido a ter trabalhadores escravos. Assim que esvaziaram as missões jesuítas a leste do Paraguai, começaram a procurar escravos nas cidades espanholas próximas. Em consequência pelo ataque às missões, o Brasil anexou a região de Guayrá a leste do rio Paraná ao seu território.

Os jesuítas conquistaram outro inimigo na pessoa do bispo do Paraguai, Bernardino de Cardenas, um franciscano irascível com tendência a excomungar fiéis. Em 1644, excomungou o governador Gregorio de Hinistrosa, que implorou absolvição aos pés do representante da Igreja. O parlamento regional, ou Audiência, em Charcas e no vice-reinado espanhol em Lima, souberam o que havia acontecido e acharam que o bispo passara dos limites. Hinistrosa recebeu ordens para prender o bispo, o que cumpriu em meio a subterfúgios obscuros. Cardenas foi expulso de Assunção ao som dos sinos da igreja e do contentamento geral. Retirou-se para Corrientes, a mais de 300 quilômetros de distância, uma região da atual Argentina, onde viveu cinco anos conspirando. Quando Hinistrosa morreu em 1648, Cardenas sucedeu-o como governador. Ao voltar para Assunção, imaginou que os jesuítas lhe faziam oposição por isso colocou-os em botes sem velas e sem âncoras e deixou-os à deriva. Muitos jesuítas afogaram-se. O vice-rei expulsou Cardenas de Assunção mais uma vez em 1649, embora o bispo tenha sido perdoado mais tarde pelo papa. Nesse ínterim, os jesuítas voltaram.

Em 1717, Dom Diego de los Reyes Balmaceda foi nomeado governador, porém foi acusado de delitos graves na Audiência em Charcas e, o submeteram a um inquérito durante cinco anos. Entretanto, Dom José de Antiquera y Castro, que fora nomeado sucessor de Balmaceda, cansou de esperar. Seguiu para Assunção com o objetivo de prender Balmaceda, mas ao chegar descobriu que este estava em Corrientes. O vice-rei deu ordens para que Antiquera saísse da cidade. Ele ignorou as ordens e enviou alguns homens para capturar Balmaceda. O governador militar do rio da Prata, Dom Baltasar Garcia de Ros, seguiu para Assunção com a missão de manter Antiquera sob controle, mas quando este desafiou-o, Ros bateu em retirada para pedir um reforço de tropas.

O governador de Buenos Aires, Bruno Mauricio de Zavala, ao pensar que Ros fora bem-sucedido em sua missão, enviou-lhe uma carta pedindo tropas para defender a cidade de Montevidéu, que estava sendo atacada pelos portugueses. Mas a carta caiu nas mãos de Antiquera. Com a expectativa de agradar Zavala, ele enviou seiscentos soldados para ajudar e, com a suspeita que os jesuítas apoiavam Balmaceda, expulsou-os de novo de Assunção. Zavala, preocupado com o ataque dos portugueses a

Montevidéu, designou Ros para o Paraguai com uma tropa de duzentos soldados, com a finalidade de destruir Antiquera. Além de também dar permissão a Ros para recrutar índios das missões jesuítas. Apesar de não ser um povo guerreiro, os guaranis aprenderam com os jesuítas a obedecer sem questionar. Mais tarde, quando a batalha ficou mais violenta, os nativos revelaram-se excelentes soldados. Mas, na primeira investida sob comando de Ros, eles enfrentaram uma tropa de três mil soldados e foram logo derrotados. Cerca de 1.800 índios morreram.

Em seguida, o vice-rei deu ordens a Zavala para ir ao Paraguai, com a missão de prender Antiquera. Ao constatar que o governo espanhol na América do Sul mobilizara-se contra ele, Antiquera fugiu para Charcas e pediu perdão à Audiência. Lá não foi atendido e o enviaram para a Audiência do Peru, onde foi julgado. Porém, o julgamento arrastou-se durante anos e ao longo do tempo a opinião pública começou a apoiá-lo. Quando, por fim, foi sentenciado culpado de alta traição e o condenaram à morte por decapitação, a multidão protestou contra a injustiça da sentença. Enquanto Antiquera percorria as ruas em direção ao cadafalso, o vice-rei tentava se proteger da fúria do povo. Em pânico, deu ordens para que os soldados atirassem no prisioneiro. Antiquera e os dois frades que estavam a cavalo atrás dele morreram. Embora já estivesse morto, o vice-rei ordenou que a sentença fosse cumprida. O corpo de Antiquera foi colocado no cadafalso com a cabeça apoiada na pedra e o decapitaram.

Nos anos em que Antiquera estava sendo julgado em Lima, os jesuítas voltaram para Assunção. Porém, quando o povo soube que Antiquera fora executado, os jesuítas foram julgados culpados pela sentença e novamente expulsos da cidade. Mas, dessa vez, os religiosos decidiram resistir e reuniram um exército na região rural de sete mil guaranis escravos, agora com uma grande experiência em conflitos armados. A guerra civil eclodiu. Os jesuítas, vitoriosos, impuseram uma autoridade impiedosa em todo o país. No entanto, o poder internacional deles se enfraquecera e em 1759, foram expulsos de Portugal. Pouco depois a França e a Espanha fizeram o mesmo. O governo espanhol mandou bani-los do Paraguai em 1767, obrigando-os a libertar os índios. Mas, o governo temia que o enorme exército dos jesuítas atacasse as tropas espanholas. Porém o medo era infundado, porque apesar da obediência cega dos índios convertidos, os religiosos receavam que os guaranis se rebelassem caso fossem obrigados a lutar na condição de escravos. Os jesuítas retiraram-se do país sem opor resistência e os guaranis que antes só obedeciam às ordens de tais religiosos, agora tinham de se sujeitar à autoridade dos padres locais e dos administradores civis. Quando as ordens desses dois grupos conflitavam, e os índios rebeldes seguiam apenas as de um lado, eles eram castigados e açoitados. Os jesuítas não haviam ensinado aos guaranis como lidar com dinheiro e, por esse motivo, os nativos forneciam mercadorias sem troca ou pagamento. Obviamente, foram explorados sem piedade por uma série de governadores espanhóis corruptos e seus favoritos, que dominaram a exportação de tabaco, peles, sebo para fabricação de velas e *yerba maté* – o narcótico local, também chamado "mate do paraguai" ou "erva-mate", no Brasil.

O pó do *maté* era feito da folha da *Ilex paraguayiensis*, um arbusto da família do azevinho, embora em tamanho e folhagem parecesse mais com uma laranjeira. O pó era misturado com água dentro de um chifre de boi ou em uma cuia; a infusão era bebida com uma *bombilla*, um canudo de prata com a extremidade em forma de bulbo e pequenos orifícios. As pessoas mais pobres usavam um osso oco da coxa da galinha com um pedaço de tecido preso ao redor. Até hoje, quando os paraguaios não têm nada para fazer, sentam-se em roda bebendo *maté*. No século XIX, seu uso fora do Paraguai difundiu-se, e a exportação de *maté* deu origem à riqueza do país.

Em 1808, o imperador Napoleão obrigou o rei Carlos IV da Espanha e seu filho Fernando VII a abdicarem da coroa e pôs seu irmão, José Bonaparte, no trono espanhol. Esse ato de nepotismo diminuiu a autoridade dos vice-reis espanhóis na América, que governavam em nome do rei. Nesse ínterim, a Guerra Peninsular – a guerra da independência espanhola – reteve as tropas da Espanha no país. Em 1810, o mesmo ano em que Simón Bolívar começou a campanha para libertar a Venezuela, o vice-reinado em Buenos Aires foi deposto por uma junta, que, embora quisesse a independência, alegou que governava em nome de Fernando VII. O novo governo convidou o Paraguai a fazer parte de seu movimento revolucionário. Porém, os paraguaios não viram motivo para favorecer Fernando VII em detrimento de José Bonaparte. Eles haviam sofrido sob o domínio dos reis espanhóis, e não dos franceses, e também gostavam do governo liberal do esclarecido Dom Bernardo Velasco.

Para convencê-los a unirem-se à causa revolucionária, Buenos Aires enviou como emissário José de Espínola y Peña, a pior escolha possível porque fora um lugar-tenente impiedoso e sem escrúpulos do ex-governador corrupto Lazaro de la Ribera y Espinoza e, consequentemente, era o homem mais odiado do Paraguai. Antes que Espínola chegasse a Assunção, poucos paraguaios davam importância a quem era rei em Madri, que estava a quase dez mil quilômetros de distância. Mas depois da chegada dele, os paraguaios fizeram uma oposição enfática a Fernando VII. O general Manuel Belgrano, o herói argentino que impedira a invasão inglesa ao rio da Prata em 1806, decidido que convenceria os paraguaios a libertarem-se, chegou com um exército à fronteira do país no dia 4 de dezembro de 1810. Fez uma declaração em nome do monarca espanhol, oferecendo-se para libertar os "oprimidos" pelo domínio colonial no Paraguai. Os paraguaios perceberam a hipocrisia implícita na proposta. Se agora eram oprimidos por José Bonaparte, antes haviam sido por Fernando VII. A situação era confusa, porque Velasco fora nomeado governador por Carlos IV, pai de Fernando, e não por José Bonaparte e, portanto, tecnicamente, Velasco e Belgrano estavam do mesmo lado.

Belgrano enviou uma carta a Velasco pedindo-lhe que se submetesse à autoridade da Junta e enviasse um representante ao Congresso, que estava sendo realizado em Buenos Aires. O mensageiro foi levado algemado para Assunção. Belgrano viu nessa atitude um ato de hostilidade e declarou que qualquer pessoa que atirasse em suas tropas ou simplesmente estivesse armada levaria um tiro. Essa reação de Belgrano fortaleceu a determinação dos paraguaios. O homem que se dizia o libertador deles ameaçava executar qualquer um que tentasse defender sua terra natal. Com a intenção de esclarecer que só queria libertar os paraguaios do domínio colonial, Belgrano escolheu entre seus prisioneiros um soldado paraguaio de origem espanhola e mandou matá-lo. Esse ato cruel elevou ao extremo o fervor nacionalista dos paraguaios. Eles chamaram Belgrano de "açougueiro" por atirar em um prisioneiro de guerra desarmado, um resultado bem diferente do que ele previra. Por sua vez, o conselho municipal de Assunção demonstrou uma extraordinária ingenuidade política ao aceitar o oferecimento de ajuda do general Sousa, o comandante do Exército de Portugal, que estava reprimindo a separação da província brasileira da Banda Oriental, o atual Uruguai. Velasco precisava capturar pegar sua carta de aceitação da embaixada de Portugal, para impedir que Sousa anexasse o Paraguai ao império português e o incorporasse ao território brasileiro.

Com profunda convicção na justiça de sua causa, Belgrano atravessou o rio Paraná e chegou ao Paraguai com apenas quatrocentos soldados e dois regimentos de artilharia, deixando para trás a tropa de cavalaria que julgou desnecessária. Viera libertar o país do domínio colonial, e acreditava que seria recebido como um herói. Diante do avanço do exército de Belgrano, os soldados de Velasco recuaram. A população civil também fugiu do pseudo-libertador. Sem ninguém para libertar, Belgrano incendiou tudo que encontrou pelo caminho, tornando-se uma vítima proposital da estratégia militar de destruir tudo que pudesse ser útil ao inimigo. Quanto mais os paraguaios recuavam mais Belgrano sentia-se confiante e suas tropas espalharam-se pela paisagem devastada, que ele transformara em deserto.

Ao mesmo tempo, o recuo de seis semanas concentrou as tropas paraguaias. No momento em que Belgrano encontrou as tropas inimigas, deparou-se com o Exército paraguaio superior em número de soldados, na proporção de sete para um, e com uma posição extremamente fortalecida. Durante o caminho ele perdera o trem com as bagagens. Mas, mesmo em uma situação desfavorável, decidiu fazer uma ofensiva. Porém, quando se preparava para um ataque surpresa no campo inimigo, os paraguaios foram mais rápidos e atacaram suas forças. No entanto, os soldados paraguaios eram inexperientes e fugiram diante do contra-ataque argentino. As tropas invasoras perseguiram-nos até o vilarejo de Paraguari, onde, certos que haviam vencido a guerra, começaram a beber.

No acampamento militar de Belgrano, diante do ataque violento dos paraguaios, os soldados argentinos, habituados a conflitos difíceis, resistiram, mas logo sua munição acabou. Pensando que estavam liquidados, eles enviaram um destacamento de cavalaria para trazer novas munições. Pouco depois, os saqueadores embriagados de Paraguari foram cercados, enquanto o restante das tropas de Belgrano fugiu. Mas os paraguaios eram desorganizados demais para persegui-las. Essa desorganização dos paraguaios deu a Belgrano a oportunidade de reagrupar suas tropas. Afinal, ele queria ajudar o Paraguai a se libertar da opressão espanhola, embora estivesse agindo em nome da família real, que impusera essa sujeição. Belgrano conseguiu reagrupar suas tropas, mas foi atacado por uma força paraguaia superior. À medida que as perdas de vidas acumulavam-se, os soldados esperavam, é claro, que Belgrano se rendesse. Mas, quando a bandeira de trégua das hostilidades foi hasteada e os paraguaios exigiram que ele se entregasse ou, então, cortariam a garganta de todos os inimigos, Belgrano se recusou a depor as armas do rei. Convenceu seus soldados que a única chance que tinham seria fazer um ataque rápido. Esse ataque abalaria as forças inimigas. Em seguida, hasteou sua bandeira de trégua. Durante esse cessar-fogo, Belgrano, pela primeira vez, disse que não estava em solo paraguaio para conquistar o país em nome de Fernando e, sim, para libertar o Paraguai do domínio colonial e para convidá-lo a unir-se à Confederação Argentina. Para mostrar suas boas intenções, distribuiu ouro entre as viúvas dos soldados paraguaios mortos no campo de batalha.

O seu discurso de independência convenceu rapidamente os locais. Mas, fizera um trabalho competente demais. Os paraguaios ficaram tão entusiasmados com a ideia, que decidiram obter a independência, não só da Espanha, como também de Buenos Aires. Assim, em um golpe de Estado, sem derramamento de sangue, em maio de 1811, os militares depuseram o governador de Assunção, e o Paraguai tornou-se uma república independente antes que a Argentina. Nesse processo, os paraguaios destituíram Dom Bernardo Velasco do cargo, o primeiro homem esclarecido que governara o Paraguai, e o substituíram por alguém muito pior.

3
El Supremo

A história do Paraguai havia sido uma farsa terrível e violenta até agora, mas a situação agravou-se após a independência. Depois de terem deposto o governador Dom Bernardo Velasco, os paraguaios enfrentaram o dilema de substituí-lo. O secretário de Velasco, Dr. Pedro Somellera, um antigo amigo do general Belgrano, de Buenos Aires, conspirara para obter a independência sem que o governador percebesse, e sugeriu que se formasse uma junta composta por três homens. Dois membros seriam os líderes militares populares, Dom Juan Pedro Cavallero e o coronel Fulgencio Yegros. Infelizmente, esses dois homens conheciam tanto a política quanto os cavalos que montavam. Ainda pior, eram espanhóis e não paraguaios nativos.

José Gaspar Rodriguez Francia era o único paraguaio no país com qualificações óbvias para fazer parte da junta. Mais tarde, seu governo inspiraria o governo de Francisco Solano López. Nascido em Assunção, em 1758, Francia era filho de um oficial do Exército brasileiro, que fora para o Paraguai com a intenção de cultivar tabaco. Tal qual Elisa Lynch e Francisco Solano López, Dr. Francia era francófilo. Ele mudara seu sobrenome original português França (ou Franza) para Francia – o espanhol para França – e dizia ser descendente de franceses. Cursara a escola durante alguns anos, na época em que os jesuítas haviam sido expulsos, e, pelo fato de seus pais serem relativamente ricos, foi estudar teologia na Universidade de Córdoba, do outro lado do rio, no território da atual Argentina. Ao voltar para o Paraguai, tornou-se um *tinterillos* provincial, um advogado sem qualificações legais, um renomado especialista em preencher formulários. Francia era um homem de gostos simples, que não gastava dinheiro e não tinha tempo para a família. Pouco antes de morrer, seu pai tentou se reconciliar com ele, por temer não ser aceito no céu, mas Francia enviou-lhe um bilhete mandando-o ir direto para o inferno. Detestava seus vizinhos e não tinha amigos. No entanto, graças aos jesuítas, Francia era o único paraguaio nativo com alguma educação formal. Apesar de seu conhecimento de matemática não ultrapassar o nível da antiga escola primária e de ter alguns livros nas estantes em sua casa. Era uma biblioteca admirável para um país onde a leitura da grande maioria do povo limitava-se ao livro de orações. Francia também possuía um antigo teodolito, que utilizava como telescópio para estudar as estrelas, fato que levou seus supersticiosos conterrâneos a pensarem que ele se comunicava com demônios à noite, mito que ele incentivava.

Embora Francia não tivesse participado da revolução e, talvez se opusesse a ela, por sugestão do Dr. Somellera, foi convidado a integrar a junta. Considerando que os outros dois membros não conheciam nada de política e nem de Direito, Francia encarregou-se de redigir a Constituição. O texto tinha apenas quatro linhas. Quando foi ratificado, por um Congresso convocado às pressas, o Paraguai tornou-se a primeira república independente da América do Sul, em uma época em que Buenos Aires ainda procurava por alguém da nobreza europeia para governar a província.

Logo Francia cansou-se de compartilhar o poder com os dois generais condecorados com medalhas de ouro, seus companheiros na junta, e decidiu afastar-se. Devido a sua retirada, o governo ficou acéfalo. Ao voltar para a região rural, Francia instigou o descontentamento entre os proprietários de terras, que já enfrentavam problemas com a guerra, entre Buenos Aires e a Espanha, e o consequente bloqueio do rio, único meio de transporte das importações e exportações de mercadorias no Paraguai. Francia fez amizade com os guaranis ao tratar os homens ricos, de sangue espanhol, com um desprezo ostensivo. Pouco depois, foi visto como o homem prometido.

O comerciante escocês de 21 anos, John Robertson, estava no Paraguai nesta época, cortejando a amorosa viúva de 84 anos, doña Juana Ysquibel. Em 27 de maio de 1814, dia do padroeiro de doña Juana, ele foi a uma festa em sua *quinta*, a casa de campo em Ytaphá, distante 40 quilômetros de Assunção. Doña Juana dançou um *sarandi*, ou dança de calcanhares, com um gigante de 2 metros de altura chamado Bedoya. Mas, no final da noite, quando os dois apaixonados iam refugiar-se na escuridão de um bosque de laranjeiras, uma sensação de mau presságio pairou no ar.

"Olá, sr. Robertson", disse Dom Velasco, "creio que esta seja a última cena festiva que presenciaremos no Paraguai".

Ele estava certo.

"A luz e a música da festa chegaram ao bangalô do Dr. Francia", escreveu Robertson. "No momento em que planejava um complô que... Eliminaria a alegria e extinguiria a chama da liberdade."

Francia aproveitou o momento em que a junta em Buenos Aires, mais uma vez, enviara um diplomata a Assunção, com o objetivo de convidar o Paraguai a se unir à Confederação Argentina. Ele declarou que os argentinos estavam tentando, por meios diplomáticos, fazer o que não haviam conseguido por meio da força. Na ausência de Francia a junta tinha agora cinco membros, mas, como todos eles eram espanhóis, os paraguaios não confiavam que os interesses do país estivessem em primeiro plano. Com essa rejeição, não restava outra escolha à da junta senão pedir o retorno de Francia. Porém, ele impôs uma condição: só retornaria se governasse sozinho. Primeiro, foi nomeado cônsul, em seguida ditador perpétuo do Paraguai, chamado informalmente de *El Supremo,* um título que Francisco Solano López também adotaria. O golpe de Estado de Francia enfrentou a rebelião das tropas de Yegros. Cavallero interveio para restaurar a ordem. Ambos foram presos. Cavallero enforcou-se na prisão alguns anos depois, em 1821 e Yegros foi executado.

Dr. Somellera, um colega da Universidade de Córdoba, foi preso, embora tivesse sugerido o nome de Francia para compor a junta. Ele foi detido junto com o irmão Benigno e com o antigo governador Velasco. Em teoria, Somellera era um preso incomunicável, mas a porta de sua cela estava sempre aberta, o que lhe permitia manter-se informado sobre os planos de uma contrarrevolução, para que Velasco recuperasse o cargo de governador. Na manhã de 29 de setembro de 1814, os soldados ocuparam as ruas. Mas não houve contrarrevolução, era uma armadilha. Os que protestaram foram mortos a tiros, e seus corpos pendurados nas forcas, enquanto os soldados, que haviam liderado a contrarrevolução, andavam embaixo dos patíbulos gritando *slogans* patrióticos. Com esse estratagema simples Francia eliminou a oposição. Somellera, que o conhecia bem, evitara cair na armadilha e lhe permitiram sair do país. Velasco morreu na prisão.

Francia investiu imediatamente em um reino de terror, aprisionando qualquer pessoa que o acusasse de maquinações. Diziam que os ferreiros em Assunção não conseguiam fazer algemas com rapidez suficiente. Todas as pessoas que haviam ocupado cargos políticos foram presas e seus bens confiscados, e as casas onde Francia tramara suas conspirações foram incendiadas.

Francia incumbiu-se, pessoalmente, do funcionamento dos tribunais. As confissões e as acusações de conspiradores eram obtidas por meio da tortura atrás das portas fechadas da chamada Câmara da Verdade. Ele criou uma força policial e um sistema de espionagem tão eficaz que conseguiam, segundo diziam, saber os pensamentos dos moribundos. Os irmãos delatavam-se; os filhos denunciavam seus pais; serviçais delatavam seus patrões; os maridos acusavam suas esposas. Com frequência, os prisioneiros desconheciam o motivo de sua prisão. Ninguém ousava perguntar. Algumas pessoas ficavam presas até pagarem uma fiança, embora, raramente, os prisioneiros fossem soltos depois desse pagamento. Poucos saíam das prisões de Francia. Os cárceres ficavam abandonados à sua própria sorte nas prisões, mal alimentados, sem tomar banho, e sem atendimento médico até morrerem. Os parentes sabiam que ainda estavam vivos, porque lhes era permitido enviar comida.

Francia também agia como chefe das execuções, fornecendo balas para os pelotões de fuzilamento. Mas era avarento com as balas e, em geral, só entregava duas ou três de cada vez. Os soldados não eram bons atiradores e, se falhassem o tiro, a vítima seria morta com requinte de crueldade, a golpes de baioneta. As execuções sempre se realizavam bem cedo. O *banquillo* – o banco onde o condenado sentava-se – era colocado embaixo de uma laranjeira, ao lado da janela de Francia. Ele olhava a execução para ter certeza de que os soldados haviam cumprido suas ordens, e insistia que o corpo ao lado da janela ficasse exposto ao calor do dia, para não ter dúvidas de que a vítima estaria morta, antes que a família pudesse recolher o cadáver.

Um comerciante chamado Mendez foi preso apenas por ter dado uma festa. Quando o enviaram para o exílio, em uma colônia penal, ninguém teve coragem de assumir seu negócio, de trabalhar como seu agente ou comprar sua propriedade, com medo de ter o mesmo destino. Depois desse tipo de acontecimento, uma tristeza geral pairou sobre o país.

Aos olhos dos paraguaios, Francia era mais poderoso que Deus. Leitor de Voltaire e Rousseau, ignorou suas doutrinas sobre os direitos humanos, mas, por outro lado, adotou a posição anticlerical defendida por esses escritores. Converteu-se no chefe supremo da Igreja no Paraguai, confiscou as propriedades da instituição, fechou os mosteiros, proibiu as cerimônias religiosas e mandou gravar seu retrato nas portas de todas as igrejas.

"Se o Santíssimo Pai vier ao Paraguai", dizia, "eu lhe daria a honra de ser meu capelão pessoal".

Francia também era adepto das ideias de Benjamin Franklin, a quem chamava de "o primeiro democrata do mundo". Em quarenta anos, disse, todos os países da América Latina serão governados por homens como Franklin, que lhes dará a liberdade que não lhes fora concedida pelo domínio espanhol. Mas, nos 28 anos em que ficou no poder, Dr. Francia pouco fez pelo ideal de liberdade. Ainda pior, nos quarenta anos seguintes, o Paraguai seria governado por Francisco Solano López.

Assim como López, Francia tinha verdadeiro pânico de ser assassinado. Embora os charutos que fumava fossem feitos por sua irmã, todos eram cuidadosamente desenrolados para examinar se continham veneno; a irmã não era uma pessoa acima de qualquer suspeita, porque Francia mandara prender seu marido, o irmão dele e outro cunhado, e dera ordens para matar um dos sobrinhos. Ele examinava os ingredientes das refeições e preparava seu *maté*. Ninguém podia vir à sua presença com uma bengala na mão ou se aproximar a menos de seis passos; além disso, as pessoas tinham de manter as mãos bem afastadas do corpo. Francia sempre carregava um revólver e um sabre na bainha, que poderiam ser usados com facilidade. Para evitar atos de rebeldia, nenhum militar era promovido acima da patente de capitão. Nem confiava em seus ministros, que eram obrigados a ficar embaixo do Sol quente, enquanto lhes fazia discursos prolixos e monótonos. Com frequência, os mandava prender.

Ninguém podia sair na rua quando Francia passava com sua escolta. Todas as venezianas tinham de ficar fechadas no caminho que percorria, e as laranjeiras, arbustos e outros lugares potenciais de esconderijo eram arrancados. Qualquer pessoa que estivesse nas ruas tinha de se prostrar no chão ou correria o risco de levar um golpe do sabre. Quando seu cavalo assustava-se quem ele julgasse ser responsável pelo susto era preso no mesmo instante.

Só Francia guardava as chaves do palácio onde morava. Todas as noites, trancava e colocava ferrolhos nas portas, e dormia com um revólver embaixo do travesseiro. A única pessoa em quem confiava era um mulato beberrão e sempre sujo, que penteava seu cabelo de manhã. Para se ter uma ideia, certa vez, mandou prender um jovem criado por ter batido em seu cachorro, depois pensou melhor, e deu ordens para matá-lo.

José Artigas, o "pai da independência uruguaia", que passou seus últimos anos de exílio no Paraguai, era a única pessoa, além do cabeleireiro, por quem Francia demonstrava algum respeito, ou mesmo certa indulgência. Com a reputação de ter cortado mais gargantas que qualquer homem vivo, Artigas recebia uma excelente pensão de trinta dólares por mês.

O aparato de terror era comandado pelos soldados de Francia, que eram recrutados pelo resto da vida. Não recebiam soldo, apenas uma ração diária de carne e um uniforme extravagante, desenhado por Dr. Francia. Ele não impunha disciplina às suas tropas e, por esse motivo, lhes era permitido beber, roubar e saquear impunemente.

Como sinal de respeito, todos os adultos tinham de tirar os chapéus diante dos soldados de Francia. Os índios, que não podiam comprar um chapéu, eram obrigados a usar um boné. Na época, as esporas de prata estavam na moda no Paraguai, mesmo entre os que não podiam comprar cavalos, e era comum ver guaranis andando nas ruas de Assunção nus, exceto pelo boné na cabeça e as esporas nos tornozelos, isso, mesmo bem depois da morte de Francia.

Francia proibiu a educação formal, e fechou as fronteiras do Paraguai, para impedir a fuga das pessoas e eliminar a possibilidade de comércio com o mundo externo. Os estrangeiros que, por acaso, entravam no país eram tratados um pouco melhor que os paraguaios. O comerciante escocês John Robertson e seu irmão William, que chegaram a Assunção em 1812, só foram soltos em 1816 quando John prometeu apresentar os produtos paraguaios no tribunal da Câmara dos Comuns [equivalente à Câmera dos Deputados no Brasil], embora não soubesse como passaria com os produtos à frente do sargento de armas. Dois naturalistas suíços, Johann Rengger e Marcel Longchamp, atravessaram a fronteira em uma viagem de pesquisa de campo em 1819, e só lhes foi permitido partir em 1825, quando o encarregado britânico de negócios em Buenos Aires, prometeu fornecer armas ao Paraguai em troca da libertação dos dois naturalistas. Francia vangloriava-se de querer transformar o Paraguai na nação líder da América do Sul, a exemplo da Grã-Bretanha na Europa. Mas a promessa foi um fiasco. Os ingleses não forneceram as armas.

O botânico francês, famoso no mundo inteiro, Aimé Bonpland, que visitou a América do Sul com o grande explorador alemão Alexander von Humboldt, nem precisou entrar no país eremita de Francia para ter problemas. Ao perceber que havia um mercado propício para a comercialização da *yerba maté* em Buenos Aires e no Rio Grande do Sul, comprou uma fazenda na margem ocidental do rio Paraná, na fronteira com o Paraguai. Em seguida, ensinou uma colônia de índios que fundou ao redor da fazenda a cultivar o *maté*. Com a justificativa que o cultivo do chá paraguaio fora do país era uma ameaça à economia paraguaia, Francia enviou quatrocentos soldados que atravessaram o rio em direção à fazenda. Os soldados mataram os índios, destruíram a plantação, e levaram Bonpland para o Paraguai, com um grave corte de sabre na cabeça e algemado. Exilado no distante povoado de Santa Maria, Bonpland usou seus conhecimentos de medicina, além de montar uma oficina de marcenaria e uma ferraria. Depois de nove anos, quando estava relativamente próspero de novo, foi expulso do Paraguai, para se retirar em até 12 horas(!). Não lhes permitiram levar nada, e o jogaram como se fosse um entulho, sozinho e à noite, do outro lado do rio Paraná, onde recomeçou mais uma vez a vida.

Apesar de Francia insistir que recebia um salário modesto e tinha um estilo de vida simples, confiscou os bens da aristocracia, e agia como se toda a riqueza do país fosse sua propriedade privada, embora não precisasse gastá-la. Todas as obras públicas foram feitas com trabalho forçado. Os guaranis, fragilizados com a coerção dos jesuítas, obedeciam às ordens sem receber recompensa. Com a ajuda do teodolito, Francia executou um plano radical para modernizar as ruas de Assunção. Mas ele não tinha talento para a arquitetura, e a cidade ficou pior do que era quando começaram os trabalhos de urbanização. Seu projeto de desenvolvimento urbano envolveu a demolição arbitrária de grandes extensões de moradias. Quando os proprietários perguntaram, perplexos, onde morariam, Dr. Francia disse que ficaria muito feliz em acomodá-los nas prisões. Outros foram enviados para uma colônia penal, distante mais de 400 quilômetros ao norte de Assunção, sujeita a frequentes inundações, escassez de víveres, malária e ataques de índios. Poucos sobreviviam um ano ou dois nessa colônia.

Aparentemente, em razão de um desapontamento amoroso, Francia tinha pouco tempo para se dedicar às mulheres. Quando a esposa de um prisioneiro jogou-se aos seus pés, suplicando que soltasse o marido, Francia ordenou que pusessem outro par de grilhões nas pernas do prisioneiro, e mais dois a cada vez que ela se aproximasse dele. O marido morreu na prisão junto com um amigo, que ousara interceder a favor do infeliz.

Uma mulher que tentou protestar, no dia da execução de seu marido, foi jogada na prisão onde a acorrentaram. Durante sua prisão, as únicas palavras que dizia e repetia hora após hora eram: "Se eu tivesse mil vidas para perder, arriscaria todas pra destruir esse demônio." A única vida que tinha não foi suficiente. Ela foi açoitada até morrer, enquanto Francia observava pela janela, vestido com um roupão.

Algumas pessoas usavam essa crueldade em benefício próprio. Uma mulher, em uma crise de ciúme, denunciou o marido, alegando que falara de maneira desrespeitosa de Francia. O infeliz foi condenado a receber cem chicotadas, embora fosse inocente. Sem refletir, disse que preferia morrer com um tiro. Seu desejo foi atendido.

Francia só procurava as mulheres por um motivo: ele mantinha um caderno de anotações com detalhes de suas proezas sexuais. Assim como as mães infelizes, seus sete filhos ilegítimos ficaram na miséria. Foi quando uma das filhas tentou se sustentar prostituindo-se, fora dos portões do palácio, que ele declarou que a prostituição era uma profissão extremamente digna, e deu ordens para que as prostitutas usassem um pente de ouro nos cabelos, como uma identificação do seu trabalho. Por esse motivo, as meretrizes passaram a ser chamadas de *las peinetas de oro*. Francia não agiu desse modo para honrar a reputação da filha, mas, sim, para desonrar as senhoras espanholas de alta classe social, que tradicionalmente usavam esse estilo de penteado. Francia odiava, acima de tudo, os espanhóis. Para humilhá-los ainda mais, promulgou uma lei que só permitia o casamento dos aristocratas brancos com escravos africanos ou mulatos.

Depois de 28 anos no poder, o povo começou a acreditar que Francia era imortal. No entanto, ele morreu de repente, aos 79 anos, em 20 de setembro de 1840. Resfriara-se durante uma tempestade que inundara seu quarto, e ficou de cama. Quando o médico aproximou-se a menos de seis passos para examiná-lo, Francia o apunhalou com o sabre e, em seguida, desmaiou. O médico pediu ajuda, mas o sargento da guarda recusou-se a entrar no quarto sem ordens expressas do Dr. Francia. O doutor explicou que Francia estava inconsciente e, portanto, incapaz de falar, porém o sargento disse: "Mas se recuperar a consciência, serei punido por desobediência."

A tempestade salvou a vida do capitão espanhol Pascual Urdapilleta e dos seus dois filhos, que, depois de terem passado 12 anos na prisão, seriam executados no dia seguinte. A tempestade lavou o *banquillo* e, na manhã seguinte, Francia estava fraco demais para enviar as balas necessárias para a execução. Sem atendimento médico, Francia morreu, e Urdapilleta e seus dois filhos foram soltos, porém sofreram torturas horríveis, e foram fuzilados no reino de terror criado por Elisa Lynch e seu amante, Francisco.

Durante muitos dias após a morte de Francia, um sentimento de incredulidade pairou no ar. Talvez fosse uma armadilha, pensavam as pessoas. Temiam expressar alívio e alegria, porque talvez atrairiam a cólera de *El Supremo*, que poderia ter sobrevivido por milagre. Na verdade, durante décadas após sua morte, os paraguaios tiveram medo de falar seu nome. Ele era chamado apenas de *El Difunto*.

Apesar de seu desprezo pela religião, Dr. Francia foi velado em um altar da catedral de Assunção. Com medo que o ditador pudesse ressuscitar do reino dos mortos, o padre fez um elogio fúnebre, exortando os paraguaios a lamentarem a perda do salvador da pátria, e descreveu Francia como o "detentor da nossa liberdade nacional". O governo de Francia foi elogiado, equivocadamente, pelo radical escocês Thomas Carlyle por seu "rigor".

Na noite depois do elogio fúnebre, o corpo de Dr. Francia desapareceu da catedral e, assim, surgiu a lenda de que o diabo se encarregara de levá-lo. Mas, é provável que as antigas famílias espanholas do Paraguai tivessem se vingado, atirando-o no rio para ser comido pelos jacarés.

O último legado de Francia foi a máquina do autoritarismo brutal do Estado, que mais tarde seria usada por Francisco Solano López. Mas, o

Rua Palmas, ao fundo a Catedral de Nossa Senhora d'Assunção.

terror foi seguido pela farsa. Assim como muitos ditadores, Francia não preparara um sucessor. Ainda pior, assassinara sistematicamente todos os possíveis candidatos com talento e instrução suficientes para governar o país. As rédeas do poder ficaram, por algum tempo, nas mãos do secretário de Francia, Polycarpo Patiño, que decidiu criar uma nova junta. O primeiro ato desta foi prender Patiño, e na cela ele se enforcou.

Sem Patiño, ninguém tinha a menor ideia de como governar o Paraguai. Logo depois, a junta recebeu uma quantidade enorme de petições das famílias de pessoas que Francia aprisionara, mas os membros da organização não chegaram a um consenso se tinham autoridade para libertá-las. A junta foi destituída do poder por um golpe militar, não de um generalíssimo com o uniforme decorado com medalhas, e sim de dois sargentos. No entanto, eles não inspiraram confiança e o Congresso foi convocado, como um joguete nas mãos de um homem ganancioso e ambicioso, que teve a precaução de apresentar uma Constituição por escrito.

Esse homem chamava-se Carlos Antonio López. Nascido em 1790, filho de um sapateiro de La Recoleta, nos arredores de Assunção, Carlos López tinha uma mistura de sangue guarani, espanhol e africano. Apesar de sua origem humilde, estudara teologia e filosofia no *Colegio* em Assunção. Em seguida, como Francia, começou a trabalhar como advogado. Quando Francia assumiu o poder, López previu que os advogados seriam vistos como uma ameaça. Ele se salvou ao ajudar um rico proprietário de terras, Dom Lázaro Rojas, que se casara com uma viúva e, sem se preocupar com as consequências, engravidou a filha dela. Em 1826, López fez um casamento, de conveniência, com a corpulenta jovem grávida, doña Juana Pablo Carillo, uma união legal, segundo as leis raciais de Francia, por ele ter sangue africano. Logo depois foi enviado, discretamente, para uma distante fazenda do sogro, que recebera como parte do generoso dote. Foi nessa fazenda que sozinho, à noite, Carlos redigiu a Constituição. Era um documento objetivo, no qual o Poder Executivo, o Poder Judiciário e o controle dos militares estavam submetidos à autoridade do presidente. Além desse poder, o texto constitucional também concedia ao presidente o direito de nomear funcionários públicos. A nomeação e a exoneração de qualquer funcionário do governo, assim como a definição de salários, também era responsabilidade do presidente. Essa Constituição limitava um mandato a dez anos, mas o presidente poderia se reeleger, por indicação do Congresso, que só ele podia convocar e cujos membros escolhia cuidadosamente. O Congresso não tinha o poder de legislar. A palavra do presidente era lei. Os congressistas apenas compareciam no dia da convocação, um deles sugeria que todos os atos do presidente fossem ratificados, e a moção seria aprovada por unanimidade, sem questionamento ou discussão. Para um ditador, a situação não poderia ser melhor.

Depois da morte de Francia, após um breve período de caos no governo da junta, o Congresso realizou uma eleição. Como Carlos López fora a única pessoa no Paraguai a apresentar uma Constituição, o Congresso o elegeu, por unanimidade, presidente do país. Um resultado repetido nas eleições seguintes. Mais tarde, López modestamente recusava a indicação, para depois ceder às lágrimas e às súplicas do povo, e voltar vitorioso ao poder. Ele tinha aprendido esse truque com um antigo inimigo, o tirano argentino Juan Manuel de Rosas. Rosas repetiu tal estratagema todos os anos até 1852, quando foi derrotado pelo general Justo José de Urquiza, governador da província argentina de Entre Rios, e teve de fugir para a Inglaterra, onde morreu como um fazendeiro respeitável em Hampshire.

No entanto, Carlos López não seguiu esse modelo de conduta. Em uma ocasião declinou a nomeação, sem contar a ninguém seu plano. O Congresso pensou que ele queria indicar o nome do filho, Francisco Solano López, como presidente, e votou por unanimidade nele, antes que Carlos anulasse o processo e se proclamasse presidente.

Carlos López tinha 47 anos a primeira vez que assumiu o poder. Nessa época, já era obeso demais para montar a cavalo, e passeava por Assunção em uma carruagem, devorando tortas e jogando cascas de bananas pela janela. Embora não pertencesse ao exército, usava uniformes extravagantes, com enormes dragonas e tricórnios gigantescos, o que, segundo Charles Washburn, embaixador dos Estados Unidos no Paraguai de 1861 a 1868, lhe dava a aparência de "um bufão demente e inofensivo, que brincava de rei para diversão da ralé". Carlos cercava-se sempre de guarda-costas bonitões, o que realçava o ridículo de seu corpanzil. *Sir* Richard Burton, o grande explorador e orientalista, na época em que foi cônsul britânico no Brasil, descreveu-o como um "homem atarracado, corpulento e hediondo... Com pedaços de carne caídos na gravata, seu rosto tinha uma aparência porcina, igual ao do falecido rei Jorge IV."

López sempre recebia suas visitas sentado. Os visitantes ficavam impressionados com sua informalidade, mas, na verdade, ele queria esconder o fato de ter uma perna mais curta que a outra. Mas, essa imagem de informalidade, desaparecia com a insistência em usar chapéu quando recebia embaixadores estrangeiros. O embaixador britânico disse que o uso do chapéu desrespeitava a rainha da Inglaterra. Carlos respondera que a rainha usava uma coroa em ocasiões semelhantes. No entanto, foi obrigado a mudar de hábito quando todos os embaixadores recusaram-se a tirar o chapéu em reuniões oficiais.

Comparado ao *El Supremo*, o "Cidadão López", como se intitulava, representou uma abertura para o país, um sopro de ar fresco. Reabriu as escolas primárias, embora ainda com uma orientação jesuíta, o que desencorajava as jovens mentes a questionarem a autoridade. Mesmo assim, por ocasião de sua morte, a alfabetização no Paraguai reduzira-se a um quarto do nível do governador Velasco.

Carlos fundou o primeiro jornal do país, *Paraguayo Independiente*, como um porta-voz de suas teorias filosóficas. Ele foi, também, o primeiro chefe de Estado do hemisfério ocidental a proibir a escravidão, com a seguinte declaração pretensiosa, antes de libertar os escravos: "Todos os homens são iguais perante a Deus e a mim." No entanto, como não queria indenizar os donos de escravos, ele só os libertou aos poucos. Depois que a lei antiescravagista foi promulgada em 1842, os escravos continuaram escravos, mas suas filhas libertavam-se aos 24 anos e os filhos aos 25 anos. Após 1867, os filhos já nasciam livres.

Carlos abriu as fronteiras e, logo, o país enriqueceu com a exportação de *yerba maté*. Os 11 quilos de *maté*, comprados de agricultores no Paraguai por um xelim, eram vendidos por 24 a 32 xelins em Buenos Aires e no Brasil. As exportações do Paraguai também incluíam peles dos enormes rebanhos de gado do sudoeste do país, tabaco, charutos, cascas de árvores para curtume, madeiras nobres e lenha (para abastecer Buenos Aires), laranjas, amido, ardósia e *caña*, o rum local. Em 1858, cerca de 230 navios e veleiros ancoraram no porto de Assunção, e o navio paraguaio *Rio Blanco* fez diversas viagens de ida e volta a Londres. Apesar da economia em expansão, todos sentiam que a riqueza do país apenas começara a ser explorada. A leste do Brasil e ao norte da Bolívia, haviam sido descobertas minas de ouro e pedras preciosas, que talvez também existissem nas cordilheiras das fronteiras do Paraguai.

Com essa riqueza recém-descoberta, Carlos convidou estrangeiros, sobretudo ingleses, para iniciar um comércio internacional e desenvolver a infraestrutura do país. No entanto, López nunca saíra do Paraguai, não conhecia nada do mundo externo, nem tinha talento diplomático e, em consequência, sua política de abertura de portas do país foi um desastre. Os Estados Unidos quase declararam guerra ao Paraguai, quando as tropas de López atiraram no navio *Waterwitch*, o que ocasionou a morte de um marinheiro norte-americano. As relações com a Grã-Bretanha ficaram tensas quando James Canstatt, um residente uruguaio de descendência britânica, envolveu-se na conspiração de assassinato, que Carlos planejara para se livrar de alguns inimigos políticos.

A França rompeu as relações diplomáticas com o Paraguai, quando imigrantes de Bordeaux foram espancados e torturados. E o Brasil enviou uma esquadra de navios de guerra ao Paraguai, em represália à revogação do direito de navegação no rio Paraná, o que prejudicou o desenvolvimento da rica província de Mato Grosso, a oeste do território brasileiro. Os navios só partiram depois da construção apressada de fortificações em Humaitá, à jusante de Assunção. López também não conseguiu evitar o envolvimento com as guerras civis que devastavam o Uruguai e a Argentina.

Embora López fosse um governante mais liberal que Francia, ele manteve o sistema de espiões de seu antecessor e a tendência a prender pessoas arbitrariamente. Ninguém poderia ofuscar o seu brilho. Quando um rico proprietário de terras importou uma carruagem da Europa, ele a confiscou com o argumento que ninguém poderia ter uma carruagem melhor do que *El Presidente*. Havia também execuções sumárias. Certa vez, um comerciante, taxado com impostos extorsivos na alfândega, enfureceu-se e pisou em um papel do governo, com o retrato de Carlos no selo. López mandou executá-lo por pisar em sua imagem. Entretanto, para os padrões paraguaios, seu governo era relativamente liberal, embora dois franceses tivessem sido deportados por praticar hipnose sem permissão.

Provavelmente, em nenhum país do mundo a vida e a propriedade foram tão preservadas como no Paraguai durante seu governo. Quase não havia crime e, quando cometido, era detectado imediatamente e punido. O povo era talvez o mais feliz de todos os povos. Não precisavam trabalhar muito para garantir seu sustento. Todas as famílias tinham casas ou cabanas em terrenos próprios. Cada cabana tinha um pomar de laranjeiras e algumas vacas. Os paraguaios plantavam, em poucos dias, uma quantidade suficiente de tabaco, milho e mandioca para seu consumo, e logo após a plantação os produtos podiam ser colhidos.

Os cidadãos com uma situação financeira mais próspera tinham um estilo de vida europeu, e muitas famílias eram ricas e viviam com conforto. Entretanto, ninguém poderia usar sua propriedade "como utilidade pública, sem pagar". Mas, esse poder era exercido, com frequência, com moderação e só a família de Carlos tinha permissão para tiranizar o povo.

Depois que ele restabeleceu as relações com Roma, apesar da recusa em devolver os dízimos ou os tesouros que Francia roubara, ele convenceu o papa Gregório XVI a nomear seu irmão Basilio, bispo de Assunção. Com isso, os segredos do confessionário eram relatados diretamente a *El Presidente*. Sua esposa, grotesca de tão obesa, intitulava-se *La Presidenta*, e comportava-se com arrogância e despotismo com seus "súditos", enquanto suas filhas gordas e feias, Inocencia e Rafaela, compravam notas rasgadas, com um desconto de seis pence em proporção ao dólar, e depois as vendiam para o Tesouro público pelo preço total. Elas também compravam joias, mas eram perdulárias e inconsequentes em relação ao dinheiro. Os três filhos tinham o monopólio das exportações do país, e não pagavam impostos alfandegários. Tinham o direito de ocupar qualquer propriedade rural que escolhessem, e construíram fazendas espetaculares e casas com o trabalho não remunerado. Os três também eram conhecidos pelo comportamento libertino. O mais novo, Benigno, era detestado por todas as pessoas. Ele tinha elefantíase, era sifilítico e trapaceava no jogo de cartas. Nenhum paraguaio ousava se recusar a jogar com ele, nem tinha coragem de ganhar o jogo. No entanto, era o preferido da mãe. Ela o mimava e insistia que o pai lhe desse todos os tipos de privilégios especiais. O segundo filho de Carlos, Venancio, era gordo e imberbe, com uma voz de falsete. Porém, Venancio era o "terror das famílias que, embora não pertencessem à classe alta, queriam proteger a decência e a reputação de suas filhas", segundo Washburn. E havia ainda o filho Francisco...

Litografia de José Gaspar Rodriguez de Francia com uma cuia de mate e sua respectiva bombilha.

4
Francisco López

Filho de uma família sem atrativos físicos e morais, Francisco Solano López, o mais velho dos irmãos, era, sem dúvida, o menos atraente. Embora não fosse filho biológico de Carlos Antonio, ele tinha muitas características grosseiras semelhantes às do pai. Era baixo, gordo, feio, com um tronco volumoso e pernas arqueadas por ter aprendido a montar a cavalo muito cedo. E, assim como Carlos, gostava de uniformes extravagantes, bem apertados para disfarçar sua corpulência.

O embaixador Washburn escreveu, sem nenhum tato diplomático, que:

> Os olhos, quando estava contente, tinham uma expressão suave, mas quando se zangava, a pupila dilatava tanto que não parecia de um ser humano, e sim a de um animal selvagem. Mas, mesmo em momentos tranquilos, tinha um olhar animalesco repulsivo. A testa era estreita, a cabeça pequena e as nádegas eram enormes. Os dentes eram, quase todos, podres e, como muitos da frente haviam caído, a articulação de sua fala era difícil e pouco clara.

Washburn concluiu que Francisco não fazia o menor esforço para escovar os dentes, e os poucos que restavam, além da horrível aparência, eram pretos como o charuto preso entre eles o tempo inteiro. Seu coração era ainda mais negro...

Nascido em 24 de julho de 1826, Francisco Solano López era mimado, arrogante, prepotente e ganancioso. Enquanto Benigno era o preferido da mãe, Carlos mimava Francisco. Afinal, ele devia tudo que tinha a essa criança. O nascimento de Francisco, filho ilegítimo de Dom Lázaro Rojas, salvara a vida de Carlos durante o governo de Francia, que eliminara

Solano López em pintura de Aurélio Garcia.

todos os rivais em potencial. A criança lhe trouxera riqueza e a oportunidade de conquistar o poder. A partir do momento em que assumiu a presidência do país, Carlos deu a Francisco privilégios de um príncipe herdeiro, e o educou como seu sucessor. Além disso, o batizara com o nome de um santo.

Aos 10 anos, sob a tutela do padre jesuíta Fidel Maiz, confessor de Carlos e de doña Juana e a pessoa mais culta do Paraguai, Francisco leu o *El catecismo de San Alberto*, uma narrativa da repressão violenta dos espanhóis à insurreição de Tupac Amaru II, o último imperador inca. Depois de ser obrigado a assistir às execuções da esposa e dos filhos, Tupac foi esquartejado, arrastado pelo chão e decapitado. Esse era o livro de cabeceira preferido de Francisco. Mais tarde, quando estudou no colégio de Juan Pedro Escalada, um homem culto de Buenos Aires, Francisco leu a história de Napoleão, que se transformou em seu herói pelo resto da vida. Afinal, Napoleão, assim como ele, fora um homem de baixa estatura. Francisco era bilíngue, em guarani e espanhol. Em casa, com Elisa, falava um francês fluente e, com sua ajuda, um inglês razoável. No entanto, seus professores diziam que era um aluno "indesejável" e, de acordo com a opinião de Washburn, seu conhecimento de história não ia além do nível de um colegial da Nova Inglaterra de 15 anos. Desconhecia tudo que se referisse à música, à arte, à literatura ou aos clássicos; suas noções de política e governo inspiravam-se nas teorias do Dr. Francia.

Aos 15 anos abandonou a escola para servir ao Exército. Em três anos chegou ao posto de brigadeiro-general, a mais alta patente na hierarquia do Exército paraguaio. E, com 19 anos, recebeu as honras de herói de guerra. Com um gesto irrefletido, Carlos envolveu, em 1845, o Paraguai na guerra civil da Argentina. Francisco percorreu a província argentina de Corrientes, no comando de cinco mil soldados, e perambulou por estes arredores, voltando para o Paraguai sem disparar um tiro. *El Semanario*, o jornal do governo que substituíra o *Paraguayo Independiente*, chamou-o de "O herói de Corrientes" e "O maior guerreiro desde Alexandre, o Grande". Seu pai nomeou-o ministro da Guerra. Para evitar ciúmes na família, Benigno foi nomeado comandante-chefe da guarnição de Assunção e Venancio foi promovido a major. No entanto, ele se queixou que não se adaptava aos rigores da vida no exército e, então, o nomearam grande almirante das forças navais. É evidente que esse cargo era uma farsa, porque o Paraguai não tinha navios na época, e Venancio, então, se retirou para uma das *estancias* das quais se apossara.

Assim como seu irmão Venancio, Francisco perseguia todas as mulheres que desejasse. Quando jovem, ia a prostíbulos e enviava a conta para o palácio, sob pretexto de que seu pai iria pagá-la. Mas, enquanto o segundo filho de Carlos gostava de mulheres de classe social inferior, o primogênito tinha um fraco por jovens aristocráticas virgens, e aterrorizava as famílias tradicionais de Assunção. Se as jovens o recusassem, seus pais eram presos e os bens da família eram confiscados por ordem de Carlos. Francisco era, como observou o embaixador dos Estados Unidos, um "violador autorizado".

Mas, uma jovem considerada por muitas pessoas "a mais bonita do Paraguai", Pancha Garmendia, a "joia de Assunção", resistiu à sua insistência inoportuna; seu pai havia sido preso e executado por ordem de Francia. A jovem refugiou-se no convento, o que não foi uma boa ideia, porque Francisco estava preparado para "martirizar" algumas freiras. Ele prendeu seus irmãos, e mandou torturá-los. Porém, a jovem continuou a resistir e Francisco decidiu obrigá-la a ter relações sexuais com ele. Entrou em seu quarto à noite, mas ela se defendeu como um tigre. Então, de acordo com Washburn, Francisco mandou encarcerá-la e, nos 23 anos restantes de sua vida, a açoitavam e estupravam todos os dias.

Em seguida, o Herói de Corrientes encantou-se por outra beldade aristocrática chamada Carmencita Cordal. Ela o recusou porque estava noiva e iria casar com Carlos Decoud, filho de uma das famílias mais importantes do Paraguai. Decoud e seus dois irmãos foram presos. Na véspera do casamento, o corpo nu e mutilado de Decoud foi jogado na rua, em frente à casa de Carmencita, (algumas pessoas disseram que o atiraram na sala de visitas), a jovem enlouqueceu com o choque. Passou a vida vestida de preto e a viam, bem tarde da noite, soluçando em cima do túmulo do noivo.

A morte de Decoud ultrapassou todos os limites possíveis da moral e tirania. As famílias aristocratas com filhas bonitas apressaram-se a tirar passaportes. Em geral, Carlos não se opunha a emitir passaportes, desde que as famílias que saíssem do país renunciassem aos seus bens. Porém, a fuga em massa das famílias assustadas o preocupou. Carlos decidiu, então, que seria melhor que Francisco se ausentasse do país, até o escândalo ser esquecido. Assim, o Herói de Corrientes partiu para a Europa, onde exerceria seus talentos diplomáticos. Francisco foi o primeiro paraguaio a viajar para o exterior.

Carlos lhe deu uma enorme quantia de dinheiro, e o encarregou de comprar uma frota de navios, apesar de o Paraguai não precisar de navios, e, Francisco, viajou com seu irmão Benigno e uma grande comitiva. Primeiro foram para a Inglaterra, que, depois da Grande Exposição Internacional, vangloriava-se de ser a nação mais importante do mundo, além de estar no auge da expansão imperial. Londres era a capital do mundo, e tinha uma população quase duas vezes maior do que a população do Paraguai. Nada do que Francisco havia visto na região do rio da Prata o preparara para o progresso de uma cidade grande vitoriana — iluminação a gás, ferrovias, telégrafo — e foi por iniciativa dele, que Carlos López contou com a ajuda de engenheiros ingleses na modernização do Paraguai. Francisco encomendou uma enorme quantidade de armas e munição, e dois navios de guerra na empresa J. & A. Blyth de Limehouse, pagos com recibos sem valor e notas promissórias. Mas, nem todas as pessoas se impressionaram com sua presença. A rainha Vitória recusou-se a vê-lo. Não tinha tempo a perder com o filho de pernas arqueadas de um ditador latino-americano.

Então, Francisco foi para a França. Lá comprou uniformes para ele e seu exército, com o estilo inspirado nas vestimentas de seu herói Napoleão e seu Grande Armée. Como idolatrava Napoleão, quis conhecer seu sobrinho, Napoleão III, que fora proclamado imperador há pouco tempo e dera início ao Segundo Império francês. Com a promessa de comprar mais armas na França, Francisco foi convidado a visitar a cor-

López (direita) e Napoleão III em Paris, 1853.

te no palácio das Tulherias. Vestido com um uniforme de marechal de campo, uma capa de renda magnífica e botas de couro com esporas de prata monstruosas, Francisco, com suas pernas arqueadas, percorreu uma longa série de antecâmaras, com as portas abertas por criados de libré, até chegar à presença de Luís Napoleão e da imperatriz Eugénie. Francisco presenteou Luís com cem caixas de charutos paraguaios, que o imperador prometeu apresentar na exposição internacional, a se realizar no ano seguinte em Paris. Depois de dar uma baforada em seu charuto, um cheiro que a imperatriz Eugénie detestava, Francisco inclinou-se para beijar-lhe a mão. Segundo o comentário de uma pessoa presente ao encontro, a imperatriz afastou-se dele e vomitou em uma escrivaninha de ouropel. Com um sangue-frio imperturbável, Eugénie explicou que estava *enceinte* e com enjoos matinais, o que era uma "verdade diplomática". Em seguida, Luís Napoleão beijou Francisco nas duas faces e condecorou o Herói de Corrientes com a *Légion d'Honneur*.

É estranho, mas, apesar da condecoração, nenhum general de Luís Napoleão pediu conselhos ao maior guerreiro desde Alexandre, o Grande; embora, na ocasião, a França estivesse envolvida na guerra com a Crimeia. Talvez ninguém soubesse onde ficava Corrientes ou, na verdade, o Paraguai. Poucas pessoas da corte nas Tulherias haviam ouvido falar do Brasil ou da Argentina. Alguns disseram, em tom de brincadeira, que os jornais de Nova York estavam atrasados e, por esse motivo, desconheciam a descoberta do Paraguai. Esse comentário não agradou a Francisco; afinal, Assunção fora fundada 87 anos antes dos primeiros colonos holandeses chegarem à Nova Amsterdã.

Quando Francisco preparava-se para partir, Luís Napoleão disse: *J'espére que vous vous amusez à Paris* ["Eu espero que você esteja se divertindo em Paris", em português]. E, com certeza, Francisco se divertiu muito. Acompanhado de sua enorme comitiva, ele bebeu, jogou e visitou prostíbulos. Distribuía dinheiro como se fosse água. Esse comportamento não passaria despercebido, em especial de uma cortesã, de 19 anos, chamada Elisa Lynch, sempre atenta a uma boa oportunidade para encontrar homens generosos.

5
Elisa Lynch

Elisa Lynch nasceu no condado de Cork, no dia 3 de junho de 1835, filha de uma família anglicana. Para os mais íntimos, simplesmente, Ella, mesmo sendo batizada "Elizabeth". Ela vangloriava-se de ser parente, pelo lado paterno, de dois bispos e de mais de setenta magistrados, enquanto havia, na família da mãe, um vice-almirante na Marinha Real que lutou, junto com quatro irmãos, sob o comando de Nelson, nas batalhas do Nilo e de Trafalgar. Todos os seus tios eram oficiais das Forças Armadas britânicas, e seus primos ocupavam altos cargos na elite governante da Irlanda. No entanto, não existem registros de ninguém com essas características, exceto talvez, um tio tenente da Marinha.

Diziam também que, na árvore genealógica da família da mãe de Elisa, Adelaide Schnock, entre seus antepassados, um fora o confessor pessoal da rainha Vitória, três haviam sido membros do Parlamento, durante o reinado da rainha Ana, outro fora líder da oposição a Cromwell no Parlamento, quando ele se intitulara o "Lorde protetor" do Reino Unido, além do carrasco que decapitou Carlos I, um general monarquista, um pretendente ao ducado de Warwick, o menino favorito de Ricardo Coração de Leão, o primeiro "homem branco" a chegar à Irlanda e o homem que escreveu o *Domesday book* (uma espécie de censo realizado em 1086). Também não existem provas da existência dessas pessoas em sua família.

As histórias que circulavam sobre o pai de Elisa, John Lynch, diziam que ele fora um oficial da Marinha, morto em circunstâncias gloriosas na costa da China, durante a primeira Guerra do Ópio, em 1840. Na

Elisa Lynch por volta dos 20 anos em 1855.

verdade, ele era médico e estava vivo quando Elisa se casou, em 1850. Na suposta morte do pai, a mãe se casara com um homem chamado Kinkley. Depois do casamento da mãe, Elisa foi morar com um tio por parte materna, o arcebispo de Dublin, e matriculou-se no Trinity College aos 9 anos. Essa história é, na melhor das hipóteses, fantasiosa... No entanto, não há dúvida que ela era uma mulher inteligente e culta. Falava francês, espanhol e aprendera guarani, a língua dos índios no Paraguai, e era superior culturalmente até mesmo às pessoas mais cultas do país na época. Mas, não seria difícil ser superior em um lugar onde, durante o reinado de Francia, as escolas ficaram fechadas e o país isolou-se do mundo.

Elisa escreveu pouco a respeito de sua infância, embora dissesse que sua família era rica, uma afirmação no mínimo improvável. Poucas pessoas que moravam na Irlanda, no início do século XIX, poderiam ser consideradas ricas. Mas, com o pai médico, a prole deveria viver com conforto. Mesmo assim, não teria sido poupada dos efeitos da Grande Fome na Irlanda, provocada por uma doença em 1845, que contaminou as batatas. Em quatro anos 1,1 milhão de irlandeses morreu, 1,5 milhão de pessoas foi obrigada a emigrar, e a pretensa vida confortável e segura da infância de Elisa transformou-se em pesadelo. Mas, foi uma humilde batata, originária da América do Sul, que levou a jovem Elisa a seguir um estilo de vida, que a converteria na imperatriz desse continente.

Fazia calor no verão de 1845 e, para uma criança de 10 anos, era uma estação idílica. A região rural da Irlanda brilhava com os vastos campos de flores de batata. Embora os camponeses irlandeses plantassem milho para pagar o arrendamento de suas fazendas, as batatas faziam parte da alimentação básica deles, e todos estavam contentes com a previsão de uma grande safra. Não havia motivo para suspeitar que aconteceria algo errado até o outono, até que as folhas começaram a enrolar nas pontas e ficaram pretas. Porém, ninguém poderia prever as consequências tão catastróficas da contaminação. Quando as batatas foram colhidas, os tubérculos pareciam intactos. Mas, logo ficaram pretos, com mau cheiro e com uma consistência viscosa. Regiões enormes do país foram afetadas. Em um ano, Elisa viu homens, mulheres e crianças morrendo de fome, nus e desesperados.

Cork foi bastante atingido pela escassez de víveres. O magistrado local, Nicholas Cummins, escreveu para *Sir* Charles Trevelyan, secretário adjunto do Tesouro:

> A previsão alarmante não é um exagero. Só temos 4 mil toneladas de alimentos na cidade e no porto de Cork. A menos que nos envie um grande suprimento de víveres de outros lugares, a perspectiva de escassez de alimentos é terrível. Se não houver uma ajuda imediata as pessoas morrerão...

As autoridades criaram comitês de apoio, porém tiveram de fechá-los alguns dias depois, quando os suprimentos de víveres esgotaram-se. Cerca de 2.130 pessoas morreram no asilo de pobres da cidade de Cork, entre dezembro de 1846 e abril de 1847.

As cenas horríveis, que Elisa testemunhou, foram descritas com precisão por Nicholas Cummins em uma carta ao duque de Wellington, publicada no *The Times,* na véspera do Natal de 1846. A carta descrevia uma viagem a um vilarejo na região rural:

> Ciente de que veria terríveis cenas de fome reuni uma grande quantidade de pão, que cinco homens poderiam carregar e ao chegar ao vilarejo, sur-

preendi-me ao ver o lugar aparentemente deserto. Entrei em algumas cabanas para descobrir a causa, e as cenas que vi eram tão dramáticas, que não há palavras para descrevê-las. Na primeira cabana, seis pessoas esqueléticas e espectrais, que pareciam ter morrido de inanição, amontoavam-se em um canto, em cima de um enxergão sujo e cheio de palha, que cobriam com uma manta rasgada de um cavalo, as pernas penduradas e nuas acima dos joelhos. Aproximei-me com horror e percebi que estavam vivas ao ouvir um gemido baixo; eram quatro crianças, uma mulher e o que fora um dia um homem, com um aspecto febril. É impossível continuar a descrever em detalhes o que vi. Basta dizer que, em poucos minutos, fui cercado por pelo menos duzentos fantasmas como eles, aparições espectrais assustadoras, que não existem palavras para descrever, com fome ou febre. Seus gritos demoníacos ainda ecoam em meus ouvidos e suas imagens terríveis não saem da minha mente.

É impossível imaginar quantas visões semelhantes Elisa testemunhou. Mas sabemos que essas cenas repetiram-se. Porém, não causadas por uma doença que contaminou uma inocente batata, e, sim, pela influência maléfica de sua ambição.

Outras cenas de sua infância na Irlanda se repetiriam mais tarde, quando as obras públicas começaram, em um esforço para ajudar a população: "É melancólico e degradante ver a situação extrema de mulheres e meninas jovens, que se afastaram de tudo o quê representava decência e respeitabilidade, para trabalhar como operárias nas estradas públicas", escreveu um observador inglês. 22 anos depois, e a mais de nove mil quilômetros de distância, Elisa organizaria trabalhos semelhantes. Ela também conhecia as doenças provocadas pela desnutrição na Irlanda. A mais comum era o edema. Escreveu uma testemunha:

> Muitas pessoas ficaram em um estado de profunda debilidade física por causa dessa terrível doença, resultado da inanição contínua e de condições péssimas de vida. O acúmulo anormal de líquido começava nos membros, depois o corpo inteiro inchava assustadoramente e, por fim, explodia. A cena das crianças com essa doença cortava o coração de tão lastimável. Muitas crianças não tinham forças para ficarem em pé, com suas pequenas pernas finas, exceto quando o líquido acumulara-se em seguida à debilitação progressiva. A expressão infantil desaparecera do rosto dessas crianças; elas viviam em um estado de torpor, sem reação a estímulos normais.

O escorbuto provocava a perda de dentes, e as pernas ficavam pretas por causa da hemorragia das veias. Poucas pessoas tinham condições de tomar banho, ou de trocarem as roupas e os lençóis da cama. Os trapos sujos estavam infestados de piolhos, que provocavam tifo. As vítimas do tifo vomitavam sem parar, com o corpo coberto de feridas e erupções. Os rostos inchavam e ficavam pretos, e o corpo exalava um mau cheiro insuportável. Com medo de serem contaminados pela doença, os pais abandonavam seus filhos, assim como os filhos abandonavam seus pais. Os cadáveres não eram enterrados. Havia conflitos violentos e, em 1885, a Irlanda inteira rebelou-se. No entanto, é pouco provável que Elisa tenha presenciado esses tumultos, que culminaram com um tiroteio na casa da viúva McCormack, no condado de Tipperary onde, em razão de um mal-entendido, um rebelde foi morto e vários ficaram feridos. Já acostumada a cenas de horror e ao mau cheiro da morte, desde os 12 anos, Elisa saiu da Irlanda por volta de 1847. Sua irmã mais velha, Corinne, vivia em Paris e a família decidiu partir.

Mais tarde, o governo Stroessner afirmaria que o marido de Corinne era um músico famoso chamado Tamburini, mas não existem registros de sua existência. Aparentemente, seu amigo Victor Hugo achava que a jovem Elisa tinha uma mente superior, enquanto Franz Liszt chorou quando ela não quis ser uma concertista de piano. Não há indícios que tenha conhecido algum dos dois homens, e o nome de Tamburini não constava dos programas de concerto da época.

A mudança da família Lynch para Paris foi desastrosa. Nessa ocasião, a França terminara o período da "monarquia de julho". No governo do "rei cidadão" Luís Felipe, o país usufruiu de 16 anos de prosperidade. No entanto, em 1846, as más colheitas provocaram o aumento dos preços e a escassez dos alimentos. Os negócios faliram e o desemprego aumentou. Os protestos explodiram em 1848, e quarenta manifestantes foram mortos a tiros pelo Exército, em frente à casa do primeiro-ministro de Luís Felipe, François Guizot. O "rei cidadão" abdicou em favor do neto de 9 anos e exilou-se na Inglaterra. Paris mergulhou em uma crise política. A Câmara dos Deputados foi invadida por uma multidão exigindo a República. As Oficinas Nacionais, criadas para gerar emprego, atraíram desempregados da França inteira para Paris. Para custear essas oficinas, o governo impôs uma sobretaxa de 45 centavos sob cada franco do imposto sobre propriedade. Houve protestos violentos nas ruas. As eleições não solucionaram a crise política, e, sim, causaram quatro dias de guerra civil nas ruas da capital francesa, com as tropas do Exército atirando contra as barricadas. Mais de 1.500 rebeldes morreram e 12 mil foram presos. Em setembro de 1848, Luís Napoleão, sobrinho de Napoleão Bonaparte, voltou do exílio na Inglaterra. Alguns monarquistas conspiradores o apoiaram, com a intenção de afastá-lo mais tarde e restaurar a monarquia dos Orleans. Mas, em dezembro, com a promulgação de uma nova Constituição, que alguns consideravam a mais democrática na Europa, Luís Napoleão foi eleito o primeiro e o único presidente da Segunda República.

Se o pai de Elisa pensava em recuperar a fortuna da família na Bolsa de Valores de Paris, a sorte não estava ao seu lado. A prosperidade rápida, da "monarquia de julho", desaparecera quando ele chegou à França. Talvez precisassem de um médico por causa dos conflitos, mas seria pouco provável que muitos pacientes tivessem dinheiro para pagá-lo. E, como o marido de Corinne não era um virtuoso conhecido, a família passou por um período financeiro bem difícil.

Mas, para Elisa, com sua personalidade forte e caráter independente, havia uma saída. Em seu aniversário de 15 anos, em 3 de junho de 1850, casou-se com Xavier Quatrefages, que mais tarde, ela diria que "ocupava uma alta posição na França". Ele tinha 40 anos e era veterinário do exército. O casamento deles não pôde ser realizado em Paris, porque as leis francesas só permitiam o casamento com a idade mínima de 16 anos. Então, Elisa, ainda com 14, e seu noivo católico de meia-idade, atravessaram o Canal da Mancha e foram para Kent. Casaram-se pelos ritos e liturgias da Igreja anglicana na paróquia de Folkestone, dedicada, talvez de uma maneira inapropriada, à Virgem Maria e à santa Eanswythe, a filha do rei de Kent que fugiu para a França, onde se tornou freira, em repúdio ao casamento. Já Elisa parecia querer casar e perder a virgindade. A certidão de casamento mencionava apenas que era "menor de idade".

As biografias oficiais no Paraguai alegam que Quatrefages era um amigo íntimo do irmão mais velho de Elisa. Ele a conheceu quando fazia uma missão secreta em Dublin, para o serviço de inteligência militar francês, cortejara-a à margem do rio Shannon e o tio arcebispo de Elisa havia celebrado o seu casamento. Mas é claro que o rio Shannon corre a quase cem quilômetros de distância de Dublin...

É possível que um modesto dote de Quatrefages tenha ajudado as finanças da família. Mas o casamento, sem dúvida, tirou Elisa da penúria familiar, além de protegê-la dos tumultos violentos em Paris. O marido foi transferido para Argélia, com a função de cuidar dos cavalos do regimento de cavalaria, ou, em alguns relatos, para ser inspetor sênior de hospitais militares, e Elisa o acompanhou. A França conquistara a Argélia do Império Otomano, em 1830. E uma guerra de grandes proporções devastou o país até 1847, conflito que mobilizou um terço do Exército francês, com mais de 100 mil soldados em solo argelino. Quando Elisa chegou à Argélia, o número reduzira-se a 70 mil soldados, embora houvesse combates esporádicos até 1871. Na época, Argel era uma cidade sofisticada, com um ambiente alegre como o de Paris, mas com charme da vida no Oriente e o fascínio das noites árabes. E os franceses haviam feito um grande esforço para instalar um sistema eficiente de esgotos na cidade. No entanto, o regimento da cavalaria ocupou o vilarejo de Si Mustapha, nos arredores de Argel. Como o exército ainda lutava para controlar as regiões férteis do deserto de Saara, a cavalaria era sempre transferida para povoados poeirentos no interior da África ocidental francesa, lugares inadequados para uma jovem cheia de vida, no momento em que se iniciava o Segundo Império em Paris.

De acordo com a Constituição de 1848, o mandato do presidente, da Segunda República, tinha a duração de quatro anos. Mas, no dia 2 de dezembro de 1851, Luís Napoleão deu um golpe de Estado. Um ano depois instituiu o Segundo Império e foi proclamado imperador, com o nome de Napoleão III — Napoleão Bonaparte reinara com o nome de Napoleão I, enquanto seu único filho legítimo, o duque de Reichstadt, rei de Roma, apesar de nunca ter reinado, intitulou-se Napoleão II. Mas, se o império do primeiro Napoleão terminou em tragédia para a França, o segundo foi uma farsa. O ajudante de ordens de Napoleão III, Emile Fleury, disse que "não era um império no sentido estrito do termo, mas foi uma época muito divertida", enquanto para Théophile Gautier, Luís Napoleão era "um diretor de circo demitido por se embriagar".

Entretanto, confinada à Argélia, Elisa privava-se da vida alegre e divertida de Paris. Separou-se do marido depois de três anos de casamento — "em razão de uma saúde frágil", disse. Não tinham filhos. Mais tarde afirmou que o casamento nunca fora consumado. Na verdade, o que aconteceu foi que o oficial comandante do regimento, um coronel, apaixonou-se por Elisa e o marido não tinha nem a patente, e, provavelmente, nem a vontade de defendê-la das insinuações amorosas do coronel.

Ela foi salva por um jovem aristocrata russo e oficial de cavalaria chamado Michael, que andava a meio galope pelas dunas em busca de aventuras. Michael desafiou o sedutor idoso de Elisa para um duelo e o matou. Os dois jovens amantes fugiram para Paris, enquanto Quatrefages consolou-se com o fato de que, pelas leis francesas e por ser católico, Elisa não era sua esposa. Mais tarde, Quatrefages casou-se de novo.

Michael instalou-se com Elisa em uma grande casa na *rue* de Bac, no novo bairro chique e na moda de Saint-Germain. Enquanto Elisa estivera ausente, o pai havia morrido, os irmãos tinham se alistado na Marinha e a mãe e a irmã haviam voltado para a Inglaterra; mas ela tinha Michael. É possível que sua história tivesse um final feliz, porém em outubro eclodiu a guerra da Crimeia. Agora, a Rússia era inimiga da Inglaterra e da França, e Michael, que matara um oficial francês, retornou ao seu país para lutar na guerra. O marido de Elisa também voltou para a França, mas não quis ajudá-la financeiramente. A bela jovem de 17 anos ficou sozinha em Paris no Segundo Império que, no governo de Napoleão III, transformara-se no prostíbulo da Europa. Como além de seus gastos pessoais, tinha uma casa para manter, Elisa decidiu seguir a única carreira lucrativa que se abria à sua frente. Não havia nada de desonroso nessa profissão. O Segundo Império foi uma época de *grandes horizontales*. Sem discriminação, mulheres de todas as classes sociais tinham a oportunidade de enriquecer e de serem pessoas influentes. O imperador imprimira seu estilo. A única coisa que Napoleão III herdara do tio, diziam, era o insaciável apetite sexual. Segundo boatos, pagara dez mil francos por uma única noite com a conhecida prostituta de Plymouth, Cora Pearl. Mais tarde, Cora tornou-se amante do primo de Luís Napoleão, príncipe Napoleão, conhecido como *Plon-Plon,* expressão hoje utilizada para designar sexo casual.

As *grandes cocottes* constituíam a aristocracia não oficial de Paris. A condessa de Castiglione cobrava 1 milhão de francos por uma noite. Nessa mesma época, uma criada de mesa de 13 anos, que ganhava quatro francos por mês, ficou quatro anos na prisão por ter roubado geleia do patrão. A princesa de Sagan foi uma das inúmeras amantes do príncipe de Gales, assim como Cora que, segundo diziam, lhe fora servida em uma salva de prata, nua, só com um colar de pérolas e um galho de salsinha. Ela dançou nua, em um tapete de orquídeas, e tomou banho de champanhe diante de uma plateia de convidados, que pagaram para vê-la. A tampa do seu vaso sanitário era coberta por uma almofada de penas de ganso, e ela presenteava os clientes regulares com moldes de gesso de seus seios sensuais. Era também famosa por sua linguagem vulgar. Quando um amante ciumento deu um tiro na própria cabeça em seu salão, seu único comentário foi: "Esse filho da mãe estragou a p**** do tapete!".

As *demi-mondaines* misturavam-se às mais altas classes sociais. La Belle Otero vangloriava-se de ter sido amante da maioria das cabeças coroadas da Europa, enquanto Hortense Schneider era tão famosa por distribuir favores à realeza europeia, que a chamavam de *Le Passage des Princes*. Certa vez, o duque de Grammont-Caderousse levou o príncipe de Gales para visitar Guilia Beneni, que dizia orgulhosa ser a "maior prostituta do mundo", e que profissionalmente usava o nome de "La Barucci". Com um ar malcriado, virou as costas para o príncipe e, em seguida, levantou a saia e mostrou o traseiro nu. Quando o duque a repreendeu por essa quebra de protocolo, ela respondeu: "Você disse que eu deveria mostrar o que tenho de melhor."

Embora as recompensas pelas aventuras sexuais fossem expressivas, a competição era feroz. Mas, Elisa tinha vantagens. Era alta e elegante, com um corpo delicado, admirado por suas belas curvas sedutoras. O cabelo era ruivo, a pele alva e os olhos "de um azul igual ao tom do céu e com uma expressão de uma suavidade indizível em cujas profundezas a luz de Cupido reinava", como o jornalista argentino Héctor Varela a descreveu. Varela também se entusiasmou por seus lábios que "eram de uma voluptuosidade indescritível, umedecidos por um orvalho etéreo concedido por Deus para acalmar seu fogo interno" e a boca "era uma taça de prazer na mesa de um banquete de uma paixão ardente". As mãos eram "pequenas, com dedos longos, unhas perfeitas com um polimento delicado". Sem dúvida, era uma mulher que se orgulhava de sua aparência. E, segundo Varela, cuidar de sua aparência era uma religião.

Com certeza Elisa escalaria os mais altos degraus da sua profissão: Élisabeth-Céleste Vénard – Mogador – fora elevada à posição de condessa de Chabrillan e Marie Duplessis ao status de condessa de Perrégaux, embora sua imagem se associasse mais ao modelo da trágica heroína de Alexandre Dumas Filho em *A dama das camélias*. Nascida em um gueto judeu de Moscou, Thérèse Lachman usou seus atrativos para fazer uma ascensão social de uma simples madame Villoing, à marquesa de Païva e depois condessa Henckel von Donnersmark. Se houvesse vivido mais alguns anos, talvez tivesse sido uma princesa. E a famosa Lola Montez ganhou o título de condessa de Landsfeld, e governou a Baviera com seu amante o rei Ludwig, até que suas intrigas a depuseram do trono.

Elisa tinha ambições maiores. Já percebera que uma outra jovem de cabelos ruivos, de origem humilde, fazia sucesso em Paris. Ela chamava-se Eugénie de Montijo. Seu avô William Kirkpatrick era um escocês, que se dizia descender do herói irlandês Fingal, que viveu no século III. Depois que Luís Napoleão fracassou em suas tentativas de encontrar uma princesa Habsburgo ou Romanov, ou uma jovem de boa família, parente da rainha Vitória para casar, escolheu a humilde Eugénie para ser a imperatriz da França. O primo *Plon-Plon* o provocou dizendo: "Ninguém se casa com mulheres como mademoiselle Montijo, só queremos fazer sexo com elas." Na verdade, os dois haviam tentado sem sucesso convencê-la a ser apenas amante deles. Quando o frustrado Luís Napoleão perguntou a Eugénie qual era o caminho de seu coração, embora quisesse dizer o caminho de sua *con* e não de seu *coeur*[1], ela respondeu: "A igreja, senhor." Em 1853, a igreja foi a catedral de Notre-Dame.

A imperatriz Eugénie passou a ser o modelo de Elisa. Analisando as histórias de ambas: as duas eram mulheres corajosas. Ambas viram os filhos primogênitos morrerem. As duas tiveram sucesso como esposas e mentoras de homens feios e infiéis. As duas convenceram seus homens a empreenderem guerras desastrosas, que destruíram suas nações. E ambas morreram no exílio, mas, na época, em papéis inversos. Eugénie morreu na Inglaterra em 1920, 34 anos depois que Elisa havia sido enterrada na França.

Elisa tinha bons contatos na sociedade e, ao estrear na nova profissão, evitou os lugares boêmios do *demi-monde* frequentados por Cora Pearl e Blanche d'Antigny, o modelo do personagem Nana, de Émile Zola. Por ser amiga da princesa Mathilde, prima do imperador, e uma pessoa proeminente na sociedade, Elisa frequentava as noites no palácio da princesa, e assistia estreias de peças no teatro de *Variétés* e na *Comédie Française*. Pouco depois, conquistou uma corte de admiradores que a mimavam. Porém, tão rápido quanto ganhava dinheiro, o gastava com roupas, com a manutenção da casa, salários dos criados, comidas e vinhos caros. Elisa precisava de um homem rico que a sustentasse integralmente.

Durante o Segundo Império, homens ricos do mundo inteiro visitavam Paris. Elisa tinha cartões de visita, nos quais se apresentava como Madame Lynch, professora de línguas. Seus criados entregavam os cartões em hotéis, embaixadas e lugares noturnos elegantes de Paris. Ela colocara mesas de jogo no salão de sua casa, para que seus convidados se divertissem e perdessem dinheiro, enquanto esperavam.

---

[1] Para entender a brincadeira do autor com essa expressão, é preciso entender um pouco de francês. *Con* é a "concha", a vagina da mulher e *coeur* é traduzido por "coração". (N.T.)

6
O encontro do destino

Existem diversas versões de como Francisco e Elisa se conheceram. Os historiadores da era Stroessner dizem que foram apresentados em um baile em Argel, quando o governador convidou as belas mulheres que moravam na cidade para conhecer o corajoso herói de guerra paraguaio. Outras versões da história dizem que foram apresentados na estação Saint-Lazare, assim que Francisco chegou a Paris. Por sua vez, o embaixador Washburn, que os conhecia bem, contava uma história diferente... Segundo ele, Francisco não fora o primeiro amante paraguaio de Elisa. Brizuela, um dos membros da comitiva paraguaia, vangloriara-se do encontro que havia tido e, então, Francisco quis conhecer "a senhora cujas qualidades haviam sido tão elogiadas por um subordinado seu".

Aparentemente, Elisa também queria conhecer Francisco. Quando Brizuela mencionou "a generosidade principesca de seu chefe", ela planejou uma maneira de conhecê-lo, porque, talvez, fosse o "homem perfeito", o libertino generoso que procurava. "Ela pertencia à classe de mundanas, tão numerosa em Paris", escreveu Washburn, "sempre atentas aos estrangeiros com bolsos pródigos e hábitos licenciosos". Na opinião de Washburn, Elisa transferiu seu interesse afetivo de Brizuela para Francisco por "uma simples questão material". Outros, ainda, diziam que Francisco comprara Elisa de seu marido. É possível também que Francisco tivesse recebido um dos seus cartões de visita. Ou, talvez, o generalíssimo sem dentes quisesse melhorar sua pronúncia de francês com uma professora atraente. Mas, o que quer que tenha acontecido, o dinheiro mudou de mãos.

Francisco ficou "apaixonado pela beleza de Elisa", enquanto ela ignorou sua aparência desagradável. Uma hora depois que se conheceram,

Elisa o levou aos seus aposentos íntimos e elegantes. O encontro com Elisa foi um choque para Francisco. Tivera relações com mulheres bonitas antes, mas nunca com alguém que se entregasse sem opor resistência. Depois, ele lhe contou as maravilhas do paradisíaco Paraguai. Um dia, talvez em breve, o pai morreria e ele seria o *El Presidente* do país. Mas, para um homem cuja ambição fora estimulada desde a infância, ser presidente de uma pequena república latino-americana não era suficiente. E, depois de ter conhecido Napoleão III, também queria ter seu império. Elisa reinaria junto com ele. Depois de uma noite de êxtase, ele prometeu que ela seria a Imperatriz da América do Sul. No dia seguinte, ela avisou ao seu senhorio que devolveria a casa.

Desde o início, o encontro de Francisco Solano López e Elisa Lynch foi simbiótico, um encontro de almas irmãs. Mas o que os atraía? O escritor R. B. Cunninghame Graham, que conheceu os dois, disse:

> Não há dúvida que a bela mulher, de personalidade forte e sofisticação parisiense, seduziu o jovem rústico, com a mente povoada de sonhos de conquista, que imaginava ser o Napoleão do rio da Prata. Elisa, por sua vez, sentiu-se atraída por um tipo de homem que nunca encontraria em Paris ou na Argélia. Para a esposa de um modesto oficial do exército, provavelmente com um soldo pequeno, ser ditadora de um país que, em sua imaginação, era maior e mais importante, de fato que o Paraguai, era uma ideia instigante, uma aventura que valia a pena arriscar.

Assim como a maioria dos europeus, Elisa não conhecia nada a respeito do Paraguai, mas as histórias das fantásticas riquezas da América do Sul circulavam na Europa, desde que os espanhóis chegaram ao México e ao Peru. Em meados do século XIX, o Brasil ficou conhecido por seu enorme potencial e pelo fato de ser governado por um imperador desde 1822, embora Dom Pedro II fosse um imperador bem mais modesto que Francisco pretendia ser: "Se eu não fosse imperador, gostaria de ser professor", havia dito Dom Pedro, certa vez.

Elisa precisaria fazer compras antes de viajar para um continente distante, onde seria a Imperatriz, e, logo, Francisco foi visto andando ao lado da carruagem de Elisa, na *rue* de Rivoli, carregada de vestidos, chapéus, anáguas, lingerie, crinolinas e diamantes. Ela saberia como vestir-se em seu papel imperial. Eugénie fora proclamada imperatriz nesse mesmo ano e já ditava a moda em Paris.

Elisa e Francisco foram visitar o túmulo de Napoleão no Les Invalides, onde, de mãos dadas, homenagearam o grande homem, apesar da suspeita de que os restos mortais transportados de Santa Helena para a França em 1842, não eram de Napoleão.

Em seguida, Elisa e seu amante partiram para uma viagem pela Europa. Visitaram a rainha Isabel II da Espanha, famosa por sua coleção de amantes, e, os boatos, também diziam que Elisa oferecera um jantar "obsceno" ao papa.

Uma visita à frente de batalha da guerra da Crimeia não podia faltar nessa grande viagem. Na época, a guerra ainda atraía espectadores. Os pavilhões, construídos nas colinas, abrigavam homens e mulheres elegantes, bebendo champanhe e comendo caviar, enquanto os soldados lutavam no campo de batalha. Essa visita seria também uma oportunidade para observar as tecnologias e as táticas militares mais modernas. Elisa procurava, com os olhos ansiosos, seu cavaleiro russo bonitão, enquanto Francisco queria assistir à vingança de Napoleão III contra os russos pela retirada desastrosa de Moscou em 1812. Elisa inflava o ego de Francisco sem cessar e estimulava sua fantasia de que um dia seria o Napoleão do Novo Mundo, embora a imprensa de Buenos Aires o tivesse apelidado, quando a guerra

O Tacuari.

começou, de "o Átila americano". E, na guerra de Francisco, não haveria espectadores: qualquer observador casual seria engolido por sua violência.

A lua de mel de Elisa e Francisco terminou com a chegada de notícias da doença de Carlos López e o pedido de retorno de Francisco ao Paraguai. Às 10h30, do dia 11 de novembro de 1854, Francisco e Elisa embarcaram, em Bordeaux, no navio de 500 toneladas, o *Tacuari*, que Francisco comprara na J. & A. Blyth de Limehouse. A tripulação inglesa fez com que Elisa se sentisse em casa. O navio estava carregado de centenas de baús, cheios de roupas caras, linho de qualidade especial, móveis caros, carruagens esplêndidas, talheres de prata e porcelanas de Sèvres e Limoges, além de uma coleção de uniformes espalhafatosos, feitos sob medida para Francisco pelos melhores alfaiates de Paris, setenta pares de botas de couro, feitas à mão com saltos cubanos e acabamento de prata, e um piano Pleyel. Elisa Lynch foi a primeira pessoa a ter este instrumento no Paraguai.

As notícias da iminente chegada de Madame Lynch provocaram uma comoção familiar em Assunção. Em Paris, Benigno tentara dissuadir Francisco de levar essa cortesã para o Paraguai, mas quando fracassou, partiu para Assunção a fim de avisar a família. No início, Carlos não ficou muito preocupado. Seus filhos, imprevisíveis, já haviam tido inúmeras amantes e filhos bastardos. Mas quando Benigno contou à querida mamãe quem era *la ramera irlandesa*, *La Presidenta* insistiu com Carlos para que proibisse sua entrada no país. Como Francisco recusou-se a voltar para Assunção sem Elisa, os dois desembarcaram em Buenos Aires. Esse desembarque foi uma aventura grotesca. O *Tacuari* teve de ancorar a mais de dez quilômetros do cais, e eles desembarcaram em uma barcaça. Qualquer brisa agitava o mar e molhava os passageiros, mas a barcaça também não conseguiu chegar ao porto. Quando esta encalhou, os passageiros subiram em uma carroça vermelha, guiada por um gaúcho, que gritava para que os semiafogados e reumáticos cavalos andassem. Algumas senhoras, da alta sociedade, não suportaram a humilhação de serem transportadas em uma reles carroça, e preferiram levantar as saias e chapinhar na água. Os *porteños*, como são chamados os nascidos em Buenos Aires, reunidos no quebra-mar, divertiram-se com a cena. Os passageiros tiveram de subir uns degraus sujos até chegarem ao píer de madeira, cheio de buracos, escorregadio e repleto de pessoas ociosas ou que passeavam de um lado para outro. No final do cais havia alguns quiosques que vendiam jornais, livros, letras de músicas eróticas e fotografias sensuais. Os carregadores ofendiam uns aos outros na tentativa de segurar as bagagens dos passageiros e levá-las até a alfândega. Os funcionários da alfândega insistiam em abrir todas as malas, mas, como achavam indigno mexer em pertences alheios, ficaram felizes quando os passageiros disseram que só tinham roupas nas malas. A barcaça custou 50 dólares, a carroça 20 dólares e quatro carregadores 140 dólares. A despesa total foi o equivalente a um xelim e dois pences.

A alfândega e o prédio do governo atrás do píer eram edifícios simples de dois andares. Em 1854, Buenos Aires era relativamente pequena, com menos de 100 mil habitantes, sem sistema de esgoto e com ruas mal ventiladas, apesar de se orgulharem do "ar puro". A cidade tinha umas nove ou dez praças públicas, as ruas com grades e as paredes das casas pintadas de branco davam uma impressão de limpeza. Mas, quando chovia, as ruas sem pavimentação transformavam-se em um pântano, ou, então, a erosão cavava buracos no solo e, por isso, as calçadas pavimentadas ficavam a mais de um metro e meio acima do nível das ruas. Lutas com facas eram comuns, e os assassinatos eram um esporte nacional. A única diversão era passear pelos cafés ou em meio aos barcos e montar a cavalo. Com sua pele clara, Elisa tinha de ficar dentro de casa, longe do Sol. Mas, atualizou suas leituras na biblioteca inglesa de Buenos Aires. Havia também um clube feniano, porém ela não o visitou. Elisa orgulhava-se demais de suas raízes anglo-irlandesas para sentir simpatia pelo Home Rule [autogoverno] da Irlanda.

O hotel onde estavam hospedados era caro e as acomodações "abomináveis... Inferiores às estalagens de terceira categoria em uma cidade europeia de segunda classe", na opinião de *sir* Richard Burton, que fez viagens regulares pela região. Só o Hotel Universal tinha banheiros. Uma banheira velha, de folha de flandres, cheia de água lamacenta do rio "custava o mesmo preço de um *bain complet* chiquérrimo em Nice". Elisa não estava acostumada a essa falta de conforto.

Felizmente, eles não ficaram muito tempo em Buenos Aires. Carlos, com medo que não tivesse muito mais tempo de vida, voltou atrás em sua decisão. Queria que o filho preferido retornasse a Assunção e assumisse as rédeas do poder. Então, não teve outra escolha a não ser permitir que Francisco trouxesse Elisa. Em janeiro de 1855, começaram a viagem pelo rio. O trajeto foi deprimente. O rio Paraná não era tranquilo como o rio

Sena ou o rio Lee, no condado de Cork. Havia frequentes inundações nas margens, sobretudo, nessa época do ano; as árvores submersas e a paisagem transformada em pântano, a perder de vista, eram uma visão lúgubre. Não havia sinal de uma casa ou de qualquer ser vivo quilômetros após quilômetros, embora, às vezes, aparecesse um jacaré ameaçador nas margens de areia. Não se via nada através da espessa água marrom, e pequenas aves aquáticas davam grasnadas de alarme, quando o navio se aproximava. Além do grasnar, o silêncio era total, exceto à noite, com os sons estridentes emitidos pelos papagaios voando pelos laranjais.

A viagem foi uma tortura para Elisa. Estavam no meio do verão e, para uma irlandesa, fazia um calor insuportável. Como as mulheres invejavam sua pele alva, ela não arriscava se queimar no Sol. Só se sentava no convés embaixo de um grosso toldo.

Às vezes, surgiam pequenos povoados nas margens do rio, atrás de cercas, para protegê-los dos ataques dos índios. Mas, além da cidade quente, lúgubre, poeirenta e malcheirosa de Corrientes, só viram outra cidade a mais de 400 quilômetros de distância. O *Tacuari* entrou no Paraguai pelas correntes turbulentas de Três Bocas. Um descalço piloto local, do vilarejo de Paso de la Patria, os guiaria a partir desse ponto. Ele conversou com Francisco na língua guarani, com um som nasalado, enquanto se desviava das correntes mais fortes, dos galhos submersos e dos bancos de areia. Pela primeira vez Elisa viu o curioso solo paraguaio, vermelho brilhante, como tivesse sede de sangue... Era a mesma cor de seus cabelos. Em seguida, viu um enorme forte que estava sendo construído em Humaitá para proteger a única entrada do país.

Palmeiras raquíticas e feias estendiam-se por uns 100 quilômetros nas margens. Às vezes, surgia um grupo de cabanas ao redor de uma igreja, parecida com um celeiro ou um entreposto militar. Mas havia poucas pessoas nos entrepostos, porque o comércio concentrava-se na capital, para que Carlos pudesse coletar os impostos. A leste havia sinais de atividade. Essa era a região fértil do interior do Paraguai. O Gran Chaco, o deserto misterioso e inexplorado de arbustos e pântanos estendia-se por quse mil quilômetros a oeste, até o sopé dos Andes bolivianos. Na época de Elisa era habitado por índios ferozes, que se locomoviam a cavalo e atacavam os *Cristianos* de qualquer nacionalidade, com suas longas lanças.

Enquanto o *Tacuari* navegava pelas águas amarelas do rio Paraguai, à sombra do Lambaré (uma colina com o formato de um pão de açúcar),

Elisa viu a cidade de Assunção construída em uma pequena colina, a uma distância de uns 2.200 metros do rio. Ela achara a cidade de Buenos Aires pequena, porém Assunção não era muito maior que uma cidade de um condado na Europa. Nessa ocasião, a cidade tinha menos de 20 mil habitantes, menos de um quarto da população da cidade de Cork, quando partira da Irlanda. E, Elisa viera de Paris, uma cidade com um movimento intenso e mais de um milhão de habitantes.

Assunção era um lugar atrasado e isolado do mundo. A cidade fora construída em uma curva no rio e, ao longo do tempo, os sedimentos e a lama assorearam o cais à margem do rio. O *Tacuari*, um navio oceânico, precisou ancorar a certa distância do cais.

No entanto, apesar da viagem deprimente, o coração de Elisa bateu mais forte ao ver a multidão que os esperava no cais. Carlos estava tão feliz com o retorno do filho predileto, que decidira fazer uma comemoração pública para recebê-lo. A população inteira da cidade, para não desagradar o velho ditador, compareceu em peso a fim de saudar o Herói de Corrientes. Elisa achou que o povo tinha uma aparência bastante estranha. As mulheres usavam longos e largos vestidos de algodão, chamados *tupoi*, com bordados pretos ou escarlates nas pontas, presos na cintura por uma faixa larga, e as anáguas engomadas davam volume às saias. Os homens usavam camisas bordadas e saiotes de algodão com franjas brancas, aventais de couro, ponchos, chapéus de palha e enormes esporas de prata, que deviam pesar, cada uma delas, quase meio quilo, embora poucos usassem sapatos. Os que calçavam sapatos eram chamados de *gente calzada*. Os ricos vestiam-se com roupas europeias e usavam botas de couro.

Francisco escolhera um traje especial para sua volta à pátria. Estava vestido com calças de tom pastel, botas com saltos altos de prata, uma sobrecasaca e uma cartola enorme. Quando a multidão o viu no convés do *Tacuari*, gritou: *Taita guazu, caria guazu* – "Glorioso senhor, grande senhor".

Mas as pessoas se calaram quando Elisa apareceu ao seu lado. Só a família López sabia que ela o acompanhara na viagem e, por isso, o povo surpreendeu-se ao vê-la. Todas as pessoas no cais tinham cabelos pretos, e as mulheres, em Assunção, penteavam o cabelo com duas tranças longas, às vezes enroladas ao redor da cabeça ou presas na nuca. O antigo estilo espanhol de prender o cabelo com um pente ficara fora de moda, quando as *peinetas de oro* se apropriaram dele na época de Francia. Já o cabelo ruivo de Elisa caía em cachos nos ombros – uma cor e um estilo de penteado desconhecido no Paraguai.

Elisa usava um vestido lilás claro decotado, com um pequeno chapéu sem aba do mesmo tom e uma echarpe de renda. O vestido seguia a última moda francesa. O tecido caía em dobras em torno de seu corpo e prendia-se nos quadris, um estilo de roupa completamente diferente do *tupoi*. Embora os vestidos das paraguaias tivessem decotes, o de Elisa seguia a moda dos decotes no século XV e mostrava seu colo inteiro. Exibia os seios firmes e altos de Elisa, que, ao contrário das mulheres morenas no cais, eram alvos.

"Quando desembarcou em Assunção, os nativos simples avistaram seus encantos extraordinários e os trajes suntuosos, e não tinham palavras para exprimir a admiração que sentiam", escreveu um observador. E, ainda mais surpreendente, estava grávida!

Como o *Tacuari* não podia se aproximar do píer, o casal, de elegância exagerada, embarcou em uma canoa escoltada pela guarda presidencial. Três carruagens os esperavam no cais. Na primeira estava Carlos López com a espada que usava em ocasiões solenes no colo e um enorme chapéu. Doña Juana e as filhas, Inocencia e Rafaela, vestidas de preto, como se estivessem envoltas em mortalhas, e com manchas de suor nas axilas, esperavam a chegada do casal na segunda carruagem. Por fim, Benigno e Venancio, vestidos com ternos tropicais, estavam na terceira carruagem, que quase afundava com o peso deles.

Francisco segurou o braço de Elisa, ajudou-a a subir os degraus até o cais e apresentou-a ao pai. Elisa sorriu e estendeu a mão, ainda com luva. Carlos murmurou algo ininteligível. Essas palavras foram as únicas que dirigiu a Elisa por toda a vida. Em seguida, deu ordem ao cocheiro para partir. As carruagens que os acompanhavam levantaram uma nuvem de poeira vermelha, que cobriu Francisco e Elisa de um pó sujo. Sem dizer uma palavra ao filho ou a Elisa, doña Juana gritou para que o cocheiro partisse. A carruagem deu um solavanco tão violento, que o vestido lilás da dama irlandesa ficou respingado de fezes de cavalo. Benigno e Venancio seguiram a mãe com um sorriso afetado, sem cumprimentar o irmão.

Esse desprezo foi um duro golpe para Elisa. Não estava habituada a ser tratada dessa forma. Embora fosse uma cortesã na França, só os provincianos a tratariam com desdém. Em Paris, frequentava os mesmos lugares de príncipes e duques. Quem era esse insignificante ditador de uma republiqueta e sua família obesa para a esnobarem desse modo? Ela era inglesa, educada, culta e sofisticada. Eles não passavam de uns selvagens.

Na verdade, ela não teve uma boa impressão do povo paraguaio em geral. Poucos gostavam de trabalhar. As mulheres jovens preferiam passar o tempo dançando, enquanto os homens sentavam-se em roda para beber *yerba maté*. O culto da Virgem Maria, cuja imagem parecia tão coquete como a de Elisa, era aos seus olhos protestantes, uma idolatria exagerada. Os padres eram ignorantes e imorais. E todas as pessoas fumavam, homens e mulheres. As crianças começavam a fumar, assim que tinham idade suficiente para andar. Meninos e meninas andavam nus até a puberdade. Não tinham brinquedos e nem brincavam, porque preferiam fumar charutos e jogar com os mais velhos. Nessa época, um visitante em Assunção viu um grupo de crianças enterrando um bebezinho em um buraco na rua, enquanto dois ou três amigos, que, aos 5 anos, se achavam velhos demais para esse tipo de brincadeira infantil, assistiam à cena fumando. E, ainda pior, depois de séculos de tirania e da educação jesuíta, os paraguaios eram gentis e submissos, dificilmente um povo que poderia construir grandes impérios.

Assunção era insignificante. Os prédios em adobe, de um andar, eram vermelhos como o solo. A maioria não tinha janelas e pouca mobília. Como os paraguaios não haviam feito um trabalho de terraplenagem, antes de edificá-los, suas construções não seguiam um padrão urbanístico homogêneo e a cidade parecia que deslizaria pela colina e cair no rio. A casa que Francisco deu a Elisa, na *calle* Independencia, era uma moradia típica paraguaia. As portas dos cômodos abriam para um grande pátio interno, mas não havia portas de comunicação interna e, por isso, a circulação entre os aposentos era feita pela parte de fora. A casa ficava ao lado de uma prisão, e Elisa notou que os criados trancavam as portas à noite, com medo que um preso fugisse; as pesadas grades de ferro nas janelas, lhe davam a sensação de estar ela mesma em uma prisão.

As ruas não eram pavimentadas e viravam uma lama no tempo úmido. A parte mais alta da cidade era cortada por barrancos, usados para o escoamento de água, mas que foram construídos sem o menor cuidado. Quando chovia, transformavam-se em cachoeiras. O lixo acumulado nos barrancos era jogado nas ruas e esses lugares ficavam intransitáveis.

Na opinião de Elisa, essa não era uma cidade imperial. Assunção precisava de uma reforma para modernizá-la, como o barão Haussmann fizera em

Paris, a pedido de Napoleão III. Felizmente, havia pessoas no Paraguai que poderiam modernizar a cidade. William Whytehead, engenheiro-chefe do Estado, estava construindo um arsenal, com uma equipe de operários ingleses. Outro engenheiro inglês, George Paddison, construía a primeira ferrovia do Paraguai. Seu arquiteto, Alonzo Taylor, estava projetando o terminal da rede ferroviária, enquanto outros ingleses construíam um novo cais em Assunção. Por insistência de Elisa, Francisco apresentou um projeto ambicioso e moderno de urbanização ao pai. E Carlos, que ainda se considerava um progressista, aprovou o projeto. Semanas depois da chegada de Elisa, o governo deu início ao programa de construção civil e de modernização de Assunção.

Infelizmente, Francisco não tinha o temperamento nem a perseverança do Barão Haussmann [responsável pela urbanização de Paris]. Era impaciente e queria começar um novo projeto antes de terminar o anterior. O arsenal, a ferrovia, a construção de um novo palácio imperial espetacular, o novo prédio da alfândega, uma catedral, uma sede dos correios, e um conjunto de prédios construído em uma avenida, foram obras concluídas bem depois da perda de poder de Francisco e da fuga de Madame Lynch do Paraguai.

Além do temperamento inconstante de Francisco, o programa de modernização encontrou outro obstáculo à sua concretização. Apesar da competência dos ingleses em realizar seus projetos, a mão de obra era inexperiente. Francisco obrigava meninos, de 6 a 10 anos, a trabalharem nas obras. Era "triste ver esses meninos envelhecidos prematuramente, por um trabalho ao qual tinham sido condenados", observou o embaixador Washburn. "Eles eram vigiados o tempo inteiro... E pareciam gnomos exaustos, sem nenhuma esperança de vida, porque nunca paravam de trabalhar."

Esses infelizes só recebiam de seis a oito cêntimos por dia, dinheiro quase insuficiente para comprar comida. Por esse motivo, não surpreende que a construção precária da ferrovia tenha desabado, enquanto estava em obras, e que o prédio inacabado da alfândega tenha sido destruído por uma chuva de granizo.

Elisa também sugeriu a criação de uma biblioteca pública em Assunção. Ela gostava de ler, e pensou que seus futuros súditos se beneficiariam com o hábito da leitura. Mas, com a reabertura das escolas no governo de Carlos, a maioria da população satisfazia-se com o que havia aprendido. Segundo George Masterman, um jovem médico que chegou ao Paraguai em 1861, e que, mais tarde, foi nomeado chefe do Departamento Farmacêutico do Exército, ninguém frequentava a biblioteca. Talvez porque só houvesse livros de teologia impenetráveis. Porém, Francisco encontrou uma utilidade para esses livros. Durante a guerra, as obras foram cortadas para fazer caixas de cartuchos e foguetes: "Certa vez, vi um foguete feito com um fólio da Bíblia em hebraico, com tradução em latim", escreveu Masterman, "um modo bem sul-americano de divulgar a palavra de Deus".

No entanto, Elisa tinha planos ainda mais ambiciosos que uma biblioteca. Ela insistiu que a respeitável capital de um império não poderia deixar de ter uma ópera. Carlos se opôs à ideia — quem teria interesse em assistir ópera no meio da selva? Mas doña Juana e as filhas entusiasmaram-se com a perspectiva. Seria um lugar perfeito para serem vistas pela sociedade e, por fim, Carlos cedeu. Contrataram um arquiteto italiano que fez o projeto arquitetônico de uma réplica, em escala menor, do teatro La Scala. Infelizmente, o arquiteto não sabia como construir um telhado. A obra só foi concluída quase um século depois e, até a primeira produção operística em 1955, os papagaios eram as únicas criaturas que cantavam no teatro. A construção da ópera talvez tenha sido a maior loucura imperial de Elisa, mas Francisco tinha ambições arquitetônicas ainda mais delirantes. Começou a planejar uma réplica do túmulo de Napoleão, que um dia abrigaria seus restos mortais.

Francisco construiu uma nova casa para Elisa e outra para si. Os dois tinham de morar em casas separadas para man-

Lópes com seu filho mais velho, Juán Franscisco, conhecido como Panchito.

ter as aparências. Mas, quando ela deu à luz ao primeiro filho, Juan Francisco, apelidado de Pancho, ou Panchito como era mais conhecido, essa situação fictícia ficou mais difícil de manter, e Elisa convenceu Francisco a construir uma casa de campo para ela em La Recoleta, um vilarejo próximo à quinta da família López, na inútil esperança de um dia ser aceita por eles.

O luxo da nova casa não ajudou Elisa a defender sua causa. Projetado por ela, o palácio de mármore rosa e branco foi o primeiro prédio de dois andares no país. Segundo um visitante, tinha-se a impressão de que o palácio Petit Trianon, de Madame Pompadour, fora transferido para o Paraguai. Um caminho com teto abobadado conduzia a um pátio interno, onde duas enormes escadarias subiam até a única varanda do país, com vista para um bosque de laranjeiras. Era nessa casa que Elisa brincava de Maria Antonieta. Comentou entusiasmado um jornal de Buenos Aires:

> O luxo, a elegância, os móveis imponentes e a decoração com estilos diferentes ficaram famosos por ser o lugar onde os visitantes estrangeiros eram recebidos. Muitos objetos de bronze e de porcelana, de Madame Lynch, são peças de museu, e as tapeçarias francesas e os tapetes orientais distribuem-se pelos aposentos com refinado gosto para deliciar o olhar.

O Paraguai nunca vira nada parecido. Elisa tornou-se um ícone de elegância na região. Os romances franceses e ingleses viraram moda entre as pessoas cultas das capitais dos três países platinos e, embora o *El Semanario* não fizesse nenhum comentário [provavelmente por ser o jornal do pai de Francisco], os jornais argentinos não poupavam elogios. Publicou um deles:

> Bastava vê-la cavalgando, com graça e desembaraço, e uma postura ereta segurando as rédeas de seu ágil cavalo, com a tranquilidade de uma mulher que superou o medo, para ver como se parece com as mulheres de vida alegre, que conhecemos por intermédio de nossas leituras, e que montam a cavalo todos os dias no Regent's Park e no Bois de Boulogne.

A expressão "vida alegre" referia-se à antiga profissão de Elisa. Em torno de 1825 até a década de 1950, uma "mulher de vida alegre" significava "uma prostituta". Mas, apesar das críticas ao seu comportamento, os paraguaios sentiam um orgulho perverso pelo fato de a região do rio da Prata ter uma mulher capaz de enfrentar com tanta altivez a desaprovação deles. Elisa era uma mulher independente. Nenhuma dama em Assunção teria coragem de sozinha ir fazer compras em Buenos Aires. Elisa sim. E isso conquistou o respeito de Francisco.

"Em público e em ocasiões em que Madame Lynch não estava presente, López sempre se referia a ela como faria com qualquer senhora respeitável, culta e de grande beleza, nunca como a uma amante", escreveu o jornalista argentino Héctor Varela.

Nem ela evitava a companhia de outros homens.

"Era sempre educada com os homens solteiros", escreveu *sir* Richard Burton, "mas, por sua posição peculiar, as esposas tinham muito ciúme dela", pelo menos entre as esposas de classe média, curiosas para saber "detalhes de casamentos". Burton também observou que: "Seu comportamento era discreto, com um total controle de si mesma." Porém, também notou uma característica de sua personalidade, que se manifestaria no momento em que, como companheira de Francisco, ascendeu ao poder. "Era bastante ríspida quando a ofendiam", escreveu Burton, "e exibia a *férocité des blondes*".

Mesmo depois da mudança de Elisa para o campo, o fato de ser amante de Francisco não era mantido em segredo. A primeira estrada em linha reta do Paraguai foi construída entre Assunção e Patiño, local de sua casa de campo. Com um cavalo de montaria descansado, Francisco estaria na cama da amada em uma hora e meia. Nem era segredo que exercia influência sobre ele. O estilo dela era perceptível na decoração da residência oficial de Francisco. Publicou um jornal:

> A casa dele, na esquina de Market Plaza, era diferente das outras casas em Assunção, porque era baixa e de construção recente. Era bastante espaçosa e pintada em amarelo, de acordo com a moda da época. Os móveis da sala de visitas ficariam perfeitos em Paris. López tinha móveis dourados, cortinas de seda, cômodas e armários incrustados de marfim, todos fabricados com extremo requinte, além de espelhos com molduras florentinas, bons quadros, objetos de bronze e porcelana excelentes. Era uma casa de um homem cosmopolita, que gostava de viver com conforto e elegância.

O artigo continuou a descrever as roupas elegantes de López, que "devem ter sido compradas em Bossi ou Gaumy", as melhores lojas de Buenos Aires. Francisco López incentivava a visita de jornalistas dispostos a escrever matérias elogiosas. Um deles, provavelmente bêbado, escreveu: "O general López é uma pessoa muito amável. De bom humor a noite inteira, conversou sobre interessantes assuntos internacionais, sem se estender demais em temas controvertidos."

No entanto, havia algo de sombrio por trás da aparência afável. Em dezembro de 1857, Héctor Varela jantou com Francisco e Elisa, e, depois de beber nove taças de xerez, Francisco começou a falar sobre política e guerra. Disse a Varela:

> Não voltarei à Europa porque meu destino está, intrinsecamente, ligado ao destino do meu povo.
> Meu ilustre pai é um homem idoso e sofre de uma doença crônica que, por causa da idade avançada, provocará sua morte. Tanto ele quanto meus conterrâneos querem que eu seja seu sucessor. Nesse dia, farei o que ele se recusou a fazer, apesar de meu conselho. Sei que o Brasil e a Argentina ambicionam dominar o Paraguai. Temos meios de resistir, mas não vou esperar que me ataquem. Eu tomarei a iniciativa. Em outras palavras, no primeiro pretexto que tiver, declararei guerra ao império brasileiro e aos países platinos que, apesar do clima de desconfiança entre eles, terão de se unir para lutar contra mim.

Francisco pensava que o Brasil e a Argentina haviam assinado um acordo secreto. E o Departamento de Estado dos EUA pensava o mesmo. Diante dessa possibilidade de guerra iminente, a Argentina recrutara 4.500 soldados de cavalaria ligeira, armados com lanças, a principal arma do exército gaúcho, e concordara em enviar tropas para a fronteira do Paraguai, em caso de guerra contra o Brasil; o Brasil também fazia preparativos para a guerra; e, como os conflitos civis no Uruguai eram constantes, Francisco previu que o início das hostilidades envolveria a região inteira.

Embora ele temesse um ataque, a guerra, é claro, não seria totalmente defensiva. No íntimo, Francisco acreditava que, do ponto de vista geográfico e político, Assunção era a capital ideal da América do Sul, pois além da localização, tinha o governo mais estável da América Latina. Depois que os espanhóis foram expulsos, por um golpe de Estado sem derramamento de sangue, o Paraguai era o único país na região que não tivera uma revolução, nem havia a ameaça de qualquer conflito político ou social. Com os lucros do comércio de *yerba maté*, o país tinha reservas em ouro suficientes para criar um sistema bancário. E havia muito espaço para expandir os domínios territoriais. Francisco observara, com inveja, a conquista empreendida pelo imperador Dom Pedro II de grandes territórios ao norte.

Assim que mudou para seu "palácio de algodão doce", Elisa descobriu que estava grávida, o que a aborreceu. Apesar dos inúmeros passeios a cavalo para provocar um aborto, no dia 6 de agosto de 1856, deu à luz a uma filha, a quem deu o nome de Corina Adelaida. Os sentimentos de Elisa em relação à nova maternidade mudaram após o nascimento da menina e, quando Corina morreu seis meses depois, ela ficou tristíssima. Uma criada costurou um par de asas de gaze no vestido da criança e a enterraram no cemitério em La Recoleta. Os versos que Elisa mandou gravar no túmulo de Corina, com profundo amor, e não muito distante do seu túmulo atual, diziam:

> Antes que o pecado a maculasse e a tristeza a prostrasse
> a morte a poupou de sofrimentos
> e levou o adorável passarinho para o Céu
> onde desabrochou.

Segundo a inscrição o autor chamava-se "B.M.". Mas, para a família o autor era "J.M." – de John Milton.

Após ter perdido este segundo filho, o batizado do primeiro foi uma questão prioritária para Elisa. Como não podia casar com Francisco, o reconhecimento público da criança era o único meio de dominá-lo por mais tempo. Francisco era visto em Assunção, com frequência, com outras mulheres, e não escondia seu relacionamento com Juana Pesoa, um dos espólios de guerra que trouxera de Pilar, depois da vitória em Corrientes. Os dois filhos ilegítimos que tivera com ela, Emiliano e Adelina, moravam com conforto em uma casa que Francisco lhes dera. Mas, Elisa não tinha ciúmes. Em vez de tentar terminar o relacionamento entre Francisco e Juana, ela o incentivou. Juana teve outro filho com Francisco, em 1860, e, após sua morte em 1870, Elisa adotou Emiliano, o único filho de Juana Pesoa que sobreviveu à guerra.

A infidelidade de Francisco não a preocupava. Escreveu Cunninghame Graham:

> Embora a traísse com qualquer mulher que o agradasse no momento.
> Ela sabia que Francisco nunca a abandonaria, porque confiava em seu conhecimento do mundo para lidar com cônsules, ministros e com o exterior, em geral, um mundo que desconhecia em razão da maneira como fora educado.

Elisa o incentiva a ter amantes para afastá-lo de sua cama, pois a gravidez lhe era penosa. Fazia até mesmo o papel de alcoviteira, garantindo às famílias das amantes em potencial que as jovens seriam muito bem cuidadas quando Francisco assumisse o poder. Elisa "herdara" esse talento da imperatriz Josefina, que fazia a mesma função de alcoviteira com Napoleão. A imperatriz Eugénie também tolerava os "pecadinhos" de Napoleão III. Elisa era gentil, até mesmo generosa com as "rivais", como um meio de manter o controle sobre Francisco. Esse domínio lhe era essencial. Como não podia casar com ele, examinava minuciosamente possíveis candidatas, para descobrir as verdadeiras intenções delas. Elisa não arriscaria perder sua posição de primeira-dama do Paraguai.

Muitas pessoas ofereciam oportunidades de prazeres sexuais a Francisco, com a expectativa de receberem algo em troca. Pedro Burgos, um juiz de Luque, uma cidade muito protegida por Carlos, tinha uma filha jovem, alta e bonita, e conseguiu um cargo na nova administração de Francisco em troca da virgindade da moça. Como "recompensa" posterior foi preso, não lhe deram comida e o torturaram até morrer. Não se sabe o que aconteceu com a filha, mas Washburn comentou:

> É possível que tenha morrido como milhares de outras mulheres, abandonadas à própria sorte em um lugar ermo, ou uma dessas infelizes que sofreram tanto sob o jugo de López, que, ao escaparem, seus instintos de modéstia e decência haviam sido destruídos.

Elisa também tinha uma vantagem em relação às outras mulheres, os filhos. "López gostava muito dos filhos de Madame Lynch", escreveu o engenheiro-militar e coronel George Thompson, que conviveu com a família durante a guerra, "mas não dos outros filhos que tivera com diversas mulheres".

Francisco mimava Panchito, e o educou para ser seu sucessor. Porém, tinha um temperamento volúvel. Quem garantiria que seus sentimentos não poderiam mudar? Então, logo depois da morte da filha, Elisa convenceu Francisco a anunciar publicamente o nascimento do filho. O reconhecimento oficial foi feito com uma salva de 101 tiros. Os tiros derrubaram 11 prédios no centro de Assunção, entre eles cinco que estavam sendo construídos como parte do projeto de Francisco para a modernização urbanística. A explosão da bala em um canhão, que não havia sido limpo de maneira correta, causou a morte de metade dos soldados da divisão de artilharia, e o restante foi hospitalizado.

Em seguida, Francisco quis batizar o filho na catedral de La Encarnación, em Assunção, que ainda estava em obras. As mulheres da família López ficaram furiosas. Nunca houve um caso de reconhecimento de *nietos bastardos* pela Igreja. Carlos proibiu o batismo, e o irmão Basilio, arcebispo de Assunção, promulgou um édito ameaçando de excomunhão qualquer padre que batizasse o menino. Até o amigo da vida inteira e tutor, padre Maiz, se recusou a celebrar o batismo, mesmo em segredo.

Diante dessa proibição, Elisa ameaçou batizar o filho na Igreja anglicana, como ela fora batizada. Mas, como não havia Igreja anglicana no Paraguai, ela teria de sair do país. Francisco implorou que ficasse, e ela relutou em partir. Se saísse do Paraguai, mesmo por um curto espaço de tempo, arriscaria perder tudo. Mas, sempre criativa, ela elaborou um novo plano: encontrou um padre, corrupto e incompetente, chamado Manuel Antonio Palacios, um homem de "educação muito limitada", com "uma aparência sinistra e repulsiva". O embaixador Washburn acrescentou que ele "nunca agira corretamente". Palacios era um padre tão incompetente, que o bispo anterior o enviou para um vilarejo distante, onde até os índios o ridicularizavam por sua ignorância das escrituras. Certa vez, quando Panchito brincava com uma réplica da arca de Noé, Elisa viu que um dos três filhos de Noé tinha desaparecido e brigou com o menino por ter perdido o boneco. Palacios, que estava por perto, levantou a mão, como se fosse dar uma benção, e disse: "Não brigue com seu querido filho, Madame. Não poderia haver três bonecos, porque Noé só teve dois filhos, Caim e Abel, como o mundo inteiro sabe."

Embora Palacios tivesse medo de desafiar o bispo e de ser punido por Carlos, a recompensa em prata, oferecida por Elisa, além da promessa de nomeá-lo bispo quando Francisco assumisse o poder, rompeu a sua resistência e ele concordou em batizar a criança.

Em razão do medo de desagradar o pai, Francisco era o único obstáculo que impedia o batismo da criança. Então, Elisa começou a fazer as malas. Ela sabia que os espiões de Francisco contavam para ele tudo que ela fazia. Assim que soube que ela estava se preparando para viajar, Francisco disse que a proibiria de sair do país. Usaria a força se necessário. Ele era um homem violento, sem escrúpulos de usar qualquer meio para conseguir o que queria. Mas, Elisa não se intimidou. Sabia como lidar com ele. Se ela quisesse mesmo sair do país bastava falar com Carlos, que ficaria encantado em ajudá-la a partir do Paraguai com segurança, mesmo se precisasse de uma escolta armada.

Ao perceber que ela fora mais esperta que ele, Francisco recuou. Concordou em conversar com o padre Palacios. Apesar do conhecimento questionável de teologia, Palacios era um bajulador ardiloso e disse ao Herói de Corrientes, que um dia seria o salvador do país. E, é claro, Palacios era o tipo de padre que Francisco gostava.

Elisa mandou fazer uma linda camisola de batismo, embora Panchito tivesse dois anos e fosse grande demais para ser carregado até a pia batismal. Francisco insistiu em convidar a sociedade inteira de Assunção, inclusive o corpo diplomático, para assistir à cerimônia. Com mais medo da fúria de Carlos do que à de Francisco, ninguém compareceu. Só os criados guaranis de Elisa assistiram ao batizado.

Com o reconhecimento público do filho, a posição de Elisa se fortaleceu e, a partir desse momento, começou a provocar ainda mais o antagonismo dos parentes de Francisco. Ela passeava por Assunção vestida na última moda em Paris, para realçar ainda mais sua figura magnífica. As mulheres da família López não podiam competir com ela, e as senhoras aristocratas de Assunção faziam o sinal da cruz, quando a "ramera irlandesa" passava com sua carruagem importada puxada por quatro cavalos.

Não que fossem tão pudicas. Não era raro que jovens paraguaias solteiras ficassem grávidas, mesmo nas melhores famílias. Os bebês eram aceitos como "crianças do ar". Mas, o que chocava a sociedade paraguaia era o fato de Elisa engravidar de Francisco, ainda casada com outro homem. Em suas observações sobre os costumes sexuais do Paraguai na época, Masterman comentou: "Seria indelicado falar da moral de amigos, então me limito a dizer que a gravidez antes do casamento não era considerada uma falta grave, mas nunca ouvi falar de uma esposa infiel durante o tempo que vivi no país."

As mulheres chamavam Elisa com desprezo de *La Vincha* – "A Tiara" – talvez uma referência aos cabelos dourados fantasiados com o pente que as *peinetas de oro* usavam. Mas, os homens a bajulavam. Como Francisco seria um dia presidente, a vida desses senhores dependia de agradá-la. Apesar dos protestos das esposas, eles compareciam às festas elegantes de Elisa, onde ouviam pela primeira vez recitais de piano. Ela trouxera um sopro de sofisticação europeia para a América Latina, distante e retrógada, e poucos resistiam a flertar com essa mulher tão bonita. As esposas não tinham escolha a não ser ficarem furiosas e com inveja. A beleza de Elisa eclipsava qualquer beldade paraguaia e, apesar das pretensões aristocráticas, ninguém se igualava à "prostituta irlandesa" na elegância europeia, graça e cultura.

O coronel Genie Enrique von Wisner de Morgenstern, ou François, como também dizia se chamar, era um dos mais assíduos admiradores de Elisa. O coronel, um húngaro de 65 anos, sempre usava o uniforme dos hussardos húngaros, com galões bordados e gola de astracã, apesar do calor. Alto e com bigodes, partira da corte de Viena depois de um escândalo homossexual, em seguida servira em exércitos estrangeiros como mercenário, até vir para o Paraguai. Para ele, o palácio de Elisa era "um pequeno refúgio europeu", e Francisco não se opunha à sua presença, porque ele não tinha interesse em mulheres.

Além de companhia constante de Elisa, von Wisner foi um importante conselheiro de Francisco, e o incentivou em suas ambições imperiais. Como Elisa, von Wisner impacientava-se cada vez mais com a longevidade de Carlos, e sempre dizia que se Francisco e Elisa queriam criar um império na América do Sul, deveriam fortalecer o poder do Paraguai na região. Isso poderia ser feito por meios diplomáticos ou pela força. Carlos ficou mais cauteloso com a idade e evitou envolver-se em áreas de conflito da região, exceto com as disputas de fronteiras com o Brasil. Mas, a guerra civil ainda devastava a Argentina. Com o incentivo de von Wisner, Francisco se ofereceu para atuar como mediador no momento em que a guerra civil, que se prolongara por sete anos terminou. Depois dos dez dias da conferência de paz, as facções inimigas assinaram um acordo com 14 cláusulas, e Francisco foi aclamado como herói. Um desfile militar em sua homenagem percorreu as ruas de Buenos Aires. A multidão jogava flores e confete em sua cabeça, enquanto as *porteñas* atiravam-se aos seus pés. O governo local presenteou-o com um documento ilustrado, chamando-o de "salvador do sangue argentino".

Esse momento de triunfo foi seguido por um anticlímax humilhante. Assim que Francisco embarcou no *Tacuari*, uma esquadra da Marinha Real britânica do Atlântico Sul capturou o navio paraguaio. Embora fosse um ato flagrante de pirataria, justificava-se pelo fato de James Canstatt, um súdito britânico, ainda estar detido em uma prisão paraguaia, acusado injustamente de planejar a morte de Carlos. O comandante da esquadra inglesa disse que só libertaria o *Tacuari* quando Canstatt fosse solto. Nesse ínterim, Francisco voltou para o Paraguai por via terrestre. *El Semanario* não deu importância ao triste incidente, e quando Francisco chegou a Assunção, o jornal declarou "Paz para a nossa época!" e, mais uma vez, ele foi aclamado como um herói nacional. Por fim, Carlos soltou Canstatt e seus "colaboradores" na conspiração, e foi obrigado a pagar uma pesada indenização ao governo britânico. Só então o *Tacuari* voltou ao Paraguai.

O triunfo diplomático de Francisco fez com que reconquistasse sua posição privilegiada com o pai, e ele aproveitou a oportunidade para organizar o exército. Francisco encomendou mais armas e munições da Inglaterra, inclusive dez espingardas Whitworth, as mais modernas. Criou um enorme campo de treinamento em Cerro León, um lindo vale 80 quilômetros a leste de Assunção, e lá tinha 30 mil soldados. Em Encarnación, tinha 17 mil, 10 mil em Humaitá, 4 mil em Assunção e 3 mil em Concepción. Elisa interessou-se em acompanhar a organização do exército. Construiu uma casa de verão bem arejada, mas sem janelas, a Casa Blanca, decorada com azulejos importados de Marselha, a uns dois quilômetros de distância de Cerro León.

Ela ocupava-se com atividades culturais em Assunção. Trouxe M. de Cluny, um amigo antigo, de Paris, para abrir a Academia de Música, Língua e Literatura Francesas. Em uma medida de caráter populista, a Academia abriu as portas da requintada cultura europeia para os índios locais. Infelizmente, os guaranis preferiam as músicas populares nativas, em vez de Bach e Beethoven, e não demonstraram interesse em aprender francês, assim como não quiseram aprender espanhol. M. de Cluny voltou pouco depois para a França, onde, é evidente, seus talentos poderiam ser mais bem aproveitados.

Elisa também tentou agradar a alta sociedade paraguaia com a abertura de uma escola particular para jovens da sociedade, com o ensino direcionado à cultura e às atividades sociais. Convidou duas concubinas de Paris, antigas amigas, *mesdames* Luisa Balet e Dorotea Dupart, para ensinar etiqueta e regras de boas maneiras às jovens de Assunção. Mas, as matronas do Paraguai teriam preferido andar nuas na rua que colocar suas filhas nas mãos de duas prostitutas. Luisa e Dorotea voltaram para Paris, onde retomaram a antiga profissão. Mme. Laurent Cochelet, a esposa afetada e provinciana do embaixador francês, ficou tão chocada com o descrédito que Elisa estava levando da cultura francesa, que insistiu com o marido para tentar deportá-la.

Em seguida, Elisa fundou o Teatro Nacional e trouxe o escritor e dramaturgo espanhol, Ildefonso Bermejo, de Madri, para dirigir o teatro. As senhoras da família López gostaram da ideia. As apresentações no Teatro Nacional e os espetáculos de ópera no prédio ainda sem telhado seriam eventos de gala nos quais elas poderiam ser vistas pelo povo. Logo, convenceram Carlos que todos os países respeitáveis do mundo tinham um Teatro Nacional administrado pelo governo, e Elisa perdeu o controle do comando do espaço de espetáculo. Por sua vez, em uma manobra ardilosa, Mme. Cochelet convenceu a esposa do señor Bermejo, chamada apropriadamente doña Pura, que não deveria se envolver com *la ramera irlandesa*, e fez o mesmo com o marido. Elisa mandou entregar cartões de visita a eles, mas o casal não a procurou. Assim, o crédito da fundação do Teatro Nacional do Paraguai foi atribuído oficialmente a Mme. Cochelet e a *La Presidenta*, doña Juana.

Mas, Elisa não era o tipo de mulher que desanimasse com golpes desse gênero e reagiu. O teatro dirigido pelo señor Bermejo só poderia ser um Teatro Nacional genuíno, disse, se todos os funcionários fossem paraguaios, e pediu que Francisco convencesse Carlos, que não gostava dos espanhóis, a proibir a entrada de atores estrangeiros no país. Como os paraguaios nunca haviam assistido a uma peça de teatro, muito menos atuado em alguma, qualquer espetáculo teatral seria um desastre.

A estreia da produção teatral, do Teatro Nacional, foi o único assunto de conversa na sociedade de Assunção nos meses seguintes. Para essa ocasião, o señor Bermejo escrevera um épico paraguaio intitulado *La Maldonada* – "a irmã malvada". Ambientado na época da conquista espanhola, a peça contava a história de uma mulher espanhola virtuosa, interpretada por doña Pura, que foi salva de um guarani selvagem por um leão; uma versão da história de Ruiz de Galán, na qual uma mulher era amarrada em uma árvore para ser devorada por animais selvagens. Assunção inteira estava esperando pela estreia, e as senhoras da sociedade ocuparam suas costureiras com cópias dos modelos dos vestidos das últimas revistas importadas. Elisa, é claro, queria ofuscar o brilho de todas elas.

As convenções sociais impediam que ela sentasse ao lado de Francisco no teatro, obrigando-a, sim, a sentar-se sozinha, enquanto o protocolo ditava que Carlos e a família sentassem no camarote real. Mas a dama não ficaria em segundo plano: convenceu Francisco a mudar o lugar dos camarotes, e o camarote real ficou à direita do palco, em vez de no centro do círculo. Quando a família do presidente chegou, levaram-na para um camarote à esquerda do círculo, e eles viram uma Elisa deslumbrante sentada no camarote do meio, com todos os olhos fixados nela. O señor Bermejo já vestira a fantasia de leão; era tarde demais para protestar. Héctor Varela presenciou a cena:

> A alta sociedade de Assunção compareceu em peso à inauguração do novo teatro. No camarote de honra, estavam sentados o ditador corpulento com as feições grosseiras, a esposa também gorda e as duas filhas obesas vestidas como camponesas da Baviera. Ao lado, viam-se os filhos do ditador: o general Francisco López e o coronel Venancio López... [ou o "barão von Wisner", em algumas versões – parece que ele fora promovido para a ocasião].
> Sentada no camarote no meio do teatro, Madame Lynch, com roupas e joias deslumbrantes, atraía a atenção. Nem uma cortesã famosa como Cora Pearl despertaria tanta inveja nas senhoras do Faubourg Saint-Germain como Madame Lynch: essa noite estava mais fascinante e sedutora do que jamais se vira nas mulheres de Assunção. Os homens a olhavam com uma admiração respeitosa, enquanto as mulheres lhe lançavam olhares hostis, cujo significado era óbvio.

Varela ficou ainda mais impressionado com a figura imponente do presidente López:

> É raro ver um corpo tão volumoso. Ele é um mastodonte, com o rosto em forma de pera, testa estreita e uma papada enorme. Durante toda a peça, o presidente usou ostensivamente um chapéu gigantesco e horrendo, bem de acordo com seu estilo, e que ficaria perfeito em um museu de curiosidades ou no carnaval de Buenos Aires. Ao longo da noite, que me pareceu uma eternidade, observei López esperando para ver sua reação ao assistir a uma peça de teatro pela primeira vez na vida. Ele não esboçou um movimento, parecia uma efígie de pedra. No final do tedioso programa, sem sinal de aprovação ou desaprovação, o velho monarca da selva tropical olhou por um instante para Madame Lynch, levantou-se e foi embora, seguido solenemente pela esposa, filhas e os soldados da guarda pretoriana.

E quanto à peça? "O desempenho dos atores, assim como o texto da peça do señor Bermejo, pode ser descrito com uma só frase", escreveu Varela. "Um espetáculo tão ridículo como o chapéu do presidente López."

Enquanto para Elisa a noite foi um triunfo, para Bermejo e sua esposa foi um fiasco total, e logo eles voltaram para a Europa. Apesar de mais uma vitória da irlandesa em relação às senhoras López e às mulheres de Assunção, Varela ficou apreensivo:

> A profunda aversão e rancor que as mulheres paraguaias sentem em relação à Madame Lynch por sua beleza, educação superior e elegância, surpreendeu-me. As mulheres acham que ela exerce um papel desonroso e humilhante na sociedade de Assunção. Detestam, ainda mais, a ideia de como sua posição ficará importante quando Francisco López suceder ao pai.

Elisa fez mais uma tentativa de agradar as senhoras de Assunção, por ocasião de uma viagem de navio pelo rio Paraguai. Em sua temporada em Paris, Francisco pediu a Napoleão III que enviasse imigrantes para o Paraguai. O pedido foi atendido e quinhentos imigrantes franceses chegaram ao país. Estrangeiros que não só sofreram terrivelmente com a travessia de Bordeaux, como também ao chegarem descobriram que a terra destinada a fundar a colônia de Nueva Burdeos era inóspita. Porém, o governo paraguaio pensou que a criação de uma nova colônia, que logo se revelou um fracasso, seria um bom motivo de comemoração.

Como Carlos estava doente, Francisco ficou responsável pela organização do evento. Sem saber que a colônia já era um fiasco, planejou uma viagem a Nueva Burdeos. O corpo diplomático e os cidadãos proeminentes de Assunção fariam a viagem a cavalo, enquanto as senhoras viajariam de navio. A esposa do embaixador francês, Mme. Cochelet, seria a convidada de honra, e Elisa receberia as senhoras no navio. As senhoras de Assunção não toleraram o insulto e a humilhação de tê-la como anfitriã. Quando chegaram ao cais em ruínas, em suas carruagens, viram-na sentada embaixo de um toldo à direita do cais. Mme. Cochelet, que se referia a Elisa como "essa prostituta irlandesa depravada", desceu primeiro, seguida por doña Juana, Inocencia e Rafaela balançando os seus corpos obesos. Elas ignoraram a presença de Elisa. Muitas das outras senhoras da elite de Assunção fizeram o mesmo e as que a cumprimentaram, não se dirigiram mais a ela durante a viagem. Quando o navio afastou-se do cais, Elisa estava rubra de raiva.

Na última tentativa desesperada para conquistar as senhoras de Assunção, ela serviu uma refeição suntuosa no navio. Usou seus melhores talheres de prata e escolheu as peças mais bonitas de sua coleção de porcelana de Sèvres e de Limoges. No cardápio peru assado, carneiro e leitão, com frutas suculentas e legumes, sorvete nas cores da bandeira francesa e vinhos importados, escolhidos pessoalmente pelo barão von Wisner. Serviu também *sopa paraguaya* e *yerba maté* para as senhoras com gostos mais provincianos.

Quando os pratos foram servidos na mesa colocada no convés, as senhoras de Assunção se aproximaram. Elisa, por ser a anfitriã, deu um passo à frente para presidir a mesa, mas as senhoras não a deixaram passar. Já vivia no Paraguai há sete anos. Durante todo esse período foi vista como um pária. As mulheres a tratavam com desprezo sempre que havia uma oportunidade, a insultavam e aos seus filhos. Essa atitude das damas paraguaias foi a gota d'água. Ela deu ordem ao capitão para baixar a âncora. Em seguida, mandou que a tripulação jogasse cada migalha de comida no rio, e as senhoras de Assunção ficaram dez horas no navio ancorado no meio do rio, suando embaixo de um Sol abrasador sem nada para comer e beber.

Quando souberam o que havia acontecido, Francisco e von Wisner acharam a história muito engraçada, mas Elisa não teve o mesmo senso de humor. Mais tarde, ela se vingaria de uma forma ainda mais terrível de quem ousasse desprezá-la.

7
A ascensão ao poder

Apesar do poder isolado, arbitrário e belicoso dos primeiros anos de governo, Carlos López suavizara-se com a idade. Em seus últimos anos de vida, ele dizia que preferiria perder metade do território do Paraguai que se envolver em uma guerra. Uma opinião sensata, porque metade do país era uma terra árida que não valeria a pena defender. No entanto, em 1862, graças a Francisco, o Paraguai tinha o maior Exército da região, seis vezes maior que o Exército dos EUA antes da guerra civil. Da população aproximada em um milhão de pessoas, oitenta mil serviam ao Exército. No governo de Francia, a força militar do Paraguai nunca teve mais de cinco mil soldados. Aos poucos, Carlos percebeu que o fortalecimento militar empreendido por Francisco não tinha um objetivo apenas defensivo. Mas, era tarde demais. A hidropisia impedia Carlos de levantar-se da cama.

Apesar de o presidente não ter mais forças para controlar o poder de Francisco como ministro da Guerra, ainda poderia influenciar a escolha de seu sucessor. Segundo a Constituição, que ele redigira, o presidente tinha poderes legais para nomear um vice-presidente, que, na hipótese de sua renúncia, incapacidade física ou morte, governaria até o Congresso eleger um sucessor. E, é evidente, Carlos não nomeou seu filho mais velho vice-presidente. Mas, Francisco não se privaria do direito de primogenitura. Quando o velho ditador estava à beira da morte, Francisco foi uniformizado à casa do pai, acompanhado da escolta pessoal de soldados de cavalaria. Esses combatentes eram chamados Caudas Negras, por causa das longas caudas negras que se penduravam na parte de trás de seus capacetes até a cintura ou Cabeças de Macaco, devido as "caudas de macaco" que enfeitavam seus capacetes de latão e couro. Os soldados usavam túnicas vermelhas, calças brancas e eram as melhores tropas da América do Sul. Essa exibição de força fora ideia de Elisa.

Em seus últimos dias de vida, Carlos aproximou-se mais do filho mais novo, Benigno, o menos violento e ambicioso. Isso provocou um ciúme intenso entre os irmãos mais velho e o caçula, sobretudo por Benigno ser filho natural de Carlos, enquanto Francisco era o filho bastardo de Dom Lázaro Rojas. Elisa não sentia a menor simpatia por Benigno, afinal a família soube que ela e Francisco tinham um relacionamento por intermédio dele e ele instigara os parentes contra ela antes de sua chegada a Assunção. Benigno estava ao lado do pai em seu leito de morte e, segundo o padre Maiz, o confessor da família López, as últimas palavras de Carlos dirigiram-se a Francisco, com seu uniforme pomposo.

"Existem muitos assuntos pendentes para resolver", disse, "mas resolva com a caneta e não com a espada, em especial em relação ao Brasil..."

Padre Maiz estava administrando a extrema-unção quando o homem idoso caiu nos braços de Benigno.

"Ele está morto?", perguntou Francisco.

O médico pessoal de Carlos, Dr. William Stewart, confirmou.

Quando Elisa recebeu a notícia do falecimento de Carlos, dizem, gritou: *Vive l'Empereur!* Depois da morte do pai, Francisco cercou a casa com os soldados Caudas Negras, e deu ordens para que o exército ocupasse as ruas. Em seguida, obrigou o chefe de Justiça, Pedro Lescano, o mais confiável conselheiro de Carlos, a entregar a chave da caixa-forte onde o presidente guardava os papéis pessoais; Francisco ali entrou sozinho para ler o testamento do pai.

Segundo alguns boatos, havia um codicilo no testamento nomeando Benigno vice-presidente, outros afirmam que Carlos estipulara a criação de um triunvirato para assumir o governo. Nunca saberemos a verdade. Pois, Francisco saiu triunfante da caixa-forte e anunciou que o pai o nomeara vice-presidente, embora não houvesse mostrado a ninguém o testamento para provar que falava a verdade. Francisco assumiria o governo como presidente interino e, com base nessa autoridade, mandou prender Lescano, o padre Maiz e Benigno, sob o pretexto que haviam conspirado contra a Constituição.

Por ser um membro da família, Benigno foi banido para uma quinta no interior do país, onde o novo presidente o manteve em prisão domiciliar; mais tarde, Benigno foi preso, torturado e assassinado por ordem de Francisco. Lescano e Maiz foram julgados por um tribunal militar e presos. Lescano, que tinha 60 anos, morreu na prisão. Lá, ele foi torturado, e o deixaram jogado em um campo enlameado dia e noite até morrer em consequência do tratamento desumano que recebeu. Depois do falecimento, o sorridente chefe de polícia de Francisco enganou a esposa de Lescano com uma crueldade extrema. Contou-lhe que o marido fora solto, que ela poderia visitá-lo no hospital e cuidar dele lá. Mas, ao chegar ao hospital ela encontrou o marido sendo submetido a uma autópsia. Depois o levaram sozinho em uma carroça para o cemitério, onde foi enterrado como indigente. Nenhum de seus parentes teve coragem de assistir ao enterro.

Padre Maiz era mais jovem e forte. Embora fosse um homem respeitado por sua religiosidade, um homem santo, foi torturado sem cessar até confessar os pecados de hipocrisia, imoralidade, heresia e luxúria. Escreveu Washburn:

> Acusaram esse padre, uma pessoa imaculada, tão pura em sua maneira de caminhar e conversar, de ser o maior hipócrita e libertino do Paraguai, e diante do tribunal, Maiz confessou que por muitos anos levara uma vida de devassidão e fora o primeiro a perverter diversas jovens inocentes.

Sua confissão foi publicada no *El Semanario* em 17 de novembro de 1866. Nesse documento Maiz admitiu ter praticado crimes odiosos, e agradeceu ao "Deus do Céu e a Francisco Solano López que ocupa Seu lugar na terra" por tê-lo salvado. "Francisco Solano López é para mim mais do que qualquer outro paraguaio, porque é um verdadeiro Pai e Salvador", disse. Após três anos de um tratamento terrível, Maiz foi solto. Sua "conversão" foi tão profunda que passou a ser o chefe de torturas de Francisco. Por esse motivo, causou surpresa quando, 53 anos depois, em sua autobiografia *Etapas de mi vidas*, Maiz confessou ter sido de fato um conspirador. Como tutor de Francisco, conhecera o ditador na infância. Mais tarde, na época que foi um jovem oficial arrogante e fanfarrão, Maiz observou como ele se prevalecia de sua posição de comandante militar, e como não tolerava qualquer oposição, e pensou no que faria no momento em que tivesse o poder ilimitado de presidente.

"Por essa razão, quis uma Constituição que o privasse do poder absoluto e que restringisse suas arbitrariedades", escreveu. Padre Maiz sugeriu a elaboração de uma nova Carta Magna nos moldes da Constituição dos Estados Unidos, com os poderes Legislativo, Executivo e Judiciário independentes. Por esses pensamentos revolucionários ele foi denunciado por outro clérigo, o padre Palacios, um protegido de Elisa. O Paraguai só adotou uma Constituição com os poderes Legislativo, Executivo e Judiciário autônomos em 1992.

Não se sabe como Elisa reagiu à selvageria de Francisco em relação a Lescano e a Maiz, mas Cunninghame Graham sugeriu duas hipóteses: "Até vir para o Paraguai é provável que desconhecesse seu caráter cruel e quando percebeu não deu grande importância", escreveu. Ele também disse que ela era inescrupulosa o suficiente para manipular a personalidade perversa de Francisco, com o objetivo de manter a influência sobre ele. E, como agravante, Maiz foi um dos padres que se recusaram a batizar Panchito.

Apesar de Francisco ter assumido o poder no contexto da Constituição que seu pai escrevera, ele teria de convocar o Congresso para eleger o novo presidente, ou, como ninguém ousava se opor a ele, confirmar seu cargo de presidente. Mesmo assim, tomou precauções para que nenhum congressista fizesse oposição à sua eleição. Antes de convocar o Congresso pediu para ver a lista dos delegados de 92 *partidos,* ou distritos eleitorais do Paraguai. Em cada *partido,* o chefe da polícia local, o juiz e o padre da paróquia escolhiam um delegado. Um desses delegados era um rico proprietário de terras chamado Manuel Rojas, que sugerira reformular a Constituição, com a inclusão de cláusulas para limitar o Poder Executivo, assim que o Congresso fosse convocado. Seu nome foi retirado da lista de congressistas. Rojas caiu em desgraça e morreu durante a guerra como um soldado comum nas trincheiras.

Enquanto o Congresso estava em reunião, Francisco teve o cuidado de colocar seus soldados a postos do lado de fora do Palácio do Governo. Mas, apesar de todas as precauções, um delegado teve a audácia de sugerir que a Constituição era ambígua em determinados pontos. Francisco, que presidia o Congresso, levantou-se imediatamente e disse que a sugestão de haver algo errado com a Constituição era um insulto à memória de seu falecido pai e autor da Carta Constitucional. O delegado sentou sem dizer uma palavra. Mais tarde, foi preso e executado por ter "conspirado para subverter o processo legal e constitucional".

Depois desse incidente López decidiu que o debate fora suficiente. Queria realizar a eleição de um novo presidente o mais rápido possível. Dom Nicholás Vasquez, ministro das Relações Exteriores do antigo governo, que jurara lealdade eterna a Francisco diante do corpo de Carlos, propôs o nome do general Francisco Solano López como a escolha do povo. Mas, antes que os membros do Congresso se pronunciassem, Dom Florencio Varela, o homem mais rico do Paraguai, depois da família López, levantou-se e confessou que estava um pouco confuso. Apesar, disse, de o Herói de Corrientes ser o homem perfeito para exercer o cargo de presidente, a Constituição proibia explicitamente que a presidência fosse transmitida de pai para filho. Vasquez levantou-se. Objetou que a Carta Magna só proibia a sucessão da presidência de pai para filho no caso da oposição do povo. Como não havia essa hipótese, o Congresso não poderia ser impedido ou limitado por questões jurídicas em sua escolha do presidente. Varela agradeceu a Vasquez por ter esclarecido essa ambiguidade constitucional traiçoeira, e apoiou a designação do general López. Depois da eleição por unanimidade de Francisco Solano López a notícia foi anunciada ao povo paraguaio. Muitos congressistas pensaram que a conversa entre Varela e Vasquez tinha sido planejada por López, para esclarecer as possíveis dúvidas dos delegados. Porém, Varela teve seus bens confiscados, foi preso e desapareceu na cadeia.

O Congresso concedeu um salário anual de 50.000 dólares a Francisco, cinco vezes mais do que o salário de seu antecessor (seu pai), embora fosse uma remuneração simbólica, porque ambos usaram o Tesouro público como uma conta bancária pessoal. Em seguida à nomeação, Francisco anunciou ao Congresso a feliz notícia que Madame Lynch lhe dera há pouco um novo filho.

> Antes de encerrar os trabalhos dessa assembleia gostaria de dizer que, a partir desse momento, Madame Elisa Lynch terá os mesmos privilégios concedidos às esposas de chefes de Estado. Tenho plena confiança que meus conterrâneos, assim como o corpo diplomático respeitarão a minha vontade.

Doña Juana desmaiou quando lhe contaram o que o filho dissera.

O Congresso também destinou uma verba no valor de 55 mil pesos para erguer uma estátua de Carlos na praça principal de Assunção. Após a realização do funeral de Estado na catedral inacabada de La Encarnación, seus restos mortais foram enterrados em La Trinidad, a igreja da paróquia de López a seis quilômetros de Assunção. Apesar da verba do Congresso, dos comerciantes e moradores estrangeiros que financiaram a construção da estátua de Dom Carlos ela nunca foi construída. Nem houve uma

Bartolomé Mitre, presidente da Argentina entre 1862 e 1868.

prestação de contas do dinheiro. Porém, não há dúvida para onde foi – para os bolsos de Elisa e Francisco.

A notícia de que Francisco era agora o "comandante-geral das Forças Armadas e presidente da República do Paraguai" foi enviada a todos os países com os quais o Paraguai tinha relações diplomáticas. Infelizmente, as congratulações foram poucas. A rainha Vitória ainda estava de luto pelo príncipe Albert, que morrera no ano anterior. Abraham Lincoln estava envolvido na guerra civil, enquanto o príncipe Vítor Emanuel II do Piemonte e da Sardenha fora proclamado rei há pouco tempo na Itália unificada. Mesmo os líderes de países vizinhos, que deveriam ter se interessado pela posse do novo presidente, como o imperador Dom Pedro II do Brasil e o presidente Bartolomé Mitre da Argentina, estavam envolvidos demais no conflito com o Uruguai para darem atenção aos acontecimentos do Paraguai. No entanto, Napoleão III encontrou tempo em meio à organização da desastrosa invasão ao México para escrever uma carta:

> General,
> Fiquei muito sensibilizado com sua carta e as lembranças calorosas de sua visita à minha corte imperial.
> Tenha certeza de que me lembro com muito prazer de sua visita. Tive a oportunidade de apreciar suas nobres qualidades e, portanto, felicito seu país por elegê-lo para proteger seu destino.
> Acompanhei com muita admiração o extraordinário progresso do Paraguai no governo de seu ilustre pai, que reste em paz, e não tenho dúvidas

que sob sua sábia e patriótica orientação, o país continuará a progredir por todo o caminho da civilização.
Ao expressar meus cordiais desejos de felicidade pessoal e pela dignidade do cargo, é com prazer que lhe ofereço minha estima pessoal. Na medida das minhas possibilidades, rezarei para que o Deus Todo-Poderoso o proteja e abençoe.
Escrita por meu próprio punho, no palácio das Tulherias.
Do seu amigo,
Napoleão
1º de janeiro de 1863

Francisco e Elisa ficaram radiantes com a carta. O imperador da França escrevendo para López como seu par. Eles não poderiam ter imaginado um presságio melhor. Luís Napoleão fora eleito presidente da República antes de ser proclamado imperador do Segundo Império, enquanto seu ilustre tio foi cônsul da França antes de ascender ao trono imperial.

Um mês depois da eleição de Francisco, mais de 10 mil paraguaios importantes haviam fugido do país ou estavam na prisão. "A única acusação feita aos prisioneiros foi o fato de terem preferido outra pessoa como presidente do país", escreveu Washburn, "o que na maioria dos países não seria considerado um crime capital".

Mas, será que López realmente era o chefe de Estado do Paraguai? Cunninghame Graham acreditava que Elisa era o verdadeiro poder por trás do trono. Em sua análise da atuação e da personalidade dos dois, descrita no livro *Portrait of a dictator*, Graham disse:

> Ambos eram inescrupulosos. Os dois de certa forma eram talentosos, mas apesar de obstinado, Francisco era totalmente dominado por sua amante inteligente, bela e sem escrúpulos. Os dois só pensavam em ter mais poder, honrarias e dinheiro.

Graham também sugeriu que outros ditadores militares, como Antonio López de Santa Anna, que governara o México vinte anos antes, eram brutos e rústicos demais para serem influenciados por uma mulher como Elisa. López, ao contrário, originava-se de uma raça gentil, muito calorosa e preguiçosa.

> A vaidade e a sexualidade, misturadas a um toque de crueldade e obstinação, foram as principais características do amante de Madame Lynch. Ela soube usar as peculiaridades da personalidade de Francisco para atingir

seus objetivos e arruinar um país, que um destino infeliz colocara em seu caminho.

O confidente e amigo íntimo de Elisa, barão von Wisner, foi nomeado chefe de gabinete de Francisco. Madame Lynch também começou a organizar sua corte imperial. Duas jovens das melhores famílias de Assunção, doña Dolores Carissimo de Jovellanos e a señora Juliana Echegaray de Martínez, foram escolhidas como damas de companhia. Junto com doña Isidora Días, a camareira (em tese, um trabalho em tempo integral), eram as maiores fofoqueiras da cidade e controlavam uma rede de espiões para Elisa.

Embora tivesse um conhecimento extremamente limitado das escrituras, padre Palacios foi nomeado bispo de Assunção, conforme Elisa prometera. Ele também ajudava a espionar, e no seu bispado não havia segredos de confessionário. Na história diocesana oficial do Paraguai, o historiador Antonio Zinny fez o seguinte comentário a respeito de Palacios: "Apesar da aparência afável, Palacios tinha um caráter perverso e não encarava ninguém..." Mas sabia a quem bajular "...Seus sermões, à frente do *El Supremo* López – o Segundo, eram uma total blasfêmia, mas, ao mesmo tempo, uma lisonja." A partir do momento em que foi nomeado bispo, Palacios raramente saía da casa de López, e fazia as refeições com Francisco e Elisa todos os dias.

Dom Vicente Barrios foi nomeado ministro da Guerra e Dom Saturnino Bedoya ministro das Finanças. Para garantir a lealdade deles, esses dois infelizes jovens foram obrigados a casar com as irmãs obesas de Francisco. Mais tarde, ambos foram executados por ordem de Francisco. Bajuladores e homens idosos demais para constituírem uma ameaça ocuparam outros cargos do governo. Dom Carlos Sánchez, um homem sem ambição, que fazia parte do governo desde a época de Francia, foi nomeado vice-presidente, enquanto Dom José Berges, de 65 anos, um ex-embaixador do Paraguai nos Estados Unidos foi obrigado a aceitar o cargo de ministro das Relações Exteriores, um posto que ninguém inveja.

"Ele teria de ser ao mesmo tempo o escravo e o espião de um chefe despótico, egoísta e brutal", escreveu Washburn:

> Mas sabia que se recusasse o cargo, Francisco o mandaria prender. Seria obrigado a fazer reuniões com representantes das nações estrangeiras, nas quais não poderia discutir as perguntas que faziam, sem o perigo de provocar a raiva do chefe.

Ainda pior, Elisa usurpou sua posição. Os embaixadores que chegavam a Assunção tinham de apresentar suas credenciais em Patiño, o palácio cor-de-rosa nos arredores da cidade. Quando o sr. Vianna de Lima, ministro das Relações Exteriores brasileiro, não visitou Madame Lynch ao chegar em Assunção, Francisco proibiu que usasse a carruagem que o governo oferecia a um diplomata em visita ao país. Edward Thorton, encarregado de negócios da Grã-Bretanha na época da captura do *Tacuari,* recebeu o mesmo tratamento. Em sua visita a Assunção, teve de ir a pé até o Palácio do Governo ridicularizado pela multidão. E como se não bastasse, ao apresentar as credenciais ficou em pé durante a reunião inteira.

"Embora o governo do velho López fosse despótico, o do seu filho é indescritivelmente pior", escreveu Thorton em um despacho enviado ao secretário inglês de Relações Exteriores, lorde Russell. "O novo presidente é um tirano vaidoso, arrogante e cruel e não existe desgosto, sofrimento ou humilhação, que ele não inflija aos que estão sob o jugo de seu poder..."

A seguir, Thorton descreveu a situação política e social do Paraguai:

> As prisões estão cheias dos supostos prisioneiros políticos, muitos deles das melhores famílias do país. O presidente controla tudo. Nenhum homem na república desde ministros a pessoas comuns se recusaria a cometer perjúrio se recebesse ordens do presidente. Ninguém pode casar sem a permissão de Sua Excelência...

Grande parte do sistema de repressão de Francia foi restabelecido:

> O sistema de Sua Excelência destina-se a rebaixar os méritos e humilhar as pessoas; se um homem revela um pouco mais de talento, de generosidade ou um espírito independente, qualquer desculpa insignificante é motivo para jogá-lo na prisão. Os juízes não recebem salário e são instrumentos servis do presidente.

E Thorton aconselhou Russell a não pensar que poderia haver uma mudança iminente:

> A maioria do povo é tão ignorante que acredita que foi abençoada por um presidente digno de adoração. A influência dos jesuítas, do ditador Francia, do López pai e do filho, incutiu no povo uma profunda veneração por autoridades.

Em sua estimativa, o inglês acreditava que só havia de três a quatro mil pessoas no país inteiro que se opunham ao tirano. Mas, não confiavam uns nos outros o suficiente para formar uma oposição.

"Não acredito que alguém ouse contar seus sentimentos em relação ao governo a um irmão ou ao melhor amigo, com medo de ser denunciado", escreveu Thorton.

Mas, havia outra maneira de manter as pessoas afastadas da política, o sexo:

> O presidente não quer que seus conterrâneos se envolvam em assuntos políticos e, por isso, não se preocupa com a vida dissoluta deles, e a imoralidade que permeia o país é extrema. Sua Excelência dá péssimo exemplo; além das inúmeras mulheres que seduziu, talvez com mais relutância da parte delas, existe uma mulher inglesa chamada sra. Lynch, que veio com ele de Paris em 1854...

Thorton referiu-se com desdém a Elisa como "a Mme. de Pompadour paraguaia", embora soubesse que ela era o verdadeiro poder atrás do trono:

> Essa mulher mora em Assunção em um esplendor extraordinário, se compararmos com o estilo de vida habitual dos paraguaios. Tem uma considerável influência sobre o presidente, e suas ordens imperiosas são obedecidas de uma forma tão implícita e servil como as de Sua Excelência. Além disso, as senhoras paraguaias sentem um ódio profundo e implacável por ela.

Thorton recusou-se a apresentar suas credenciais a Elisa, um golpe terrível para ela que tinha tanto orgulho de ser uma súdita britânica. Em resposta ao comportamento de desacato do inglês, López prendeu súditos britânicos e não pagou os engenheiros ingleses que contratara para trabalhar na ferrovia e nas fábricas de armamentos. Então, Thorton aconselhou a todos os britânicos que saíssem do país e, em seguida, fez o mesmo.

Embora Washburn mais tarde tenha sofrido nas mãos do ditador, no início foi mais tolerante com Francisco do que Thorton, talvez por ter a impressão que "ambicionava ser mais do que um déspota insignificante". Francisco implantou um sistema de empréstimo a paraguaios nativos, que precisassem de dinheiro para "empreendimentos de utilidade geral", diminuiu os impostos de importação de máquinas e instrumentos e criou um subsídio do governo para o cultivo de algodão, com o objetivo de conquistar os mercados supridos pelos Estados Unidos antes do início da guerra civil em 1861. Porém, os verdadeiros motivos de sua política de incentivo ao progresso econômico do país já eram perceptíveis. Francisco queria adotar uma política racista. Em uma edição do *El Semanario* ele insinuou que pretendia eliminar do Paraguai qualquer traço de sangue espanhol, mas esqueceu, como previsível, sua descendência espanhola.

As esposas dos diplomatas também tinham de visitar o palácio cor-de-rosa. Elisa serviu, pessoalmente, uma xícara do melhor café para a sra. Washburn, a esposa nascida em New Jersey do embaixador dos EUA. Outras eram convidadas para tomar chá à tarde, no estilo inglês. Até as senhoras López: doña Juana, Inocencia e Rafaela a visitaram, e desculparam-se por não terem vindo antes. Elisa não comentou que deveriam tê-la procurado há oito anos. Só Mme. Cochelet recusou-se a visitá-la.

As pessoas da sociedade que iam a casa de Elisa ficavam agradavelmente surpresas ao verem que não eram recebidas por uma mulher escarlate e revigorada vinda há pouco tempo das calçadas de Paris. Ao contrário, eram recebidas por uma dama culta que falava inglês, francês, espanhol e guarani fluentemente, além de uma anfitriã encantadora e uma mãe dedicada. Mas, sua beleza ainda inspirava inveja e as mulheres sentiam-se provincianas diante de sua sofisticação. Por trás falavam horrores sobre ela, mas cada palavra maledicente chegava aos ouvidos de Elisa por meio de sua rede de espiões.

Ela organizou uma série de jantares suntuosos e bailes deslumbrantes. O convite era uma ordem para comparecer, e os convidados tinham de fazer uma "contribuição", apesar de os comerciantes paraguaios serem obrigados a fornecer gratuitamente alimentos e bebidas, o que causou muitas falências. A *haute cuisine* servida por Elisa nos banquetes não agradava à maioria dos paraguaios, que preferiam a *sopa paraguaya* mais indigesta e *chipá*, um doce recheado com geleia ou creme. Ela insistia que as mulheres se vestissem na última moda europeia com espartilhos, em vez do *tupois* habitual, e tinham de dançar de sapatos, embora preferissem tirá-los. No entanto, essas reuniões sociais eram uma oportunidade para as senhoras exibirem suas joias. Na época, as famílias paraguaias tinham muitas preciosidades. Pérolas belíssimas, pedras preciosas e prata trazida pelos espanhóis passavam de geração a geração. Até mesmo mulheres pobres tinham pulseiras, brincos e colares valiosos. Os paraguaios investiam qualquer dinheiro que tivessem em joias. Muitas vezes, isso era o único luxo que dispunham.

Nessas ocasiões, Elisa ofuscava a todas as mulheres presentes com um vestido de cetim e uma pequena coroa na cabeça, enquanto Francisco vestia um dos seus uniformes extravagantes e pomposos e a faixa presidencial. Nos bailes realizados no El Casino Nacional, em Assunção, Francisco e Elisa sentavam-se em tronos no final do salão e a quadrilha dançava em diagonal, para que ninguém ficasse de costas para eles. Os coros cantavam odes em homenagem a Francisco. Diversas jovens, inclusive as ex-amantes mais recentes, davam um passo à frente, uma de cada vez, carregando uma coroa de louros e elogiavam o presidente dizendo que era "o maior, o mais corajoso, o melhor exemplo da humanidade". As frases elogiosas passavam antes pela aprovação de Francisco e quase sempre eram escritas pelo coronel Coriolano Marquez, um ex-seguidor fiel de Rosas, que escapou de uma sentença de morte na Argentina pelas numerosas atrocidades que cometeu, antes de iniciar a carreira literária. Mais tarde foi preso, torturado e executado junto com mercenários argentinos, que cometeram o erro de aderir à causa paraguaia.

Muitas vezes, a família e os amigos daqueles que frequentaram as esferas sociais de Elisa estavam apodrecendo nas prisões de Francisco. Washburn contou a história de uma pobre mulher que foi forçada a cantar elogios a Francisco, quando o marido foi preso e carregado com grilhões poucas semanas antes por uma acusação obscura. Ele morreu dois dias antes que a esposa fosse obrigada a se juntar ao coro de glorificação ao homem responsável pela morte de seu marido.

No auge da temporada de festas houve um baile de máscaras. Elisa escolheu as fantasias das convidadas. Doña Juana se vestiria de deusa Diana, sem esquecer o arco e a flecha. Em Paris, no século XIX, a deusa caçadora, quase sempre, aparecia de seios nus. Não se sabe como doña Juana, com seu corpanzil, superou esse desafio. As obesas Inocencia e Rafaela teriam de se fantasiar de "duas donzelas guaranis esqueléticas". É difícil imaginar como puderam se mostrar convincentes em suas vestimentas. Mme. Cochelet sofreu uma humilhação ainda pior. Foi obrigada a se fantasiar de rainha Vitória, com seus trajes de luto. Washburn, um puritano da Nova Inglaterra, recusou a se fantasiar, o que provocou a raiva da anfitriã. Francisco, é claro, vestiu-se de Napoleão, enquanto Elisa, com joias de pérolas e ouro, vestiu-se de Elisabeth I como retratada no quadro *Armada Portrait*, de Gower. Esta fantasia foi uma escolha perfeita. Afinal, ela era a imperatriz da América do Sul e, portanto, deveria ser chamada de Elisabeth I.

Das pessoas que compareciam aos bailes, nenhum homem, apenas uma entre vinte mulheres e um dos 45 estrangeiros citados na "lista de contribuição" sobreviveria à guerra.

Muitos foram açoitados e executados, outros morreram sob tortura, ou morreram em consequência de um trabalho exaustivo e inanição nos campos de batalha. Muitos também morreram como resultado de condições climáticas péssimas, sofrimento e privações nas montanhas para onde foram enviados por ordem do mesmo déspota desumano, que os obrigava a cantar hinos de louvor a ele e de coroá-lo com uma coroa de louros, quando ainda tinham seus lares e a esperança de se livrar de seu terrível poder.

Mais tarde, as coroas de louros foram consideradas inadequadas para coroar Francisco, porque não tinham valor, embora uma das coroas feita para ele tivesse pequenas flores de brilhantes entre as folhas.

Nessa época, Elisa não sabia que Francisco planejava abandoná-la. Assim como Napoleão tinha repudiado Josefina, para fazer um casamento mais vantajoso com Maria Luísa de Habsburgo, filha do imperador Francisco I, López pensava em terminar o relacionamento com a irlandesa. Havia escrito ao imperador Pedro II do Brasil, pedindo a mão de sua filha, a princesa Isabel. Esse pedido de casamento fazia parte da estratégia imperial dele. No meio diplomático, circulavam rumores de mudança do sistema de governo do Paraguai. Francisco sabia que seu amigo Napoleão III queria que a América Latina seguisse os modelos de governo monárquico do continente europeu, em vez do modelo democrático dos Estados Unidos. Nessa ocasião, as tropas

Imperador brasileiro Dom Pedro II e a princesa Isabel.

francesas controlavam a Cidade do México e o arquiduque Maximiliano da Áustria se preparava para partir da Europa, com o objetivo de ser proclamado imperador do México com o apoio de Napoleão III. López também sabia que o levariam mais a sério como imperador se tivesse o reconhecimento do único imperador da América do Sul, Dom Pedro II. E não haveria maneira mais pública de obter esse reconhecimento que o casamento com sua filha. López vangloriava-se de o imperador brasileiro ter sugerido que ele adotasse o nome de *Francisco Primero*, embora alguns escritores irreverentes o tenham chamado com desdém de López II.

Como filho do rei de Portugal, Dom Pedro II achou uma afronta que um arrivista como López tivesse a pretensão de casar com uma Bragança. Depois de meses de silêncio, Dom Pedro respondeu dizendo que a princesa era jovem demais para casar. Para acrescentar um insulto à injúria, pouco depois anunciou que ela se casaria com um primo, Luís Filipe Maria Fernando Gastão de Orléans, o conde d'Eu, um príncipe de Orleans e membro de uma família real francesa, os Bourbon.

López ficou furioso. Decidiu casar-se com Elisa e legitimar Panchito como herdeiro da dinastia López. Pediu ao papa para anular o casamento de Elisa, com a justificativa da não consumação. No entanto, por ter nomeado como bispo aquele que foi a escolha duvidosa da amante, além de ter expropriado os bens da Igreja e subornado padres para violar a confidencialidade do confessionário, seu pedido ao Vaticano foi ignorado. Porém, o novo bispo de Assunção anunciou no altar da catedral de La Encarnación, que as crianças Lynch adotariam o sobrenome López. Elisa comemorou a vitória com o projeto de construção de um novo palácio, no centro de Assunção, ao lado do palácio de Francisco e tão magnífico quanto o dele, enquanto doña Juana ficou de cama um mês com a notícia.

O desprezo de Dom Pedro II fortaleceu muito a posição de Elisa, e não foi difícil manipular o ego ferido de López. Ansioso para revidar o desdém do governante brasileiro, López começou a procurar uma oportunidade de atacar o Brasil. Não precisou esperar muito tempo. Em 14 de outubro de 1864, o Brasil invadiu o Uruguai com o pretexto de intervir em uma revolta apoiada pela Argentina. Há anos uma guerra civil entre duas facções, os *blancos* e os *colorados,* devastava o Uruguai. As guerrilhas armadas dos gaúchos espalhavam-se pelos pampas, matando homens a golpes de baionetas. Qualquer pessoa que resistisse seria assassinada com um corte na garganta, uma ação chamada no Uruguai de "tocando o violino".

O último conflito começou em abril de 1863, quando o líder dos *colorados* general Venâncio Flores partiu em um pequeno barco da fábrica de gás em Buenos Aires para derrubar o governo *blanco* em Montevidéu. Os brasileiros aproveitaram a oportunidade para invadir o Uruguai com o objetivo de anexar, pela terceira vez, o país ao império brasileiro. O governo uruguaio pediu ajuda a López, e o embaixador do Uruguai em Assunção, José Vásquez Sagastume, já estreitara as relações diplomáticas entre os dois países, presenteando Elisa com coisas caras. A pedido dela, López fez um protesto formal ao embaixador brasileiro em Assunção. Mas, Francisco cometeu um erro grave de julgamento. Em vez de se aliar ao poderoso general Urquiza, governador da província argentina de Entre Rios e rival há muito do general Mitre de Buenos Aires, começou a negociar com Mitre, que apoiava Flores. Essas tentativas de mediação foram ridicularizadas pela imprensa argentina, segundo a qual López não deveria se intrometer em assuntos de países muito mais desenvolvidos que o Paraguai. "Assunção", disseram os jornais *porteños*, "era um conjunto de tendas de índios com Francisco como cacique e Elisa sua mulher de pele vermelha". Esses insultos os enfureceram, e ela insistiu que López atacasse o Brasil.

Ele estava pronto para iniciar uma guerra. A Marinha paraguaia agora tinha 12 canhoneiras, duas construídas na Inglaterra, e as outras haviam sido adaptadas de barcos a vapor, movidos por rodas de pá. O engenheiro militar coronel George Thompson viera da Inglaterra para terminar o forte em Humaitá, chamado de o "Sebastopol da América do Sul", e as fortificações militares que haviam sido construídas às margens do rio Paraná. Elisa gostava de Thompson, e procurava a companhia de outros compatriotas britânicos. O inglês William Whytehead administrava o arsenal do Paraguai, o médico de Carlos, Dr. Stewart, um escocês que servira na guerra da Crimeia, foi nomeado cirurgião-chefe do Exército e George Masterman, também inglês, agora era diretor do Departamento Farmacêutico do Exército. A pedido de López, o treinamento dos soldados sob suas ordens era tão cruel, que muitos morreram – os exercícios *à la* López incluíam espancamentos frequentes e o uso de troncos onde prendiam os pés ou a mãos dos soldados para castigá-los. George Paddison terminara o primeiro trecho da ferrovia para Vila Rica, que poderia transportar tropas de Cerro León para Assunção, enquanto o barão alemão von Fischer-Treuenfeld construíra o primeiro telégrafo da América do Sul, que permitia a comunicação de López com as tropas no campo de batalha.

O Congresso aprovou uma verba de 5 milhões de dólares para a compra de armamentos. O agente de Francisco, Dom Candido, foi enviado à França para comprar 60 mil espingardas, 100 mil caixas de balas, 42 baionetas, diversos equipamentos adequados a um exército moderno e mais uniformes extravagantes. Dom Candido também visitou a Prússia para comprar o que havia de mais moderno em metralhadoras. Enquanto isso, o fiel Dom Felix Ejusquiza foi nomeado adido comercial em Buenos Aires, para facilitar a entrada das compras. Ele também ficou encarregado de comprar uma nova carruagem de luxo e alguns metros de musselina para Elisa.

As obras públicas pararam durante a preparação para a guerra. *Sir* Richard Burton descreveu Assunção à véspera da guerra:

> O bem-estar do cidadão fora totalmente negligenciado; as ruas estavam destruídas; não existia sistema de drenagem; e os três prédios da catedral ao teatro ficaram inacabados. As lojas eram paupérrimas (...) As condições dos quartéis e igrejas, das prisões e das praças eram absurdas (...) Os vassalos [isto é, os súditos de Francisco] contentavam-se em morar em casebres com um alpendre e os telhados apoiavam-se em pilastras, em vez de paredes.

Burton sabia muito bem qual fora o destino do dinheiro: "A caríssima construção de um grande arsenal, de um cais à margem do rio, de uma linha de bonde e uma ferrovia davam à cidade um verniz de civilização; mas as pretensões de progresso eram superficiais."

Ele poderia ter mencionado que em consequência do ambicioso projeto de reforma urbana de Francisco, agora as ruas, pelo menos, eram pavimentadas com paralelepípedos.

Com a insistência de Elisa para que Francisco declarasse guerra aos países vizinhos, nada o deteria. A oposição interna não existia. Os que não estavam na prisão haviam fugido do país. Em 1864, um quarto da população do Paraguai havia se exilado: havia homens suficientes em Buenos Aires para formar um regimento de paraguaios livres quando começasse a guerra, e os que tinham ficado no Paraguai eram extremamente leais. Embora as tropas de López não recebessem remuneração e vivessem de roubos e da compra de comida de fazendeiros com notas promissórias, que o presidente não tinha intenção de honrar, os soldados sabiam que estavam sendo liderados por um moderno Alexandre, o Grande. *El Semanario* incutia na mente dos militares essa ideia. Quando Francisco os visitava, conversava bem-humorado com eles em guarani, e dizia que os libertaria da opressão da aristocracia espanhola.

As famílias com parentes em Buenos Aires eram forçadas a escrever cartas para *El Semanario* censurando-os. López obrigou a própria mãe a escrever uma longa carta criticando seu adorado Benigno, que ainda estava exilado no interior do país. "Se meu filho persistir em sua conduta errada, será amaldiçoado por todos os seus conterrâneos e por sua mãe atormentada, embora contra sua vontade", escreveu.

Enquanto isso, Elisa esforçava-se para estimular a moral do povo. Decidiu construir seu Longchamps em um terreno com vegetação tropical chamado Campo Grande. Todos os domingos dois cavalos rústicos disputavam corridas açoitados por seus cavaleiros com chicotes. Masterman comentou as corridas de cavalos que assistira nessa pista: "uma hora ou mais se passava com brigas e ofensas mútuas até decidir quem ganharia (...) Havia poucas apostas e entusiasmo entre a multidão".

Naquele ano, as comemorações do aniversário do presidente estenderam-se por duas semanas com bailes, passeios de barco pelo rio, excursões de trem – que Francisco adorava –, fogos de artifício e "touradas", embora, pelos relatos, os eventos fossem tediosos. Em vez de touros, os bois escolhidos para as touradas eram tão mansos, que ficavam apáticos apesar dos tormentos infligidos pelos toureiros covardes.

Palhaços com os rostos pintados de preto misturavam-se à multidão nesses eventos. As pessoas jogavam dinheiro para eles, apesar de saberem que eram membros disfarçados da polícia secreta de Francisco. Havia boatos que Elisa exigia que lhe dessem dez por cento do que recebiam. O comparecimento nos bailes de Elisa tornou-se uma obrigação para a aristocracia. Quando uma jovem suplicou para não ir, porque o pai havia morrido, Elisa respondeu: "Isso não é novidade; é natural que os pais morram."

As bandas de música percorriam as ruas e tocavam à frente da casa de Elisa. Todas as noites havia fogueiras nas praças. As pessoas dançavam até tarde da noite "para mostrar a alegria e o amor que sentiam pelo grande López", segundo Washburn. As sentinelas impediam que as mulheres fossem para casa mesmo se estivessem cansadas. Quando uma mulher queixou-se que era difícil dançar com o estômago vazio, foi castigada com cem bastonadas. Outras foram exiladas no interior do país, por dizer o que pensavam. Embora não houvesse comida disponível, o governo distribuía vinho e *caña*, a aguardente local, e, como um observador local comentou, "os paraguaios bêbados aumentavam a taxa de natalidade".

Todos esses eventos eram financiados pelos comerciantes e estrangeiros, que tinham de fazer "contribuições" e pagar impostos extorsivos. Até presos políticos tinham de contribuir.

"Tudo era calculado para deslumbrar e agradar as massas", escreveu Washburn em seus despachos. "As classes mais baixas eram tratadas como nunca tinham sonhado antes."

Mas, o pessimismo de Washburn era visível: "Temo que escreverei um longo despacho com o relato de um capítulo negro na história do Paraguai."

No Dia de Ação de Graças, o bispo Palacios fez um sermão, no qual disse que Francisco governava por direito divino. Os cidadãos obedeciam ao presidente sem questionar. Mesmo um homem inocente, condenado à morte, iria para a forca sem protestar. Diversos prisioneiros políticos tinham de rezar pelo seu carcereiro.

Francisco e Elisa estavam ocupados demais para pensar em um planejamento minucioso e eficaz em relação à guerra. Uma boa estratégia seria apoiar o governo do Partido Blanco no Uruguai, de oposição a Flores, aliar-se ao general Urquiza em Entre Rios e depor Mitre em Buenos Aires. Assim, o Brasil ficaria isolado e o Paraguai passaria a ser o poder hegemônico regional. Mas, López estava preocupado com um negócio lucrativo em potencial. Em novembro de 1864, o navio brasileiro *Marquês de Olinda* subiu o rio Paraguai. A bordo estava o novo governador de Mato Grosso, uma província ao norte do Paraguai e com um acesso difícil por terra via Rio de Janeiro. O navio carregava uma fortuna em ouro, para fundar a nova administração. No entanto, López não capturou o *Marquês de Olinda* quando este atracou no porto em Assunção. Seria fácil demais. Deixou que o navio continuasse a viagem, e quando estava quase na fronteira de Mato Grosso, enviou o *Tacuari* para capturá-lo. O ouro roubado foi usado para comprar armamentos em Montevidéu. A embarcação foi incorporada à Marinha do Paraguai, e o governador e a tripulação do navio foram presos. Washburn pediu a López que os soltassem, porque a prisão deles mobilizaria a opinião pública do Brasil e do mundo contra o Paraguai. López não lhe deu atenção. Os presos nunca mais viram o Brasil. Morreram na cadeia em consequência de torturas e inanição.

Segundo boatos, a ideia de capturar o *Marquês de Olinda* e seu carregamento de ouro fora de Elisa, pensada junto com o embaixador uruguaio Vásquez Sagastume, que fazia visitas noturnas ao palácio cor-de-rosa.

8
Ambições imperiais

Elisa já estava com quase 30 anos e ainda não tinha a coroa imperial tão ambicionada. Insistiu com Francisco para aproveitar o poderio militar do Paraguai e invadir as províncias vizinhas, isoladas do Rio de Janeiro e da costa.

Sem uma declaração de guerra, López atacou Mato Grosso e vangloriou-se com o embaixador americano em um suntuoso jantar, que os brasileiros não ousariam revidar o ataque. Em 14 de dezembro de 1864, cinco mil soldados sob o comando do cunhado de Francisco, general Barrios, embarcaram em cinco navios e três escunas em Assunção, e seguiram para Corumbá, capital de Mato Grosso, incentivados pelas palavras de seu presidente ao partirem.

"Soldados", disse, "meus esforços para manter a paz foram inúteis. O império do Brasil, por desconhecer nosso valor e entusiasmo, provocou a guerra. Em nome de nossa honra e dignidade, e para proteger nossos direitos mais preciosos, temos de enfrentar esse desafio." Durante a guerra, López manteve a ficção que o Brasil provocara a guerra e não o Paraguai.

NOTÍCIAS DO IMPÉRIO
Dezembro de 1864, nº 85

PARAGUAI INVADE MATO GROSSO

General Francisco Isidoro Resquín comandou a invasão do Paraguai ao Mato Grosso em 1864.

Mesmo sendo mentira, todos sabiam que López era um ótimo orador, sobretudo, para inspirar confiança em suas tropas e desprezo pelo inimigo.

Os brasileiros foram tomados de surpresa. Não tinham a menor ideia das intenções de Francisco. Nem poderiam se defender, pois os fortes destinavam-se a protegê-los dos ataques dos índios e das armas em Chaco. Corumbá tinha apenas duzentos soldados. Barrios poderia tê-los liquidado com as caronadas de 68 libras, que transportou pelo rio em barcaças. Mas o capitão e seus oficiais embriagaram-se e, sem um plano definido de ataque, foram rechaçados com um número expressivo de baixas. No entanto, no dia seguinte, os brasileiros em desvantagem numérica, saíram do forte e a província foi conquistada sem o disparo de um tiro.

López prometera ao embaixador americano que o Paraguai se comportaria como um país civilizado, e que seguiria as regras da guerra de acordo com a primeira Convenção de Genebra assinada no início do ano. Para provar suas boas intenções, redigiu um documento e distribuiu as cópias impressas em lugares onde as tropas inimigas poderiam encontrá-las, com a expectativa que desertassem. Porém, López não cumpriu suas promessas. Os prisioneiros brasileiros de guerra foram assassinados e tiveram as orelhas cortadas. Homens ricos eram amarrados nus nos canos de arma de fogo embaixo do Sol forte até revelarem o lugar onde estavam seus bens. Corumbá foi saqueada, e os soldados paraguaios violaram as mulheres. Barrios matou um pai que tentou proteger a filha do seu assédio sexual. Algumas mulheres foram levadas para Assunção (onde mais tarde passaram a mendigar nas ruas) junto com os canhões que os paraguaios conseguiram arrancar dos suportes. Os dois filhos do barão de Vila Maria, o proprietário de terras mais rico da província, foram mortos, mas o barão fugiu carregando uma jarra cheia de diamantes. Ele demorou um mês viajando a pé, guiado pelas estrelas, para chegar ao Rio de Janeiro onde informou ao imperador que perdera sua província mais rica. Até esse momento, o Brasil não sabia que havia uma guerra.

Em Assunção, as pessoas dançavam nas ruas a "dança de são Vito", como a chamaram zombeteiramente em Buenos Aires. Em Campo Grande um desfile militar comemorou a grande vitória de cinco mil soldados contra apenas duzentos. López apareceu montado a cavalo com os filhos vestidos com uniformes de cadete ao lado, enquanto Elisa ficou protegida pela sombra de uma ramada durante quatro horas assistindo ao desfile de 12 mil soldados em meio à poeira. Os militares estavam vestidos com túnicas vermelhas, calças brancas e capas pretas como a guarda imperial francesa, mas sem sapatos. Até os paraguaios de classe social mais alta tinham de tirar os sapatos na presença do exército descalço de Francisco.

No auge das comemorações, Elisa foi presenteada com um diploma nobiliárquico, roubado da fazenda do barão de Vila Maria, que depois colocou na parede de sua antecâmara, enquanto um cordão de orelhas de brasileiros pendurava-se ao redor do pescoço de Francisco. Mais tarde, Elisa recomendou que as senhoras de Assunção celebrassem a vitória de Francisco sobre os brasileiros implorando a ele que aceitasse uma bandeira bordada com ouro, brilhantes e rubis, feita por elas e que se pendurava em um mastro de prata preso a uma base. Francisco estava tão contente com a vitória, que permitiu que Benigno voltasse do exílio e nomeou-o almirante das Forças Navais.

Se López fosse um homem sensato teria terminado a guerra nesse momento de vitória. Como o Rio de Janeiro não tinha uma boa estrada até Mato Grosso seria difícil reconquistar a província, se os paraguaios concentrassem as tropas no local. A navegação fluvial era a única maneira de transportar uma quantidade suficiente de soldados para o Mato Grosso. Além disso, para atacar o Paraguai seria preciso transportar as tropas por centenas de quilômetros pelo rio Paraná atravessando o território argentino. A Argentina, a tradicional rival do Brasil, recusou a apoiar Dom Pedro II, apesar de todos os argumentos de persuasão. Na verdade, ela não queria se envolver em uma guerra entre o Brasil e o Paraguai e, sim, se beneficiar de algum modo, mantendo-se distante do conflito.

Mas, López não era um homem sensato. Ele estava faminto por mais territórios e enviou as tropas que acabara de inspecionar para a província mais ao sul do Brasil, para atacar o Rio Grande do Sul. Para chegar até lá seu exército teria de atravessar o território argentino. Francisco pediu permissão à Argentina, e foi recusado. A alternativa era passar pela província argentina de Misiones, que era bem pouco populosa. De lá, ele poderia marchar até o Uruguai para apoiar o governo do Partido Blanco. Com a ajuda de Urquiza em Entre Rios, o governo argentino em Buenos Aires se limitaria a reclamar.

Nesse período, o jornal argentino *El Siglo* publicou uma biografia depreciativa de Elisa. Furiosa, ela exigiu que Francisco atacasse aquele país. Em 14 de abril de 1865, o dia em que John Wilkes Booth assassinou Abraham Lincoln, López invadiu a cidade argentina de Corrientes sem disparar um tiro, e capturou dois de seus navios, o *25º de Mayo* e o *Gualeguay*. Ambas as embarcações eram inadequados para navegar em alto-mar, um deles um antigo navio mercante que transportava o correio real britânico, o *Camilla,* constituía toda a frota da Marinha argentina.

López sabia que fora criticado internacionalmente por ter atacado o Brasil sem uma declaração de guerra formal. Então, dessa vez, teve a precaução de convocar o Congresso para fazer uma declaração formal de guerra à Argentina. No dia seguinte, 19 de março de 1865, a declaração foi publicada no *El Semanario*. Mas ela só chegou a Buenos Aires 35 dias depois, nove dias após a invasão a Corrientes. Nesse momento, o *Esmeralda* dirigia-se para Buenos Aires com um carregamento de munição, a nova carruagem de luxo e os metros de musselina de Elisa. Ao mesmo tempo, o encarregado de negócios em Buenos Aires, Ejusquiza, tirou todas as reservas em ouro do Paraguai guardadas nos bancos argentinos.

O governo argentino ficou perplexo ao ver que depois de atacar o poderoso império brasileiro, López queria declarar guerra à Argentina. Elisa insistiu que Francisco atacasse Buenos Aires passando por Entre Rios, com a conivência de Urquiza, para defender sua honra. Se conseguisse depor o ditador impopular, Bartolomé Mitre, López seria acolhido pelos argentinos como um libertador. Porém, os maus-tratos infligidos pelo paraguaio aos prisioneiros de guerra capturados em Corrientes, puseram um ponto final em seu papel de salvador dos argentinos. Ramon Capedevila, um argentino radicado há muito tempo no Paraguai, foi preso ao tentar ajudá-los. Sua esposa pediu para Elisa interceder a seu favor, e o soltaram.

Mas, ela mudou de ideia. Capedevila foi preso de novo e, em consequência da intervenção da esposa, foi espancado e o amarraram com mais dois grilhões. Tiraram a pele que lhe servia de cama e ele passou a dormir no chão. Capedevila foi torturado e executado, e sua esposa e os quatro filhos foram expulsos para as montanhas. Outras mulheres e crianças dos soldados argentinos capturados em Corrientes tiveram o mesmo destino.

Quando os argentinos souberam o que havia acontecido com seus compatriotas, uma multidão reuniu-se em frente à casa de Mitre, pedindo que declarasse guerra ao Paraguai. Mitre, então, dirigiu-se à multidão:

> Senhores, depois da provocação e insulto à nossa bandeira pelo tirano do Paraguai, o governador declara que os protestos e as reivindicações dos cidadãos argentinos serão atendidos. Em 24 horas os soldados ocuparão os quartéis, em 15 dias chegarão a Corrientes e em três meses em Assunção.

O discurso de Mitre foi saudado com muitos aplausos e entusiasmo em Buenos Aires. Uma peça teatral foi interrompida. Os *porteños* subiram no palco para fazer discursos em apoio à guerra, enquanto a frase "Em três meses chegaremos a Assunção" era projetada na cortina atrás deles. O encarregado de negócios paraguaio Ejusquiza foi preso, posto em liberdade sob fiança, e preso de novo no dia seguinte. Enquanto isso, um pouco mais ao norte, em Rosário, na província de Córdoba, o consulado do Paraguai foi saqueado, o retrato de Francisco serviu de tiro ao alvo e depois o jogaram no rio. Nas palavras de López esse uso do seu retrato foi uma atrocidade. O general Urquiza, um aliado em potencial do Paraguai e um defensor do governo do Partido Blanco no Uruguai, apoiou Mitre diante da oposição popular a López. O país inteiro aderiu ao governo de Buenos Aires, um consenso político raro na Argentina.

Agora, a Argentina e o Brasil, tradicionalmente inimigos, uniram-se em nome de uma causa comum. No Uruguai, o gover-

Soldados argentinos acampados no Tuiti.

no do Partido Blan-co, que se mantinha no poder com o apoio do Paraguai, foi deposto; os líderes militares do governo foram executados sumariamente e tiveram os corpos mutilados. O novo governo uruguaio do Partido Colorado, comandado pelo general Flores, que tivera o apoio da Argentina e do Brasil para assumir o poder, não tinha motivos para aderir a López, que apoiara os *blancos* com palavras e ações concretas.

Em 1º de maio de 1865, a Argentina, o Brasil e o Uruguai assinaram em segredo o tratado da Tríplice Aliança. Uma das cláusulas do tratado estabelecia que os países não "se renderiam, exceto por mútuo consentimento, até eliminarem o atual governo do Paraguai". A Tríplice Aliança declarou guerra ao tirano López, e não ao Paraguai. Mas, o segredo não foi mantido por muito tempo. Um funcionário do governo uruguaio mostrou o documento ao encarregado britânico de negócios em Montevidéu, que enviou uma cópia para Londres. O tratado foi lido em uma reunião fechada no Parlamento, mas no dia seguinte estava em todos os jornais.

Os aliados deixaram claro no tratado que a guerra fora provocada pelo Paraguai. A partir desse momento, os brasileiros, uruguaios e argentinos referiam-se à Guerra do Paraguai, enquanto os paraguaios chamavam de Guerra da Tríplice Aliança.

Venâncio Flores, presidente do Uruguai entre 1865 e 1868.

A responsabilidade pelo início das hostilidades continuou a ser um tema de discussão apaixonada no Paraguai. Alguns uruguaios diziam que a guerra teria sido inevitável, porque o país não tinha acesso ao mar; outros pensavam que o Brasil e a Argentina haviam conspirado para desmembrar o Paraguai, e queriam destruir o país, mas que deixariam o pequeno território, que vemos hoje nos mapas, para disfarçar suas intenções perante o mundo. Talvez houvesse um fundo de verdade nessas opiniões. Afinal, o Brasil tinha uma presença militar no Mato Grosso mais que suficiente para defender a província e a disputa de fronteiras que se iniciara em 1858. E os argentinos sempre tiveram inveja das ferrovias do Paraguai, dos estaleiros e do sistema de telégrafo, uma infraestrutura muito mais moderna do que a da Confederação Argentina. A riqueza da Argentina fora gasta em inúmeras guerras civis, enquanto o Paraguai mantinha um clima de paz há muito tempo. O lucro com o comércio de *yerba maté* enriquecia os cofres públicos, e quando o ditador paraguaio queria alguma coisa encomendava da Inglaterra. Mas, o Brasil também comprava armas na Inglaterra. Havia ainda a teoria que a Grã-Bretanha estava envolvida na guerra e que assinara um acordo secreto com a Argentina referente à posse das ferrovias.

No entanto, George Masterman, que estava no Paraguai na época e era um convidado habitual da casa Lynch-López, não tinha dúvidas a quem cabia a culpa. Em um livro sobre suas experiências no país intitulado, com um eufemismo magistral, *Seven eventful years in Paraguay,* ele escreveu:

> Em Paris, onde passou uma temporada ele [Francisco López] importou duas novidades – uniformes franceses para os oficiais do exército e uma amante; a amante foi uma escolha fatal em sua vida. Essa senhora exerceu um papel muito importante nos assuntos paraguaios e, acredito, seus conselhos maléficos provocaram essa guerra terrível, que dizimou a população do país.

Masterman também foi claro quanto ao comportamento de Elisa:

> Uma mulher inteligente, egoísta e inescrupulosa, que exercia uma influência enorme em um homem imperioso, mas no fundo, fraco, vaidoso e "caloroso" como López. Com um tato admirável ela o tratava com respeito e cortesia, mas o manipulava e era a verdadeira governante do Paraguai.

E citou os motivos que a faziam agir dessa forma:

> Ela tinha dois projetos ambiciosos: o primeiro, casar com ele; o segundo, transformá-lo no "Napoleão do Novo Mundo". O primeiro foi difícil, porque não podia se divorciar do marido francês; se o segundo fosse bem--sucedido, é possível que conseguisse uma dispensa e sua posição ficaria

garantida. Portanto, aos poucos e insidiosamente incutiu em López a ideia que era o maior soldado de sua época, e exaltou o ego desse selvagem ganancioso, vaidoso e crédulo, convencendo-o que estava destinado a tirar o Paraguai da obscuridade e torná-lo a maior potência da América do Sul. Porém a realização desse projeto ambicioso dependia de uma guerra em grande escala. Com vizinhos tão invasivos como o Brasil, e com a turbulenta e anárquica Confederação Argentina, não seria difícil encontrar um pretexto para iniciar as hostilidades.

Mais tarde, Masterman disse que, ao pensar nesse período de sua vida, apesar das coisas terríveis que López fez, da tortura que sofreu por sua ordem, que quase podia sentir pena dele. Em sua opinião, Francisco era tão "maleável como cera", e se tivesse encontrado um "conselheiro leal e honrado que houvesse desenvolvido suas qualidades, em vez de uma influência maléfica, teria sido um governante diligente, apesar de fraco". Masterman acreditava que nessas circunstâncias, o povo do Paraguai teria se beneficiado materialmente como aconteceu no governo de Carlos. "Mas esse mentor não existia no Paraguai." Em vez disso:

> Uma mulher ambiciosa e inescrupulosa, que se tornou sua principal confidente, foi sua pior inimiga e seus conselhos perversos estimularam seu desejo de glória militar, e transformou o que poderia ser um capricho passageiro na paixão dominante de sua vida.

Sir Richard Burton, o representante britânico em São Paulo, também culpou Elisa pela guerra. No livro *Letters from the battlefields of Paraguay*, ele escreveu:

> Madame Lynch era ambiciosa. De acordo com a opinião geral, ela, o bispo Palacios, um padre da região rural, e um refugiado húngaro, coronel von Wisner de Morgenstern, convenceram o presidente López que poderia ser com facilidade o Senhor e o Imperador das Regiões Platinas.

Não menos que López, Elisa exercia um poder ditatorial no Paraguai. Dois franceses que "usaram palavras grosseiras ao se referirem à Madame Lynch, foram, por ordem dela (...) jogados na prisão e obrigados a mendigar nas ruas, depois disso". Ela também mandou prender um francês que havia dito que ela usava peruca.

Cunninghame Graham, que viveu no Paraguai antes da guerra e visitou o país logo depois, escreveu:

> Todas as pessoas que a conheceram na época sabiam que queria transformar López no principal governante da América do Sul. Queria enriquecer e voltar para Paris onde viveria com o dinheiro que roubara do Paraguai. Não era uma ambição desmedida, e, sim, natural em seu caso. Se López tivesse seguido seu conselho, o precioso casal seria um personagem importante nos bulevares de Lutetia [nome em latim de Paris], junto com reis da Patagônia, presidentes da Capadócia e o resto dessa estranha multidão heterogênea de moscas de carne e osso, que tiveram seu momento de glória durante o Segundo Império, antes de voltarem para a lama de onde haviam surgido.

O imperador do Brasil Dom Pedro II, por exemplo, morreu em Paris. Mas, antes que Elisa pudesse desfilar pelas ruas de Paris com o que havia roubado do Paraguai, a ópera cômica ainda tinha de ser encenada.

Poucas horas depois da divulgação do tratado da Tríplice Aliança, Francisco convocou o Congresso. Em 5 de maio de 1865, os congressistas o promoveram a *General* do Paraguai – marechal, em português –, Elisa insistiu que ele adotasse o título de imperador e, em seguida, se aliasse aos grandes monarcas europeus. Porém, no momento, Francisco estava mais preocupado em conquistar o apoio das repúblicas do Novo Mundo. Ainda havia a chance de o Chile e os Estados Unidos o apoiarem. Nesse ínterim, o *General* criou a Ordem Nacional do Mérito do Paraguai. Essa condecoração seria concedida apenas a governantes hereditários e soberanos vitalícios, e não a presidentes. Ele mesmo era o grão-mestre da ordem, e depois da guerra, como todos sabiam, seguiria o conselho de Elisa e seria coroado imperador. Já se proclamava *Francisco Primero* na região rural. Escreveu Cunninghame Graham:

> Foi uma pena que López nunca tenha sido coroado. Madame Lynch seria uma imperatriz admirável, *de la main gauche*. O mestiço atarracado vestido com um uniforme de ópera *comique* enfeitado com condecorações e sua imperatriz de reputação duvidosa, com sua beleza e experiência parisiense, inspiraria uma história digna de um Offenbach.

A intenção de ser proclamado imperador era evidente. A patente de *General* foi acompanhada por uma coroa de folhas de carvalho de ouro, uma espada com punho de ouro e o bastão de marechal no valor de 30 mil dólares. O Congresso insistiu para que ele aceitasse um aumento expres-

Solano López na cédula de 1.000 guaranis.

sivo da remuneração anual. Uma lei propôs "proibir López de expor sua preciosa vida na guerra", e os funcionários do governo fizeram uma coleta de dinheiro para presenteá-lo com enfeites de ouro incrustados de pedras preciosas e uma estátua equestre de ouro. Elisa "sugeriu" às senhoras de Assunção que doassem um décimo de suas joias para ajudar no esforço da guerra. Essa doação seria acompanhada por um discurso bajulador a Francisco: "Receba minhas joias e concretize seu pensamento sagrado." No entanto, a maioria das joias terminou no cofre de Madame. Obviamente, ela sentiu um enorme prazer em privar as mulheres, que a haviam olhado com desprezo por tanto tempo, de suas joias.

Em reconhecimento pelo esforço da amante para angariar recursos, Francisco sugeriu ao Congresso que enviasse um agente a Paris, via Bolívia, para comprar uma pequena coroa com brilhantes em forma de pera, parecida com a coroa da imperatriz Josefina. Os membros do Congresso aprovaram a compra por unanimidade. Infelizmente, a coroa de Elisa e a imitação em gesso da coroa de Napoleão que Francisco encomendara, foram apreendidas pela alfândega em Buenos Aires.

Sir Richard Burton soube o que acontecera com a coroa, comentou que era apenas uma estratégia de guerra. Mas, por acaso, viu a coroa, os móveis e os objetos no valor de 400 libras destinados a um único quarto em um depósito em Buenos Aires

> Trilhos sólidos para pendurar cortinas, cadeiras luxuosas brancas, vermelhas e douradas, e um lustre de ouropel e cristal com uma pintura branca

embaixo do revestimento dourado. Os móveis tinham o brasão da República, mas evidentemente copiado das Tulherias.

Armado com todos os poderes de um Napoleão, poderiam continuar a guerra como quisessem, Francisco e Elisa fecharam o Congresso por tempo indeterminado. Por precaução, prenderam, torturaram e executaram o novo embaixador uruguaio. Um tempo depois, os emissários das facções rebeldes da Argentina, que haviam pensado em se aliar a Francisco, e o cônsul espanhol preso em Corrientes tiveram o mesmo destino.

Embora o Paraguai enfrentasse sozinho três dos quatro países vizinhos, a situação não era, ainda, desesperadora. López já se preparara para a guerra, enquanto os aliados lutavam entre si. O Paraguai tinha de 80 mil a 100 mil soldados, e os aliados apenas 40 mil – 3 mil do Uruguai, 12 mil da Argentina e 25 mil do Brasil. Mas os militares dos exércitos aliados eram voluntários em idade adequada para lutar, com bom preparo físico e bem equipados. Já o exército de Francisco compunha-se de homens de 50 anos, meninos de 14 e até aleijados. Apesar do elegante uniforme paraguaio, fabricado na França, só 40% carregava armas.

Selo postal com imagem de Solano López.

Algumas delas eram tão antigas, que ainda tinham a marca de fabricação da Torre de Londres, cujo arsenal foi destruído por um incêndio em 1842. A maioria era usada de forma incorreta. Os soldados carregavam pouca munição. E, além de escassa, eles cortaram as balas de chumbo para caçar patos e o atrito dessas balas corroía as estrias dos canos das armas. O restante da tropa estava armado com lanças e facas de fabricação doméstica. O coronel Thompson comentou que, do ponto de vista estratégico, teria sido muito mais sensato enviar metade dos soldados para cultivar a terra e, assim, a escassez de víveres no Paraguai poderia ter sido evitada.

Além disso, as lanças da cavalaria paraguaia eram pelo menos trinta centímetros e, às vezes, um metro mais curtas que as lanças dos soldados aliados. As armas da artilharia paraguaia eram tão antiquadas, que *Sir* Richard Burton disse em tom de ironia que López tinha "comprado todas as antigas espingardas sem estrias nos canos, usadas antigamente como lixeiras nas esquinas das ruas de Montevidéu".

"As armas pareciam com as usadas em Woolwich Common", disse Thompson. Os artilheiros não haviam recebido um treinamento adequado. "Os soldados armados com espingardas e os artilheiros paraguaios não sabiam alinhar a mira das armas e as elevavam muitos metros acima do alvo, de acordo com a distância."

Mesmo assim, os atiradores paraguaios eram melhores do que os brasileiros, cujas táticas, segundo Thompson: "consistiam em atirar enquanto tivessem armas e munição, independente do alvo e, assim, poderiam matar um amigo ou um inimigo, ou ambos, como em geral acontecia".

Os exércitos aliados tinham ainda a desvantagem de serem desorganizados. Os generais brasileiros não gostavam de receber ordens do general Mitre, comandante das tropas aliadas. Mitre tinha uma formação mais acadêmica que militar – traduzira o *A divina comédia,* de Dante Alighieri, para o espanhol e havia escrito a biografia do general Belgrano. E era, ainda, um otimista irrecuperável. A guerra que, segundo ele, terminaria em três meses, prolongou-se por cinco anos. Mas, López também imaginara que a guerra terminaria em três meses, embora, é óbvio, com um resultado diferente. O general Mitre e o *marescal* López perderam 50 mil homens, tanto civis quanto soldados, de doenças e inanição antes da primeira grande batalha.

No contexto diplomático, os paraguaios estavam em uma situação bem mais delicada que os aliados. López atraíra a oposição do mundo ocidental ao infringir as normas da legislação internacional e ao iniciar uma guerra sem uma declaração formal. Se o Paraguai tivesse decidido declarar guerra para defender o Uruguai, contra a ofensiva do Brasil, López teria conquistado o apoio internacional por ajudar uma vítima constante de conjunturas sociais e políticas adversas. Mas ele conseguira que três vizinhos poderosos, sendo que dois deles eram rivais tradicionais, se unissem contra ele. Em outras circunstâncias a Grã-Bretanha ou a França poderiam apoiá-lo, mas o tratamento terrível infligido aos cidadãos dos dois países somado a perseguição aos embaixadores causaram uma indignação internacional.

López também não tinha uma estratégia militar definida. No entanto, como queria ser o imperador do rio da Prata, Thompson aconselhou-o a levar o exército ao sul de Corrientes até Entre Rios, onde o governador

A batalha do Riachuelo, um dos mais sangrentos episódios da Guerra do Paraguai.

dissidente Urquiza o encontraria. Elisa também o pressionava a atacar Buenos Aires, furiosa com os insultos publicados nos jornais argentinos. É possível que fosse uma estratégia vitoriosa. "López teria vencido a guerra se houvesse atacado logo no início Buenos Aires ou Montevidéu e, com a ameaça de bombardear as cidades, obrigaria o governo a fazer um acordo de paz com o Paraguai", disse Masterman. E, assim que controlasse o rio Paraná até Buenos Aires, seria quase impossível o Brasil atacá-lo. "Mas, diante dos acontecimentos, os aliados o acharam insignificante", escreveu Thompson em seguida.

Enquanto Elisa estava furiosa com a Argentina, López ficara louco de raiva com o Brasil, e decidiu invadir o Rio Grande do Sul. Doze mil soldados sob o comando do coronel Antonio de la Estigarribia, partiram de Encarnación e seguiram pelo rio Paraná em direção à província de Misiones. Mais de 25 mil soldados comandados pelo general Wenceslao Robles atravessaram a província de Corrientes. As duas divisões dirigiam-se para a fronteira do Brasil. Em 3 de junho, Robles chegou à pequena cidade de Goya, onde encontrou um piano novo na casa do señor Delfino e o enviou para Elisa, com a intenção de agradá-la. Mas ela não lhe deu atenção. Robles era um torturador cruel e impiedoso, e sua habilidade de extrair confissões dos inimigos de Francisco foi o que conquistou a confiança do presidente.

Outra reprsentação artística da batalha do Riachuelo.

A influência de Robles sobre Francisco rivalizava com a influência de Elisa. Um piano como presente não iria salvá-lo de seu destino.

Com o Exército paraguaio a caminho do Rio Grande do Sul, o Paraguai ficou vulnerável ao ataque por rio. O Brasil reuniu uma frota de vinte navios de guerra, com munição suficiente para destruir os noventa soldados em Humaitá. Os marinheiros brasileiros diziam orgulhosos que os paraguaios sairiam do forte, assim que vissem os navios se aproximando. Apesar dessa presunção, os brasileiros foram extremamente cautelosos. A frota ficou ancorada por algumas semanas em Buenos Aires e, em seguida, dez embarcações de guerra subiram o rio e levaram 42 dias para percorrer mais de 900 quilômetros. Quando se aproximaram de Corrientes, ficaram a uma distância segura, fora do alcance das armas dos soldados paraguaios, e começaram a bloquear o rio.

López percebeu que estava muito vulnerável e decidiu fazer uma manobra militar ousada. Enviaria sua frota de navios a vapor movidos a rodas de pá para capturar os barcos brasileiros. Mas, desta vez, López queria ter seu momento de glória e, em 2 de junho de 1865, fez um discurso patriótico:

> Cidadãos, o curso da guerra em que nossa pátria está envolvida não me permite mais ausentar-me do campo de batalha. É preciso, agora, lutar ao

lado de meus companheiros de armas. Sinto necessidade de participar pessoalmente dos esforços dos bravos e leais defensores de nosso país. Ao me ausentar por algum tempo do ceio de minha terra natal, levo comigo a confiança e a certeza de que a administração do Estado será exercida com lealdade, devoção e patriotismo.

López partiria de Assunção com a frota, em 8 de junho. A população inteira da cidade compareceu ao porto, com medo de incorrer em uma afronta imperdoável se não se manifestasse. As pessoas esperaram no cais o dia inteiro, até que no final da tarde López chegou em sua carruagem com Elisa. Washburn observou: "Houve algumas tentativas de gritar viva."

O HMS *Doterel* [uma embarcação de guerra pequena com canhões], que estava no porto, fez uma manobra para saudar o herói quando ele embarcou no *Tacuari,* e a frota partiu à noite. Porém, López não participaria da batalha. O Congresso promulgara uma lei que o proibia de arriscar sua vida. Então, ele desembarcou em Humaitá.

No momento em que os soldados se preparavam para partir, perguntaram a López: "O que devemos fazer com os soldados brasileiros? Matá-los?" "Não", respondeu López sem hesitar. "Tragam alguns prisioneiros."

A ofensiva seria comandada pelo almirante Pedro Ignácio Meza, cujo único "mérito" que o recomendaria a Júlio César era o fato de ser gordo. Na verdade, ele era gordo, velho, doente e "tão ignorante das táticas militares navais como um índio guaicuru" – uma tribo que vivia longe do rio em Gran Chaco. A frota partiria de Humaitá à meia-noite, e atacaria os brasileiros desprevenidos ao amanhecer. Mas, assim que partiu, um dos navios encalhou. O esforço fracassado de desencalhá-lo atrasou a partida. Em vez de uma hora, as embarcações demoraram três horas para chegar a Três Bocas e ao rio Paraná. Quando a frota paraguaia apareceu no local do bloqueio o Sol já brilhava no céu, e os soldados brasileiros viram que navios se aproximavam. Em vez de voltarem com segurança para Humaitá, os paraguaios continuaram a seguir o curso do rio. O plano seria: passar ao largo dos brasileiros, depois dar meia-volta e atacá-los. No entanto, a estratégia de ataque fora mal planejada. Primeiro, deu oportunidade para os navios brasileiros se prepararem. Depois, os paraguaios tiveram dificuldade de encontrar um lugar largo o suficiente para fazer a curva. Nesse ínterim, o segundo navio paraguaio foi destruído, desta vez por um pelotão de artilharia localizado na margem do rio, e o terceiro encalhou na lama.

O único local onde os navios poderiam fazer a curva seria na foz do Riachuelo, um pequeno afluente do rio Paraná, no lado de Corrientes. Mas quando os navios de López chegaram à foz do rio, os brasileiros os haviam alcançado. Os paraguaios começaram a atirar no navio principal, mas os tiros danificaram mais os navios da própria frota. Por sua vez, os brasileiros também não tinham experiência em táticas navais e os navios começaram a bater uns nos outros. Em meio a essa confusão, os soldados paraguaios conseguiram capturar um navio brasileiro. Agora poderiam aprisionar a frota inteira. O almirante Meza deu ordens aos soldados para prenderem os navios inimigos com arpões, mas haviam deixado as armas em Assunção. Tiros disparados por militares brasileiros jogaram um grupo de paraguaios na água e a frota brasileira, agora sob o comando de um engenheiro italiano, atacou a tiros os navios paraguaios. O reflexo rápido do engenheiro inglês John Watts, a bordo do *Tacuari*, evitou que quatro navios paraguaios fossem destruídos. Ficaram um pouco danificados, porém, não foram atingidos pelos projéteis brasileiros, que pesavam de 50 a 70 quilos, porque as armas não tinham uma inclinação suficiente para serem usadas em combates a curta distância; algumas balas dos canhões brasileiros foram encontradas a mais de oito quilômetros de distância da margem do rio. Alguns paraguaios nadaram até a margem, em uma tentativa de fugir por Chaco. Os brasileiros enviaram um barco para matá-los, mas os paraguaios mataram a tripulação e usaram o barco para escapar. Os soldados brasileiros também tentaram incendiar o *Paraguari*, um navio a vapor de guerra, que López comprara na Inglaterra por 50 mil libras. Mas, o barco era de ferro, e o fogo não o destruiu. Os paraguaios conseguiram rebocá-lo, e mais tarde, ele foi útil na guerra, como sucata quando o ferro escasseou.

Meza foi atingido no pulmão por um tiro de mosquete. López teve um acesso de fúria quando soube que a frota paraguaia fora derrotada, e enviou uma mensagem ao chefe de sua esquadra dizendo que era melhor que morresse dos seus ferimentos, caso contrário seria fuzilado por incompetência. Obediente, Meza morreu ao receber a mensagem. Por ter salvado o que sobrara da Marinha paraguaia, Watts foi condecorado com a ordem mais simples da *Légion d'Honneur*. Três anos depois, foi preso, torturado e fuzilado como traidor. Os soldados brasileiros, que se distinguiram na batalha tiveram uma recompensa melhor. O engenheiro italiano responsável pela vitória do Brasil ganhou 500 onças de ouro e a patente de tenente-coronel, enquanto o almirante que supostamente estaria se encarregando da ofensiva, mas que se embriagara e havia ficado o tempo inteiro da batalha escondido em sua cabine, recebeu o título de barão. Em qualquer outro país, disse Thompson, ele seria julgado por uma corte marcial por covardia, além de ter permitido que os navios paraguaios fugissem, sem ao menos tentar persegui-los. O padrão oposto de recompensa e castigo continuaria ao longo da guerra. Dom Pedro II deu ricas recompensas aos que desonraram a bandeira paraguaia com atos de "covardia" ou "estupidez", enquanto Francisco retribuía a lealdade e a coragem com prisão, tortura e morte.

Depois dessa derrota, Elisa organizou uma nova série de bailes para arrecadar recursos, os homens pagavam uma "contribuição" e as mulheres entregavam suas joias. É evidente que essas contribuições foram inúteis no desenrolar da guerra. Com o rio bloqueado, o dinheiro e as joias não puderam ser usados para comprar munição no exterior e, dentro do país, López conseguia tudo que o exército precisava sem pagar indenização. Mas, como só havia duas alternativas: pagar quando López exigia ou ir para a prisão, muitos paraguaios começaram a guardar dinheiro e objetos de valor com o embaixador americano, para que não caíssem nas mãos de Elisa.

A derrota no rio Riachuelo foi um golpe duro. Se os paraguaios tivessem capturado a frota do Brasil, agora estariam controlando o rio até Montevidéu. As tropas brasileiras não poderiam subir o rio Paraná para atacá-los, e o governo do Paraguai ditaria os termos do acordo com a Argentina. Em vez disso, o Paraguai não tinha acesso ao mar e estava em uma posição vulnerável. Sem se abalar, López continuou o plano ambicioso de conquistar o Rio Grande do Sul, mas esse projeto também fracassou.

Robles, talvez o mais competente general do Exército paraguaio, ao saber da derrota da Marinha no rio Riachuelo, percebeu que o país estava vulnerável ao ataque no rio, e tomou uma decisão estratégica sensata para defendê-lo. Mas, nem Elisa nem Francisco lhe dariam apoio. Ela descobriu que Robles recebera diversas cartas do inimigo, e supôs que ele estava avaliando uma proposta de Mitre, para lhe dar o comando da Legião dos Paraguaios Livres, um grupo de dissidentes que se reuniu em Buenos Aires sob

Coronel Antonio de la Cruz Estigarribia.

o comando do coronel Decoud. López enviou Barrios para prender Robles, que foi levado algemado para Humaitá, e junto com seus subordinados, foi fuzilado como traidor.

Enquanto isso, o coronel Antonio de la Estigarribia atravessava a província de Misiones sem encontrar resistência. Nesse trajeto perdeu o trem de suprimentos, porque os maquinistas não conheciam as estradas e não sabiam ler mapas. Decidido a conquistar o Rio Grande do Sul e seguir para Montevidéu, Estigarribia cruzou o rio Uruguai e entrou na cidade brasileira de São Borja com a maioria de suas tropas. Dois mil soldados sob o comando do seu subordinado imediato, major Duarte, ficaram na margem direita do rio para proteger sua retaguarda. As tropas caminharam nas duas margens do rio comunicando-se com a travessia de canoas. Em 6 de agosto de 1865, Estigarribia conquistou a importante cidade brasileira de Uruguaiana, enquanto Duarte ocupava Yatai na outra margem do rio. De repente, Duarte foi atacado por soldados brasileiros e uruguaios, e os dois mil soldados sob seu comando reduziram-se rapidamente a trezentos. Duarte enviou uma mensagem desesperada a Robles com um pedido de ajuda, sem saber que este não lhe podia ajudar. Ainda pior, a mensagem foi interceptada pelas tropas aliadas. Nela, Duarte mencionou que López dera ordens de matar todos os prisioneiros aliados. Isso selou o seu destino. Ele e seus soldados foram massacrados. A notícia agradou a Francisco. Agora, os aliados sabiam que os paraguaios lutariam até o último homem.

Quando Estigarribia tentou recuar pelo rio Uruguai para ajudar Duarte, encontrou a passagem bloqueada por navios de guerra brasileiros comandados pelo almirante Tamandaré. Em seguida, o conde d'Eu, genro do imperador do Brasil, e rival de Francisco no casamento com a princesa Isabel, chegou com um reforço de trinta mil soldados. As tropas paraguaias tinham poucos combatentes em comparação com as forças aliadas, mas quando os aliados ofereceram a chance de rendição, Estigarribia respondeu com uma longa e orgulhosa carta, que começava com as seguintes palavras:

> Viva La Republica de Paraguay
> Vossas Excelências, o direito sagrado de liberdade não será maculado por mim. O pensamento da morte não nos assusta. Apesar da perspectiva de meus ossos e os de meus heroicos legionários terem como único sepulcro as ruínas de Uruguaiana, nossos espíritos livres e orgulhosos se elevarão ao céu...

Ao longo da carta, Estigarribia acusou os argentinos de iniciarem a guerra, ao desonrarem o nome do governo do Paraguai nos jornais de Buenos Aires.

No dia seguinte, os aliados ofereceram-lhe uma segunda oportunidade de capitular, com a lembrança que a tríplice aliança tinha como objetivo libertar o Paraguai da tirania de López e que, além disso, era numericamente superior. Desta vez, Estigarribia respondeu com uma carta ainda mais longa, na qual perguntou como os aliados podiam dizer que libertariam o povo paraguaio, quando o Brasil era um país escravocrata, com quase quatro milhões de escravos africanos, oito vezes o número de cativos levados para os Estados Unidos. Fez também uma comparação com a batalha de Termópilas, em que Leonidas e os trezentos soldados de Esparta enfrentaram um enorme exército persa. A história continua, e quando um soldado disse a Leonidas que os inimigos eram tão numerosos que suas flechas escureceriam o Sol, Leonidas respondeu: "Tanto melhor, lutaremos na sombra."

Na carta aos comandantes aliados, Estigarribia escreveu: "Quando enumeram suas tropas e as armas de artilharia, eu respondo a Vossas Excelências: 'Tanto melhor, a fumaça dos canhões será a nossa sombra.'"

Na terceira tentativa de rendição, a munição e a retórica de Estigarribia tinham terminado, e os soldados haviam comido o último cavalo. Ele se

Rendição do general Antonio de la Cruz Estigarribia (representação).

rendeu, e foi morar no Rio de Janeiro onde, diziam, suas despesas diárias igualavam-se ao salário anual no governo de López.

Elisa planejara um grande baile para comemorar a vitória da batalha de Riachuelo, que, por circunstâncias óbvias, foi rapidamente marcado em outra data para celebrar a conquista de Uruguaiana. A cidade foi decorada com delicados arcos triunfais feitos de lã e tecido, cobertos de elogios ao grande López.

"A engenhosidade do povo em encontrar tantas expressões sobre o mesmo tema foi maravilhosa", comentou Washburn. Ele citou algumas: "O grande homem, o guerreiro inigualável, o pai do povo, o defensor do país, o grande pacificador, o incentivador do progresso nacional, o defensor da independência, o guardião da liberdade, o herói destemido..." É claro que grande parte do tom de ironia desapareceu na tradução.

Quando as notícias da rendição de Estigarribia chegaram a Assunção, Elisa deu ordens para que a informação só fosse divulgada para o povo depois do baile. Ela e von Wisner abririam o baile com um brinde ao herói de Uruguaiana, general Estigarribia. Mas, López estava em um estado de fúria tão grande, que se recusou a comparecer ao evento. Então, Elisa mandou fazer um quadro a óleo do *General* sentado, em toda a sua pompa, no trono, e os homens foram obrigados a se inclinarem e as mulheres a fazerem uma reverência à frente da pintura.

O baile, em tese, seria uma ocasião alegre, mas durante as gavotas e as mazurcas, Elisa viu uma das damas de companhia, señora Jovellanos, aos prantos. Quando ela lhe perguntou por que estava chorando, ela disse que recebera há pouco tempo a notícia que o marido morrera no campo de batalha. Na realidade, ele fora preso, mas a señora Jovellanos não teve coragem de dizer a verdade. "Você deve se alegrar", disse Elisa. "É um grande privilégio morrer por seu país."

Nessa noite, Mme. Lynch foi uma anfitriã perfeita. Estendeu a mão para que os homens a beijassem, e elogiou as roupas e as joias das mulheres. As senhoras de Assunção tinham recebido a ordem de usar todas as suas joias, para que Elisa fizesse um inventário. Claro que tinha também guardado outro insulto para elas. À meia-noite, ficou na porta do salão de baile e cumprimentou as *peinetas de oro,* que chegavam à festa como suas convidadas especiais. Quando as senhoras expressaram o horror de compartilhar o mesmo espaço das prostitutas, Elisa disse que em uma ocasião patriótica como essa, todas as classes sociais deveriam se misturar. Masterman lembrava-se de ter visto a señora Jovellanos, "uma pessoa tímida e gentil", ao lado de "cortesãs sem o menor pudor, e com Elisa no papel de mestre de cerimônias, foi obrigada a cantar um 'hino patriótico' em homenagem a López, enquanto o marido estava na prisão com grilhões nos pés". Em segredo, as senhoras de Assunção comentaram que Elisa se misturara a mulheres iguais a ela, mas não viram que as *peinetas de oro* tinham no cabelo, com frequência, pentes de ouro que pesavam de três a quatro onças, ouro que terminou pouco depois nos cofres de Madame Lynch.

A "vitória" de Estigarribia não poderia ser mantida em segredo por muito tempo. Barrios agora recuava com o que havia restado das tropas de Robles, enquanto Francisco, trancado no quarto, não podia acreditar que os acontecimentos da guerra tinham sido tão desastrosos para o Paraguai. Recusava-se até a falar com Panchito, seu filho preferido. A única maneira que Elisa encontrou para animá-lo foi a sugestão de o *El Semanario* publicar um artigo acusando Estigarribia de traidor, ao se "vender para os argentinos por 10 mil pesos". Quando o artigo foi publicado, houve mani-

Soldados paraguaios mortos em trincheiras.

festações nas ruas. Os manifestantes queimaram o retrato de Estigarribia. Seus bens foram confiscados e prenderam sua família.

A estratégia desastrosa de Francisco causou a perda dos melhores navios da Marinha paraguaia e a morte de quase 21 mil soldados. No total, quarenta mil paraguaios haviam perecido desde o início do recrutamento e dez mil tinham sido presos pelas forças inimigas. A diarreia e a disenteria provocaram uma devastação nas tropas, e as epidemias de varíola e sarampo mataram milhares de soldados. O saque em Corrientes foi o único lucro da aventura de Francisco na Argentina, além de cem mil cabeças de gado, que foram trazidas pelo rio. Mas, infelizmente, as vacas não estavam habituadas à vegetação do Paraguai e morreram envenenadas. Os vapores exalados de suas carcaças em decomposição afetaram seriamente a saúde das tropas restantes.

Os aliados poderiam ter dizimado o Exército paraguaio durante a retirada de Barrios. Porém, o medo infundado de afogar em águas rasas e a hipótese de os paraguaios terem fortificações escondidas nas margens do rio impediram que continuassem a lutar. Enquanto isso, o *El Semanario* continuava a comparar López com heróis da Antiguidade. Um americano malicioso sugeriu que deveriam acrescentar à lista de citações o nome de Cincinnatus. Aparentemente, ninguém no jornal sabia que Cincinnatus fora um magistrado romano investido pelo Senado com o poder de ditador em uma época de crise, e que depois de derrotar o inimigo, em um único dia, renunciou ao cargo e voltou para sua fazenda. López não só fracassara em derrotar o inimigo em um ano, quem dirá em um dia, como não tinha a menor intenção de renunciar ao poder. Como um dos biógrafos escreveu: "Ele sempre acreditou que existiam pessoas para as quais a única aspiração na vida era a de que o imperador passeasse em cima de seus túmulos."

Francisco Solano López anunciaria em breve uma nova política mais rígida. Em um dos *beso manos* – "beija-mão" – em seu quartel-general ele advertiu os oficiais: "Cuidado. Até agora perdoei as ofensas e senti prazer em perdoá-las. Mas, a partir de hoje, não perdoarei nenhuma."

"A expressão em seu rosto deu uma dupla ênfase às suas palavras", disse uma testemunha. "Quando olhei para o grande círculo de oficiais, inclinando-se quando ele saiu da sala, vi muitos rostos lívidos entre os militares, porque sabiam que López manteria suas palavras."

9
A rainha do cerco

Mesmo o grande López não tinha o dom da ubiquidade. Ele planejara fazer uma estadia rápida em Humaitá, para saborear a glória da vitória em Riachuelo. Mas agora, com o Exército aliado nas portas do Paraguai, teve o pressentimento que ficaria em Humaitá por muito tempo. Com seu afastamento, Elisa havia assumido o papel, em Assunção, de regente do Paraguai.

Seu primeiro ato como a regente foi a publicação de um comunicado em *El Semanario*, no qual pedia que as mulheres do Paraguai dessem mais joias ao governo, como um "testemunho da gratidão pela proteção do general López na defesa do país contra a invasão dos inimigos bárbaros". As senhoras também deveriam se apresentar como voluntárias para o exército – "e pedir permissão de terem armas e lutarem ao lado dos seus irmãos".

"Essa demonstração de patriotismo foi rejeitada", escreveu o coronel Thompson. Mas, pelo menos vinte jovens do vilarejo de Areguá receberam lanças e uniformes, que consistiam em vestidos brancos com faixas tricolores e uma espécie de chapéu escocês, desenhado por Elisa. As jovens marcharam em Assunção cantando hinos patrióticos.

Elisa visitou um hospital extremamente precário em Assunção, onde os "sortudos" entre os feridos dividiam a cama com um companheiro. Outros deitavam no chão ou se amontoavam em meio às colunas do lado de fora do hospital. Com o prolongamento da guerra, mais de mil homens internaram-se nessa instituição de saúde, que tinha a capacidade de atender a trezentos pacientes. Masterman, que trabalhava nesse local, disse que cinquenta mil homens morreram em hospitais paraguaios durante a guerra. As mulheres que queriam demonstrar seu patriotismo se ofereciam

Acampamento em Lambará, lado esquerdo do Forte Humaitá.

para trabalhar como enfermeiras, ou a polícia as obrigava a serem voluntárias. As meninas bonitas de 16 anos eram menos úteis como enfermeiras, escreveu Masterman, mas divertiam os feridos com seus flertes.

Elisa também tinha de manter seu perfil internacional. Os embaixadores estrangeiros eram convidados com frequência para jantar, e diziam que seu palácio era o único lugar no Paraguai, que se fazia uma refeição civilizada e servida de maneira adequada. Receber com esse estilo luxuoso era dispendioso, e a anfitriã decidiu ir ao Tesouro público para pedir quatro caixas de moedas de ouro ao ministro das Finanças, Saturnino Bedoya. Quando Dom Saturnino recusou, ela disse que sabia que ele visitava doña Juana todas as tardes. Disse saber que a família López estava conspirando contra Francisco, e correspondia-se com o comandante das forças aliadas, general Mitre, por intermédio do embaixador francês Cochelet.

As acusações tinham algum fundo de verdade, porque as quatro caixas de moedas de ouro foram entregues no palácio naquela mesma noite. Segundo o renomado estudioso paraguaio, Dr. Cecilio Báez, que foi presidente do Paraguai de 1905-1906, essas caixas de moedas foram colocadas em *La Ardita,* uma corveta italiana que conseguiu passar pelo bloqueio, e foi entregue ao agente de Elisa em Paris, Antoine Gelot, junto com uma consignação de joias. Não se pode culpá-la. Francisco já tinha contrabandeado grandes somas de dinheiro do país a bordo do navio de guerra francês *La Decide*, como uma medida de precaução contra eventuais conflitos contra ele.

Além de enviar dinheiro e joias para o exterior, Elisa comprava imóveis e, aproveitando-se de sua posição de poder, nem sempre tinha escrúpulos ou ética ao adquiri-los. Escreveu Washburn:

> Madame Lynch, prevendo a derrota de López, ocupa-se em comprar uma grande parte das melhores propriedades do país. Os proprietários não têm alternativa a não ser aceitar suas condições de compra. Sempre paga em dinheiro paraguaio, que terá pouco ou nenhum valor, se López for derrotado, além de ter um estoque ilimitado de dinheiro por ordem de seu amante. Quando faz uma oferta de compra a uma casa ou a um prédio, o proprietário não ousa recusar, porque ela tem o poder e a intenção de castigá-lo se rejeitar sua proposta; e, portanto, as barganhas são, na verdade, confiscos de propriedade em benefício de Madame Lynch, que, por sua vez, dá o que quer para caridade.

Esses negócios escusos já aconteciam na época de Carlos. Carlos fazia uma escritura de transferência de qualquer propriedade que quisesse, e depois invalidava o documento. E no governo de Francisco, as propriedades dos presos políticos e dos desertores, reais ou supostos, e com frequência as de seus parentes, eram confiscadas para o Estado.

Logo Elisa tornou-se a maior proprietária de terras e de imóveis do mundo, com mais de 22 milhões de acres rurais e 26 valiosos imóveis urbanos em seu nome. Nenhuma mulher no mundo a igualava. Em sua defesa, alegava que Benigno tinha vendido suas propriedades por um preço abaixo do mercado, e ela temia um colapso. Ela também dizia que dava um recibo ao proprietário e a garantia que este receberia sua propriedade depois da guerra, pelo preço exato que pagara, sem juros, como se alguém tivesse a coragem de exigir o pagamento de juros. Com Elisa no controle do governo, o Paraguai transformou-se em uma cleptocracia. Os cavalos e o gado eram confiscados. As casas eram saqueadas e as pessoas perdiam suas roupas de cama, roupas pessoais e utensílios de cozinha. E, embora todos soubessem que seus bens aumentariam as fortunas pessoais de Francisco e Elisa, eram obrigados a dizer que estavam contribuindo voluntariamente para o esforço da guerra.

Mas, a madame foi acusada de um crime ainda mais chocante. No vilarejo de Caacupé, a mais de 60 quilômetros de Assunção, havia uma igreja que abrigava uma estátua famosa de Nossa Senhora. No final do século XVIII, a filha do chefe do distrito adoeceu. A mãe da criança rezou para a

Virgem e jurou que, se a filha se recuperasse, ela daria uma pulseira valiosa à Nossa Senhora. Esse juramento funcionou. A criança se recuperou, e a mãe presenteou a santa com uma pulseira. Mães de outras crianças doentes seguiram o exemplo, e deram joias caras à Virgem. Quando a notícia da recuperação milagrosa de uma dessas crianças chegou aos ouvidos do bispo de Assunção, ele fez uma peregrinação a Caacupé, onde a Virgem fez um milagre para ele. Em seguida, escreveu uma carta episcopal reconhecendo o culto da Nossa Senhora de Caacupé e, na década de 1860, as pessoas já vinham presenteando a estátua com adornos valiosos há mais de oitenta anos. Segundo Washburn, havia também diversos casos de joias de qualidade inferior, mas "logo depois acontecia alguma coisa terrível com as pessoas que tinham agido de 'má-fé'". Por esse motivo, todos sabiam que as joias que enfeitavam a Virgem de Caacupé eram muito valiosas.

Assim que tomou conhecimento da existência desse culto, Elisa teve uma discussão teológica, a respeito da Virgem de Caacupé, com bispo Palacios. Aos olhos do Senhor, disse, vidro tem o mesmo valor de diamantes. Palacios concordou que o Santo Deus não se preocupava com "questões temporais dessa natureza". Então, Elisa argumentou que a substituição das joias do santuário de Nossa Senhora de Caacupé por imitações, não faria diferença para Deus. Até Palacios ficou chocado com a sugestão de substituir os adornos valiosos por cópias baratas, porque as pessoas haviam sacrificado seus bens como testemunho da fé. Mas, Elisa objetou que o Reino dos Céus se preocupava com o valor espiritual e não com o material, e Palacios foi obrigado a concordar com ela.

Logo depois, ela fez uma peregrinação a Caacupé. Viu a estátua de Nossa Senhora coberta dos pés a cabeça de brilhantes e todos os tipos de pedras preciosas. "Só o diadema, parecido com a coroa dos Andes, valia o resgate de um rei", dizia um relato.

> Os brincos penduravam-se de suas orelhas, os dedos eram cheios de anéis, e ao redor do pescoço esguio havia colares de pérola de um valor inestimável doados por peregrinos devotos que, quando não tinham mais lugar na estátua para pôr joias ou enfeitar seu vestido, colocavam as oferendas aos seus pés, como se estivesse de pé em um mar de joias.

A Virgem era vigiada por um eremita, que diziam ser um leproso, e havia o hábito de os fiéis fazerem uma pergunta à Virgem. Ela respondia com um aceno da cabeça; para conseguir a resposta desejada, era aconselhável dar um dólar de prata ao leproso.

Palacios pagou ao leproso, e Elisa perguntou à Virgem se ela daria suas joias em benefício do Paraguai. Aparentemente, houve uma pequena pausa antes do aceno da Virgem. "A Senhora daria as joias para garantir a paz?", perguntou Elisa. A Virgem fez outro aceno com a cabeça. Em seguida, questionou se os paraguaios venceriam a guerra. A Virgem deixou claro que estava do lado de Francisco.

Depois das perguntas, Elisa tirou todas as joias da estátua e vestiu a imagem de Nossa Senhora com o traje de Elisabeth I, que usara no baile à fantasia. Quando o papa João Paulo II visitou Caacupé, em sua viagem ao Paraguai em 1988, notou algo estranho no vestido da estátua. Elisabeth I, chamada de a Rainha Virgem, apesar das boas razões para duvidar de sua castidade, era uma devota protestante.

Os defensores de Elisa insistem que a história não é verdadeira. Eles afirmam que o costume de oferecer joias à Virgem de Caacupé só começou depois da guerra, embora, segundo o embaixador Washburn, essa tradição já existia há quase um século, desde sua chegada ao Paraguai. Mesmo se Elisa houvesse tirado as joias da estátua, alegam seus seguidores, teria sido para ajudar a guerra, e não por um ganho pessoal. Mas, apesar de ser possível contrabandear dinheiro e joias para o exterior, os armamentos e suprimentos não poderiam ser comprados pelo território da Argentina, por causa do bloqueio do Brasil. Além disso, como comentou um visitante inglês na época, "o comércio com a Bolívia era insignificante em razão das dificuldades quase insuperáveis de comunicação". Na verdade, não havia nenhum estímulo ao comércio com a Bolívia. Um dos torturadores de López, capitão Adolfo Saguier, disse que os comerciantes e os soldados bolivianos, que estavam lutando no Paraguai ao lado de Francisco haviam sido "sacrificados".

Agora, com uma confortável aposentadoria, Elisa empacotou suas roupas, roupas de cama, louças, joias e o piano Pleyel e partiu para Humaitá, que estava sendo bombardeada por couraçados brasileiros. Ao chegar, Francisco perguntou-lhe o que viera fazer em Humaitá, porque, supostamente, deveria estar administrando o governo em Assunção: "A sede do governo é onde você está", respondeu Elisa.

Embora o forte de Humaitá fosse chamado de "Sebastopol da América do Sul", *sir* Richard Burton não ficou impressionado ao visitá-la, apesar de os brasileiros já terem explodido a cidadela antes de sua visita. A posição estratégica de Humaitá, e não as fortificações, garantia seu poder defensivo. O forte fora construído em uma curva fechada do rio e, portanto, o fogo da artilharia poderia se concentrar em qualquer barco que surgisse na curva. A margem do rio tinha de seis a nove metros de altura, com pântanos tanto no sentido da nascente quanto da foz. No entanto, apesar de os soldados paraguaios terem impedido que os couraçados brasileiros subissem o rio, em direção a Assunção, os navios ficaram fora do alcance de tiro das armas paraguaias e os soldados brasileiros bombardearam o forte.

Mesmo o quartel-general de Francisco sendo oficialmente em Humaitá, ele escolhera morar em Paso Pucú, no interior, a alguns quilômetros de distância do rio e a salvo dos combates. Sua casa era protegida por uma fortificação construída pelo coronel Thompson. Em Paso Pucú, Francisco e Elisa continuaram a "manter as aparências", por isso moravam em casas separadas, o que permitia que Francisco recebesse outras amantes. Em sua casa, ao lado da de seu amante, Elisa plantou gerânios em canteiros enfeitados com seixos brancos nas bordas. Construiu um cemitério na colina acima do forte, para enterrar os 13 ingleses que morreram na batalha de Riachuelo e, apesar de estar cercada por morte, durante o bombardeio, colocava flores todos os dias em seus túmulos.

Elisa fez também um pequeno trabalho humanitário em Humaitá. Quando o general Díaz teve sua perna amputada pelo Dr. Frederick Skinner, ela foi em sua carruagem pegá-lo no hospital. Além do general, ela levou para Humaitá a perna amputada, guardada em um pequeno caixão. Díaz morreu alguns dias depois, e enviaram seu corpo para Assunção onde seria enterrado. Ela recomendou que as senhoras da cidade colocassem joias no túmulo do general. Ao ler a notícia em *El Semanario*, o coronel Thompson comentou que o artigo não dizia o que acontecera com as joias depois.

Apesar de estar grávida de novo, Elisa não demonstrava medo, e andava por todos os lugares mesmo durante os bombardeios, enquanto López protegia-se covardemente em um abrigo. Uma das estruturas do forte foi batizada com o nome de Elisa Lynch, e quando Burton visitou Humaitá, notou que algumas escadas e passagens das fortificações estavam cobertas com peles de animais e tapetes. Isso era uma "precaução incomum, para esconder as anáguas que cobriam os tornozelos", escreveu. "A corajosa sra. Lynch dirige as operações de guerra, desses lugares." As peles e tapetes impediam que as tropas de Francisco olhassem por baixo de sua saia enquanto ela comandava a batalha. Em outros relatos, Elisa usava um uniforme de coronel do Exército paraguaio no campo de batalha. Mas, se os soldados paraguaios corriam o risco de se distraírem só com seus "tornozelos", a visão de Elisa vestida com calças justas de montaria faria com que perdessem qualquer batalha.

De acordo com Cunninghame, mesmo as pessoas que a detestavam ou a temiam, "não conseguiam conter a admiração por sua beleza e pela sua coragem em meio à batalha". Washburn também comentou sua coragem, em contraste com a pusilanimidade de López, e escreveu que ela "arriscava a vida em lugares onde o perigo era maior". Porém, acusava-a de estimular a covardia inata e os medos de Francisco, para aumentar a sua influência sobre ele.

Na verdade, Francisco não corria perigo. As fortificações de Thompson transformaram seu quartel-general em um reduto reforçado, praticamente à prova de bombas. Mas, Elisa sempre lhe pedia para não arriscar sua preciosa vida expondo-se ao perigo de uma bala perdida. Às vezes, um projétil atingia a casa em Paso Pucú, mas qualquer buraco de bala era logo tapado e pintavam a parede para manter a impressão de que a moradia era invulnerável.

Finalmente, quando o fragmento de uma bomba caiu no telhado da casa, Francisco mandou construir uma casamata blindada, um abrigo de 2,80 metros de ferro e madeira, coberto com uma camada de terra com a espessura de 3 metros e outra de ferro, onde poderia se abrigar durante os bombardeios. Seu cavalo era selado todos os dias, antes de amanhecer, caso precisasse fugir. A manta dourada de sua sela foi virada ao avesso, López não vestiu mais seus uniformes extravagantes, e adotou o hábito de usar um chapéu de palha. Além disso, proibiu sua escolta de utilizar os capacetes de latão, porque poderiam chamar a atenção de francoatiradores.

O Exército paraguaio teve sorte em contar com o comando de Elisa, com sua coragem e frieza no auge da guerra. Um dia, quando esperavam um ataque, López fugiu ao amanhecer, sem deixar ordens e abandonando a amante e os filhos. Mas, ela foi procurá-lo. Encontrou-o por volta de meio-dia, escondido atrás de uma colina. Enquanto conversavam, duas balas passaram a quase dois quilômetros de distância. López achou que era o alvo das balas e fugiu de novo.

"López tinha uma espécie peculiar de coragem", disse Thompson. "Quando estava fora do alcance dos tiros, mesmo cercado pelo inimigo, não perdia o ânimo, mas não suportava o assobio de uma bala."

Quando López fugia diante da ameaça de um risco insignificante, todos os seus acompanhantes tinham de fugir com ele, porque seria "considerado pior do que a traição demonstrar menos medo do que o chefe". Não só os tiros assustavam-no. Apesar de ter sido um ótimo cavaleiro quando criança e na juventude, depois de velho (e mais gordo) só montava em cavalos dóceis, que raramente galopavam. E só caminhava na ponte de embarque de um navio com dois oficiais fiéis, um de cada lado, para que não caísse na água. As pessoas que viam seus passos curtos e o olhar assustado diziam que envergonhariam uma velha de oitenta anos. Mas, essa não era a história divulgada para o povo paraguaio. *El Semanario* sempre publicava artigos elogiando sua coragem, seu espírito de liderança e seus sacrifícios, e que a população do Paraguai nunca conseguiria pagar a dívida contraída com ele, por comandar todos os dias suas legiões nos campos de batalha e por expor a vida a um perigo constante.

As advertências lúgubres de Elisa criaram na mente instável de López uma paranoia igual à de Francia. "Com Elisa ao seu lado sussurrando que corria um grande perigo e que seus inimigos conspiravam para destruí-lo", escreveu Washburn, "não surpreende que sentisse sempre medo de traição e assassinato".

López também tinha espiões que alimentavam sua paranoia. Além dos padres de Palacios, que contavam tudo que ouviam no confessionário, ele herdara uma enorme rede de informantes do Dr. Francia e do próprio pai. As pessoas vigiavam os vizinhos, e tinham autoridade de atirar neles se houvesse o menor sinal de traição. Muitos aproveitaram a oportunidade para balear os conhecidos, antes que estes atirassem neles.

Com medo de estar cercado de inimigos, Francisco triplicou o número de sentinelas ao redor de sua casa. Mas, depois, em sua paranoia convenceu-se que os guardas conspiravam contra ele. Uma noite, quando o coronel Thompson e alguns oficiais esperavam para vê-lo, Thompson trocou algumas palavras com o sargento da escolta. Logo em seguida, os oficiais que estavam à espera de López foram presos. Mais tarde, um dos ajudantes de ordens de Francisco procurou Thompson e disse: "Sua Excelência pediu que escrevesse a conversa que teve com o sargento da escolta e trouxesse o texto amanhã."

Thompson obedeceu, mas descobriu que o sargento fora executado e que os outros soldados da escolta haviam sido castigados com cem chicotadas cada um. Quando perguntou o motivo, disseram a ele que o sargento estava envolvido em uma conspiração para matar López. Thompson ficou perplexo, pois tudo o que o sargento dissera a ele foi: "A rainha Vitória usa sua coroa quando sai para passear?"

Segundo Dr. Stewart, López também acreditava que os agentes do inimigo entravam em seu quartel-general, vestidos de mulher, para envenenar a ele e a seus oficiais. Embora essas conspirações fossem todas fantasiosas, ninguém ousava contradizer Elisa quando ela contava histórias de traição e assassinato, com medo de ser denunciado como cúmplice dos conspiradores. Apesar de não haver ameaças diretas contra sua vida, López não era popular em seu país. "Vivi muito tempo no Paraguai e conquistei a confiança de muitos paraguaios", disse Washburn ao Comitê de Assuntos Internacionais dos EUA. "Os paraguaios sentiam confiança em conversar comigo. Diziam que havia uma hipocrisia geral no país; não existia um homem, uma mulher ou uma criança, que não gostaria de saber que López estava enterrado a sete palmos de baixo da terra."

Um dos motivos da impopularidade de Francisco era o luxo das refeições servidas por Elisa, enquanto as tropas e o povo morriam de fome. Entre os convidados habituais dos banquetes estavam o coronel Thompson, von Wisner, bispo Palacios, general Barrios, Dr. Stewart, Masterman e, às vezes, o embaixador Washburn. Havia sempre um clima de tensão nesses jantares, por causa dos constantes bombardeios e dos despachos enviados, da frente de batalha, à mesa de jantar. Apenas, a presença de Elisa também deixava o ambiente tenso. Dr. Stewart escreveu à sua família em Edimburgo: "Ninguém se sente à vontade em sua presença, apesar da extrema beleza."

Embora ela tentasse manter um padrão culinário refinado, Francisco não gostava de comidas sofisticadas. Ingeria uma "comida grosseira e gordurosa", em uma quantidade tão impressionante que, na opinião de Washburn, seria mais provável que morresse na cama por excessos alimentares, que no campo de batalha. Elisa também tinha uma boa adega, com vinhos estrangeiros e cerveja inglesa para seus convidados britânicos. Porém, ela tinha gostos ainda mais caros. Masterman disse que oferecia "jantares suntuosos, e bebia mais champanhe, sem se alterar, que qualquer pessoa que conheci". López bebia clarete e conhaque. Nos banquetes guardava o melhor vinho para ele, e servia o de safras inferiores aos convidados. E, depois do jantar, entretinha os visitantes com músicas monótonas de bêbados. Entre os pratos, ele dava grandes goles de conhaque para amortecer a dor dos dentes podres e das gengivas infeccionadas e depois cuspia, em qualquer pessoa que estivesse em seu caminho. Porém, à medida que o jantar se prolongava, ele engolia a bebida. Em suas crises de fúria quando estava embriagado ordenava torturas e execuções. Depois, quando passava o efeito do álcool, desfazia as ordens, mas quase sempre já era tarde demais.

Mais uma vez, a responsabilidade desse comportamento de Francisco recaiu em Elisa. Cunninghame Graham escreveu:

> Todas as pessoas com quem conversei nesses dias distantes, que conheceram Madame Lynch, confirmaram seus talentos, porém todas concordaram que tinha uma influência maléfica sobre López, estimulando sua vaidade, incentivando-o a beber e instigando-o a realizar empreendimentos que, com seu conhecimento do mundo, sabia que estavam muito além do poder dele e que causariam a ruína de um país tão pequeno como o Paraguai.

Segundo Thompsom, no início da guerra, López só bebia nas refeições. Mas, com o prolongamento do conflito começou a ingerir vinho do porto o dia inteiro. No entanto, quando um soldado pediu por um gole de conhaque para lhe dar coragem antes de entrar em ação, López mandou um oficial levá-lo para fora da sala e matá-lo. O soldado morreu com um golpe de espada que decepou sua cabeça em duas metades.

Apesar dos intensos bombardeios dos brasileiros a Humaitá, com quatro mil bombas por dia, a maioria dos projéteis caía na muralha de terra do forte, e muitos não detonaram. A munição dos soldados paraguaios logo escasseou, porque com o suicídio de William Whytehead o arsenal desestruturou-se. Em determinado momento, a única reação dos paraguaios aos bombardeios do Brasil foi uma pequena explosão com os *turututús* em forma de chifre. Mas, Elisa teve uma ideia: convenceu López a oferecer uma caneca cheia de milho a quem pegasse as bombas brasileiras, que não haviam detonado. Seria uma proposta irresistível para soldados e companheiros famintos do campo de batalha. Infelizmente, muitas bombas explodiram algum tempo depois de caírem no chão. Diversas mulheres paraguaias, sobretudo esposas e namoradas dos soldados, morreram tentando recuperá-las. Mais tarde, as tropas apren-

Joaquim Marques Lisboa, Marquês de Tamandaré.

deram que era mais fácil e mais seguro atirar com suas próprias armas e reivindicaram o pagamento.

Porém, o bombardeio teve pouco efeito, porque os couraçados brasileiros continuavam fora do alcance de tiro das armas paraguaias. O único objeto visível era a ponta da torre da igreja. Além disso, os atiradores brasileiros eram muito incompetentes. Um bombardeio intenso só resultou na morte de uma vaca idosa. Mas o almirante Tamandaré, o responsável por esse desempenho desastroso, recebeu, por seu valioso serviço, honrarias e um agradecimento pessoal do imperador Dom Pedro II. No entanto, como observou Thompson: "Sua incapacidade e inércia custaram muitos milhões de dólares ao império e muitas vidas, além de ter fortalecido a posição de López."

Mas, essa despesa inútil teve um efeito desvantajoso para o Paraguai. Enquanto Francisco tinha reservas financeiras e nenhum lugar para gastar o dinheiro, o Brasil havia pedido empréstimo para financiar a guerra. O país endividou-se tanto na Europa, que seus credores não poderiam permitir que os aliados perdessem a disputa. Por isso, entre outros motivos, o Paraguai não recebeu apoio das grandes potências. A opinião pública comparou o Brasil a um homem que começou a cavar um poço pensando que iria encontrar água a poucos metros da superfície, mas quando não encontrou água continuou cavando para que o esforço inicial não fosse inútil.

Como o controle da navegação do rio era crucial para o resultado da guerra, os paraguaios tentaram recuperar alguns navios que haviam perdido, com o envio à noite de barcaças carregadas de soldados para procurá-los. Eles se vestiram de branco e pintaram o rosto, para que os brasileiros supersticiosos pensassem que eram espíritos maléficos. Elisa assistiu à partida dessas tropas e deu charutos e outros presentes aos combatentes. Quando um grupo recuperou o casco de um navio de guerra, López comemorou o feito como se fosse uma grande vitória. Isso incentivou os paraguaios a realizarem um ataque à Marinha do Brasil a bordo de canoas. Elisa disse às tropas que partiram, "tragam de volta meus couraçados". O ataque foi um desastre e duzentos soldados morreram.

Todas as tardes o *Gualeguay,* um dos navios argentinos capturado em Corrientes, fazia investidas à frota brasileira. López observava o ataque, de uma distância segura, com binóculos e as manobras ridículas do pequeno navio o divertiam muito. Essas investidas prolongaram-se por três semanas até o *Gualeguay* afundar. Quando López caiu em profunda depressão, Elisa disse aos amigos da tripulação que lamentava a morte dos marinheiros, e acrescentou: "Eles mantiveram-se firmes em seus propósitos". "Estamos tristes por eles", disseram os companheiros dos marinheiros mortos. "Amanhã eles não poderão rir dos macacos", como os paraguaios referiam-se com desprezo aos brasileiros.

Embora os paraguaios tivessem orgulho de sua miscigenação racial, havia um forte componente étnico na guerra. Os brasileiros, tanto os negros quanto os brancos, eram chamados de *cambas,* "pretos" no sentido mais pejorativo possível. Em 1867, quando a notícia de que 13 mil soldados haviam morrido de cólera e cinquenta militares ocuparam-se o tempo inteiro somente em enterrá-los, a aparência do Exército brasileiro mudou, e o recrutamento de homens livres cessou. Os escravos africanos foram convocados como soldados. López considerava um insulto deliberado enviar um exército de escravos para lutar contra as tropas paraguaias, e o *El Semanario* explorou bastante o assunto. Sempre

Manuel Lins Osório, General Osório.

que novos recrutas chegavam, o jornal publicava que os brasileiros enviavam os grilhões de volta, para o novo grupo de "voluntários".

Ao contrário da presença numerosa de soldados negros no Exército brasileiro, o Exército do Paraguai só tinha um oficial negro, um sargento, e, mesmo assim, por pouco tempo. Ele foi enviado para atacar o campo de batalha dos aliados e, ao partir, ordenaram-lhe que trouxesse um troféu para López. O sargento voltou com nove cabeças de soldados aliados, e as empilhou em frente à porta de López. Em reconhecimento por esse troféu, o negro foi promovido a guarda-marinha, a patente mais baixa na hierarquia militar e, a partir de então, participou de todas as ofensivas até que, como era previsível, morreu.

Após fracassar duas vezes em capturar a frota brasileira, López tentou explodi-la. Krüger, um americano, e Ramos, um paraguaio que estudara engenharia em Londres, fabricaram torpedos artesanais para o ataque, mas morreram, junto com as tripulações de seus barcos, na explosão de um desses torpedos. López, um homem que não perdia o ânimo diante de grandes perdas de vidas humanas, mandou uma equipe de engenheiros ingleses fabricar mais torpedos. Jaime Corbalán, filho de uma das mais antigas famílias de Assunção, que fora recrutado para o exército, levaria os mísseis em uma canoa e os explodiria no meio da frota brasileira. Mas, assim que saiu do alcance das armas paraguaias, se rendeu para as tropas brasileiras, a fim de "escapar da tirania de López", disse.

Sua família já sofrera nas mãos de Francisco. A tia, logo depois de ficar viúva, foi acusada de fazer comentários desrespeitosos do presidente. Era uma mulher tímida e discreta, e ninguém acreditou na acusação que lhe fizeram. No entanto, ficou presa em um canil por seis semanas, com uma sentinela na porta dia e noite.

O tio, padre de Jaime Corbalán, ficou preso muitos anos, antes de ser executado em 1868. A mãe de Jaime, señora Oliva Corbalán, comprou uma casa de Elisa, que a vendera por estar muito perto do *calabozo* e os gritos dos prisioneiros a perturbavam. Mas, doña Oliva resistiu aos gritos, com a esperança de ver o irmão e se consolar com a ideia que ele ainda estava vivo.

Quando Jaime se rendeu e entregou os torpedos para as forças aliadas, doña Oliva foi obrigada a escrever um artigo em *El Semanario* censurando-o. Os outros dois filhos foram enviados para o campo de batalha. Um deles morreu em razão de ferimentos; o outro de cólera. Em seguida, con-

Índios guaranis no exército paraguaio.

fiscaram todos os bens de doña Oliva, inclusive suas roupas, e a mandaram junto com as filhas para Chaco, onde morreu. Uma das filhas enlouqueceu; as outras se transformaram em mendigas, escravas e prostitutas.

Elisa continuou a estimular a moral dos oficiais em Humaitá, com danças e bailes. Organizou até um show de projeção de lanterna mágica para os soldados. Encomendara o aparelho em Paris, antes da guerra, para distrair os filhos. Infelizmente, as instruções de uso foram interditadas pelo bloqueio do Exército brasileiro. Mas, o coronel Thompson e George Masterman conseguiram descobrir como o aparelho funcionava, e os soldados foram convidados a assistir ao show. Os combatentes ficaram em pé no pátio, confusos, enquanto viam publicadas no jornal *Illustrated London News* as imagens coloridas da "baía de Nápoles iluminada pelo luar" ou "*Un Chasseur d'Afrique* com dez árabes" projetadas em uma tela antiga. Algumas ilustrações mostravam cenas da recente campanha franco-italiana e Thompson, que fazia a projeção, tentava animar a apresentação descrevendo as cenas como "A batalha de Copenhague entre os persas e os holandeses", "A captura do desfiladeiro de Jungfrau na ofensiva final em Magenta" e "A morte do general no momento da vitória."

No meio do show, López disse: "Que cena terrível, o campo de batalha de Trafalgar depois do combate, quando os mamelucos retiravam os feridos."

"Que sentimento humanitário cristão, senhor", disse o bispo Palacios, sem ironia. Mas, quando a luz da tela iluminou Palacios, Masterman viu o momento em que o bispo colocou um lenço na boca para disfarçar o riso. Palacios se divertiu ainda mais com a imagem de um anão cujo nariz, aos poucos, crescia em uma dimensão fálica. Em seguida, quando a luz da lanterna iluminou o nariz do bispo e a sombra alongada se projetou na tela, os soldados reagiram pela primeira vez. López riu tanto que as lágrimas escorreram pelo rosto.

Palacios não achava tão divertido a pouca importância que a defesa paraguaia atribuía aos balões usados pelo Exército brasileiro, para espioná-la. Os balões foram comprados na França, por 15 mil cada um. Presos por cordas, subiam até uma altura de 91 metros. O bispo tinha verdadeiro pavor deles, porque acreditava que esses objetos voadores eram sobrenaturais. Quando o primeiro balão incendiou-se, ele se alegrou ao pensar que a mão de Deus causara o incêndio. No momento em que viu o segundo objeto voador desaparecer atrás de uma nuvem, declarou que era contrário às leis da natureza que os homens olhassem o futuro antes do tempo. No entanto, sua congregação ignorou as declarações lúgubres do bispo. Os paraguaios tiveram uma reação mais enérgica e criativa. As gravuras da época mostram os soldados de López abaixando as calças e exibindo as nádegas para os balões de reconhecimento brasileiros. López deu ordens para que se fizessem fogueiras a fim de impedir a visão do forte com a fumaça e sufocar os balonistas. Isso encerrou a experiência com balões. Enquanto isso, o francês encarregado do primeiro balão foi preso e condenado à morte pelos aliados, por tentar incendiar os depósitos de pólvora e condenado à morte. Palacios caiu em desgraça, apesar de ter sido um convidado constante dos jantares de Elisa e Francisco, quando o papa Pio IX promulgou uma bula papal, na

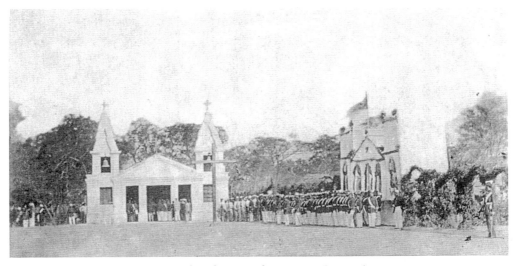

Tropas brasileiras na divisa com o Paraguai.

qual transferiu a autoridade da diocese de Assunção para Buenos Aires. López, então, pensou, se um clérigo não podia administrar os assuntos da Igreja, qual seria sua função? Palacios foi preso, torturado e fuzilado.

Um exército aliado, com mais de sessenta mil soldados, marchou para a fronteira do Paraguai. Os militares foram detidos por uma divisão de artilharia, com cartuchos de pólvora seca, providenciados às pressas pelo coronel Thompson. Os conselheiros militares de Francisco pediram que ele ficasse protegido pelas muralhas de Humaitá e assumisse uma posição defensiva. Quando os aliados cruzaram o rio Paraná, tiveram de negociar a ocupação da região pantanosa de Estero Bellaco, ao sul do forte. E os *macacos* ficaram com medo da cólera-morbo e da malária, doenças comuns nessa região, além do ataque dos guaranis, que eram excelentes lutadores em áreas pantanosas. Instigado por Elisa e dominado por delírios napoleônicos, López queria lutar. Com o objetivo de aumentar as tropas, convocou todos os homens do país com idade entre nove e sessenta anos. As mulheres foram cultivar os campos e trabalhar nos matadouros de Assunção, para alimentar o Exército. Só a polícia ficou na cidade, encarregada de prender as mulheres que reclamassem da escassez de víveres, do trabalho árduo, ou que dissessem que a guerra precisava terminar.

Quando os aliados atravessaram o rio Paraná, López atacou os invasores com um exército de 24 mil soldados, comandados pelo 14º Batalhão. O *General* colocou todos os filhos da aristocracia paraguaia nesse batalhão. Com medo da traição, não deu armas nem proporcionou treinamento para esses soldados, e obrigou-os a lutar descalços. Em uma única batalha, o Paraguai eliminou o que restava do sangue espanhol no país. Apenas dois soldados do 14º Batalhão sobreviveram, mas foram presos e um deles morreu logo depois. Os mortos no campo de batalha foram denunciados como traidores, e o governo confiscou seus bens.

O *El Semanario* publicou um artigo dizendo, com orgulho, que 971 soldados aliados haviam morrido e três mil ficaram feridos na batalha de Estero Bellaco. O jornal não disse, porém, que a ofensiva fora um fiasco. A verdade é que López não era Napoleão. Ele não tinha a menor ideia de como organizar e preparar as tropas para entrarem em combate. Havia planejado atacar o inimigo de surpresa ao amanhecer. Mas, os soldados tiveram de abrir caminho com golpes de machado em uma floresta de pinheiros, e só alcançaram o exército adversário ao meio-dia, muito tempo depois que as sentinelas viram que eles se aproximavam. Seis mil

Batalha do Avaí, tela de Pedro Américo.

combatentes paraguaios morreram e 350 foram capturados. Os sete mil feridos voltaram para casa, diziam, vestidos com uniformes roubados dos soldados inimigos, com os bolsos cheios de ouro, que Elisa trocou rapidamente por dinheiro.

O jornal também disse, com orgulho, que só um oficial paraguaio fora morto pelo inimigo, pelo fato de ser tão velho e gordo que quase não podia andar. Mas, na verdade, López soltara aqueles oficiais que haviam sido presos em diversas ocasiões, por caprichos ocasionais e injustificados, desde que fora eleito presidente, os rebaixou ao posto de sargento, tirou as algemas e os mandou para o campo de batalha. Todos morreram.

O general Barrios, comandante da ofensiva contra os aliados, também morreu. Foi preso quando fracassou em sua missão de expulsar as tropas inimigas do rio Paraná. Aterrorizado com a ideia de ser torturado, tentou se matar. Em seguida, foi torturado de uma maneira tão brutal que enlouqueceu. Quando sua esposa, doña Inocencia, amaldiçoou López por sua crueldade, foi açoitada sem piedade. Francisco a obrigou a publicar uma denúncia no jornal e, depois, mandou prendê-la, apesar de ela ser sua irmã. Por fim, Barrios foi executado na frente da esposa e da irmã.

Apesar de López ter perdido metade de seu exército na batalha de Estela Bellaco, decisiva para a derrota do Paraguai na guerra, isso colocou medo de Deus nos aliados. "Os oficiais aliados escreveram do campo de batalha, que o massacre tinha sido tão assustador, que ninguém conseguira convencer os paraguaios a se renderem. Todos os soldados continuavam a lutar mesmo com a ameaça da morte iminente", escreveu o coronel Thompson em seu livro *The war in Paraguay*. Thompson sentia admiração pelas tropas paraguaias:

> O soldado paraguaio nunca se queixa de injustiça e aceita qualquer ordem de seu superior. Se for açoitado, consola-se dizendo: "Se meu pai não me bater, quem o fará?" Todos os soldados chamavam o oficial superior de pai e o subordinado de filho.

Um cabo podia dar três vergastadas em um soldado, um sargento 12 e um oficial quantas quisesse. Esses castigos com varas ou chicote eram comuns. Uma garota de Corrientes que fora trazida para o Paraguai com o exército, tentou fugir e levou sessenta chicotadas em público. Thompson comentou "que todos achavam muito divertido esse costume".

Essa brutalidade casual fazia parte do sistema que López adotara desde o início da guerra que perderia, como tudo indicava. Os soldados eram treinados para serem máquinas e obedecerem a qualquer ordem, sem pensar em suas vidas e, portanto, nunca agiam por iniciativa própria. Precisavam lutar desesperadamente em qualquer circunstância e não podiam se render e, por isso, com frequência, se sacrificavam inutilmente. Mas, López continuava em segurança no quartel-general, em uma posição central, onde podia vigiar seus subordinados, sempre atento às conspirações contra ele. Nunca se interessou em saber a extensão do sofrimento da sua tropa e os oficiais tinham pavor de fazer sugestões ou criticar suas ordens, mesmo as mais loucas. No campo de batalha, cada combatente era responsável pela conduta de, pelo menos, cinco homens. Se um se atrasasse ou agisse com hesitação, os dois a seu lado tinham a obrigação de atirar nele, ou arriscavam levar um tiro. O subtenente era responsável pelo comportamento de seus subordinados. Se algum deles fugisse, o subtenente era chicoteado ou fuzilado depois da batalha, enquanto as divisões derrotadas eram, com frequência, executadas e os oficiais fuzilados. Em consequência, as tropas eram eficientes e corajosas. O sistema de Francisco era um triturador de carne muito eficaz que, por fim, dizimou quase toda a população masculina do Paraguai, e encheu o país de pilhas de cadáveres.

Depois da batalha de Estero Bellaco, os aliados encarregaram-se da terrível tarefa de limpar o campo de batalha. Enterraram seus soldados,

Batalha de Campo Grande, tela de Pedro Américo.

mas fizeram enormes pilhas com cinquenta a cem paraguaios mortos, alternando camadas de corpos e de madeira. Porém, quando acenderam o fogo, os cadáveres estavam tão magros que as chamas não consumiram seus corpos. Quando Thompson voltou ao campo de batalha, seis semanas depois, viu que os cadáveres, em vez de estarem putrefatos, haviam "mumificado, a pele secara nos ossos dos corpos amarelados e esqueléticos".

Aterrorizados com o fanatismo dos soldados inimigos, os aliados pararam o avanço de suas tropas. Essa pausa foi o tempo que o coronel Thompson precisava para construir uma nova linha de defesa de Humaitá ao penhasco de nove metros de altura em Curupaity. Nesse ínterim, López tirou os feridos que podiam andar dos hospitais. Seis semanas depois, uma divisão desorganizada de vinte mil soldados atacou as forças aliadas, causando cinco mil baixas e a morte de 2.500 paraguaios. Essa batalha foi saudada como uma grande vitória e, por isso, o coronel Thompson cavou trincheiras com a extensão de 2,8 quilômetros de Curapaity a Curuzú.

Nesse momento, a guerra era conduzida com uma selvageria sem precedentes. Os meninos paraguaios tinham ordens de cortar a garganta dos conterrâneos feridos. Os brasileiros, suspeitos de espionagem, eram jogados vivos em jaulas de onças-pintadas famintas. Os oficiais aliados que escapavam desse destino eram usados como escudos humanos pelos paraguaios, quando as tropas avançavam. O comportamento dos aliados também era brutal. Os prisioneiros paraguaios que não se oferecessem para lutar como "voluntários" eram executados.

Quando os aliados atacaram Curuzú, a pequena guarnição do local matou milhares de soldados e afundou um couraçado. Mas, diante da violência do combate os paraguaios também recuaram. López, que se refugiara em sua casamata blindada em Paso Pucú, ficou furioso. Grupos de dez soldados foram fuzilados à frente do batalhão inteiro. Os oficiais tiraram a sorte: os que pegaram as varetas menores foram rebaixados de posto. O resto foi executado.

Apesar do recuo das tropas paraguaias, os aliados lutaram nas trincheiras com tamanha violência, que só se repetiria na Europa, cinquenta anos depois, na Primeira Guerra Mundial, com perdas expressivas de soldados. López pensou, então, em propor um acordo de paz em termos favoráveis, e enviou um bilhete ao general Mitre com um pedido de trégua.

Prisioneiros paraguaios capturados durante a guerra.

Na manhã de 12 de setembro de 1866, Francisco Solano López apareceu vestido com um uniforme completo, um novo quepe e luvas. Usava botas de granadeiro de couro com esporas douradas, imitando Napoleão. Em cima do uniforme vestiu seu poncho preferido, de tecido vermelho com a borda de vicunha, uma franja dourada na extremidade e a gola ricamente bordada em ouro. Engordara tanto que ocupava o assento traseiro inteiro do buggy americano. López estava acompanhado pelo filho Panchito, de 12 anos, vestido com o uniforme de coronel do Exército do Paraguai.

A uma distância de mais ou menos 180 metros das linhas inimigas, López saltou do buggy, e montou, com dificuldade, em sua égua branca predileta que estava coberta de arreios de prata, os quais formavam uma cota de malha. Tinha tanto medo que atirassem nele que uma escolta de 24 cavaleiros o rodeava como fossem carneiros, além de contar com a proteção de um batalhão de artilheiros armados com espingardas, escondido em um lugar próximo. Na metade do caminho desmaiou e foi reanimado com conhaque.

Enquanto López estava vestido como se fosse a um baile à fantasia de Elisa, Mitre apresentou-se com um terno largo e antigo e um chapéu de feltro preto com aba larga e surrado. Esse chapéu era a marca registrada de Mitre, e o símbolo do seu partido. Em Buenos Aires, era chamado de *El Sombrero Mitre*.

Os dois presidentes cumprimentaram-se com as espadas desembainhadas, e desmontaram dos cavalos. Haviam colocado algumas cadeiras em uma clareira na floresta e os dois conversaram durante cinco horas. Francisco disse que o sangue derramado nos campos de batalha eliminara os desentendimentos mútuos. Mitre explicou que, nos termos do tratado da Tríplice Aliança, o acordo de paz só seria possível com a renúncia de López ao governo do Paraguai. Além de renunciar, ele teria de se exilar na Europa. Se aceitasse essas condições, seria recompensado, do ponto de vista financeiro. López concordou, mas disse que teria de voltar ao Paraguai dois anos depois. Segundo um relato, quando Mitre estava pronto para concordar com essa proposta, López mudou de ideia. Levantou-se com um passo vacilante, e gritou: "Nunca sairei desse solo sagrado, nem abandonarei o Paraguai enquanto viver."

López e Mitre trocaram os chicotes de montaria e fizeram um brinde com conhaque. Separaram-se amigavelmente, apesar dos insultos de Panchito a Mitre. López, disse Thompson, tinha uma expressão "muito sombria" depois do encontro. Elisa consolou-o no jantar, embora estivesse furiosa com Panchito por sua grosseria. Essa insolência era sinal de má educação, disse ela. Por sua vez, Mitre enviou um relatório a Buenos Aires no qual dizia: "López voltou ao seu quartel-general para cumprir seu destino de *el verdugo de La Patria*" – o carrasco de seu país.

No entanto, Mitre não havia perdido totalmente a esperança de assinar um acordo de paz com López. É possível que o presidente paraguaio concordasse com seus termos e, para convencê-lo, parou de bombardear Humaitá. Mas, durante o armistício, dois ajudantes de ordens de Mitre e dois soldados da Legião dos Paraguaios Livres, que lutavam ao lado dos aliados cruzaram a linha inimiga para beber *maté* com um guarda paraguaio. Os paraguaios os capturaram. Os ajudantes de ordens foram presos e mais tarde morreram de inanição e maus-tratos. Os paraguaios foram chicoteados até morrerem, e o bombardeio recomeçou.

A partir dessa data, Mitre passou a ser a encarnação do diabo na mente doentia de Francisco. López torturou uma patrulha de guaranis, porque disseram que não tinham visto o cadáver do presidente argentino no campo de batalha. Dois desertores argentinos foram açoitados até "admitirem" que tinham varíola e haviam sido enviados por Mitre para contaminar os soldados paraguaios. López criticava o opositor argentino todos os dias no *El Semanario,* com frequência, em termos escatológicos. Quase todas as semanas o jornal anunciava a morte do comandante dos aliados, embora ele tenha vivido mais quarenta anos.

Os discursos bombásticos e histéricos de Francisco contra Mitre não diminuíram, depois que o argentino se afastou do campo de batalha. A guerra de "três meses" do general já durava um ano e meio quando uma revolta explodiu na Argentina, obrigando-o a voltar. Ele foi substituído no comando das forças aliadas pelo marquês de Caxias, um brasileiro.

Sem o obstáculo de Mitre, Elisa incentivou Francisco a propor mais uma vez um acordo de paz. O embaixador americano, Charles Washburn, seria o mediador dessa proposta. Washburn foi chamado a Humaitá onde o convenceram a afirmar nas negociações de paz que todas as nações têm o direito de escolher sua forma de governo. Em uma carta preliminar a Caxias, Washburn disse que se a renúncia do *General* López fosse um prerrequisito de um acordo de paz, essa condição equivalia a pedir a Dom Pedro II para abdicar ou ao presidente Mitre renunciar ao cargo. Esse argumento irritou os aliados, que retaliaram com o confisco dos suprimentos e da correspondência de Washburn, em Buenos Aires. Uma cópia da carta com

Luís Alves de Lima e Silva, Duque de Caxias.

a gafe diplomática foi publicada em *El Semanario,* o que comprometeu seriamente o americano. Mas, isso foi um artifício para envolver os Estados Unidos no conflito. Elisa e Francisco ainda tinham esperança de recrutar os norte-americanos para o lado deles quando o esquadrão do Atlântico Sul da Marinha dos Estados Unidos atravessou o bloqueio, por insistência de Washburn, no caminho de volta ao hemisfério norte, em setembro de 1865. Porém, não sabiam que esse incidente causara problemas entre a Marinha e o Departamento de Estado dos EUA, e o Congresso instaurou um inquérito, que se prolongou por muito tempo depois do término da guerra. Com a intenção de agradar ainda mais Washburn, López mandou prender o senhorio da casa da embaixada, para que ele não precisasse pagar aluguel.

Apesar das circunstâncias adversas, Washburn fez uma tentativa genuína de mediar o acordo de paz. Procurou Caxias, que mencionou o antigo provérbio português "Sempre providencie uma ponte dourada para um inimigo em fuga". Com esse provérbio, o brasileiro quis insinuar que se López aceitasse partir do Paraguai haveria uma compensação financeira. Quando Washburn voltou para o Paraguai, mencionou a "ponte dourada" a López. Francisco respondeu, sem dúvida para horror de Elisa, que não estava interessado em dinheiro, nunca partiria do Paraguai, e morreria junto com seu último soldado. Seus inimigos teriam a satisfação de ver seu túmulo. Não queria ser um herói sul-americano como Simón Bolívar ou o general Belgrano. Queria ser um homem da estatura de estadistas como Washington ou Lincoln, e, se fosse preciso, sacrificaria seu povo para atingir essas ambições grandiosas.

Para Washburn, essas eram palavras de um louco. Tentou convencer López que os aliados estavam em uma posição de superioridade inegável. Contou que o marquês de Caxias vivia em grande estilo, e seus soldados comiam carne fresca comprada nos mercados de Montevidéu. Deu a López um mapa preciso das linhas de defesa brasileiras, para mostrar como os militares do Brasil eram inteligentes. Preveniu-o, também, que o general Osório atravessaria o rio Paraná em Encarnación com dez mil soldados. Em resposta, López mostrou erros insignificantes no mapa e disse, envaidecido, que Osório seria destruído nos estreitos dos desfiladeiros da região oriental do país, no interior de Encarnación. Então, Washburn recorreu aos delírios napoleônicos e disse que o imperador francês não foi menos homenageado por ter morrido no exílio em Santa Helena. Os argumentos de Washburn só convenceram López que o embaixador americano conspirava contra ele.

10
A ofensiva sedutora

Nessa época, o Uruguai afastara-se do cenário da guerra e a participação da Argentina era bastante limitada, mas em razão do hábito frequente de Francisco de prender estrangeiros sem nenhum motivo aparente, os navios da Grã-Bretanha, França, Itália e Estados Unidos aderiram ao bloqueio brasileiro. Agora, Elisa precisaria usar seu poder de sedução em uma ofensiva diplomática. Os embaixadores estrangeiros perseguidos por López contavam aos seus governos histórias terríveis sobre a situação do Paraguai, contavam a verdade... Então, os oficiais das embarcações que haviam aderido ao bloqueio foram convidados a visitar Paso Pacú, onde um jantar suntuoso servido pela bela Elisa os recebeu. Depois, visitaram seus compatriotas que, é claro, também tinham se alimentado muito bem, e conversaram espionados pela polícia secreta de Francisco.

"Os homens que dariam com prazer tudo que tinham no mundo para ir embora do Paraguai, não ousaram dizer uma palavra de descontentamento, ou demonstrar o mais leve indício de que gostariam de voltar para seus países", disse Washburn.

Depois desses encontros, os oficiais da marinha ganharam um "pequeno presente", oferecido por Elisa, antes de deixarem o país. Aparentemente, "um bom jantar, um anel, uma toalha fabricada no Paraguai ou um *tercia* de *yerba* foi suficiente para que traíssem seus compatriotas e os deixassem ser torturados e executados". Os oficiais relataram que não viram sinal de miséria ou sofrimento no Paraguai, e que seus conterrâneos não queriam partir. Jornais no mundo inteiro publicaram artigos elogiando o governo sensato e justo de Francisco Solano López, e que as histórias de

Vista do interior do Forte de Curuzú, à margem esquerda do rio Paraguai.

suas crueldades haviam sido divulgadas pelos aliados em uma campanha difamatória. Escreveu Washburn:

> Por mais estranho que pareça, os oficiais da Marinha, que visitaram o acampamento de Francisco, partiram como amigos, partidários e defensores do tirano, embora mais tarde todos os enviados em missões diplomáticas tivessem contado aos seus governos, que López era um monstro sem paralelos.

Laurent Cochelet e a esposa não tinham a menor dúvida que López era um monstro. Mme. Cochelet era uma inimiga antiga de Elisa, e o fracasso da colônia francesa de Nueva Bordeos piorou ainda mais o relacionamento entre as duas. Os colonos morreram de fome e exaustão por causa do calor e também de ataques dos índios. Os que tentaram fugir do povoado foram espancados, torturados e assassinados pelos soldados de Francisco. Cochelet protestou, mas López o ignorou. Von Wisner contara ao presidente que Napoleão III estava envolvido demais em seu projeto utópico de proclamar o arquiduque austríaco; e Maximiliano, imperador do México, para se preocupar com o destino de algumas centenas de colonos franceses. Em seguida, López começou a perseguir Cochelet com as prisões e os maus-tratos de cidadãos franceses, além de manter o embaixador praticamente incomunicável. Durante um ano, López ignorou o embaixador francês. Consequentemente, ninguém ousava falar com ele, embora muitas pessoas tivessem sido acusadas de receber cartas contrabandeadas na mala diplomática da embaixada da França.

Quando Washburn voltou de sua missão diplomática, insistiu com López que deixasse os Cochelet partirem. Por fim, um navio de guerra francês veio buscá-los em Humaitá. Mas, López manteve o Sr. e Mme. Cochelet presos durante nove dias dentro de um quarto, em uma casa na área em constante bombardeio dos couraçados brasileiros, com a esperança que uma bala de canhão perdida os matasse. Para tristeza de López, uma bomba caiu na residência e explodiu no meio do quarto onde estavam presos, um dia depois da partida deles. Por pouco estes franceses não morreram por uma ofensa, que não era tolerada no Paraguai: tratar Madame Lynch com desprezo.

Quando Cochelet chegou a Paris e descreveu a Napoleão III a situação sociopolítica do Paraguai e a tirania de López, inclusive o fato de que diversos cidadãos franceses corriam o risco de serem assassinados se o governo francês não os tirasse do Paraguai o mais rápido possível, o imperador não acreditou em seu relato, porque era totalmente oposto às informações de outras pessoas, que haviam visitado o país de López há pouco tempo. Havia mais de cem cidadãos franceses no Paraguai no início da guerra, apenas três sobreviveram.

Sr. Cochelet foi substituído por Sr. Cuberville que, segundo Washburn, "logo se tornou um defensor e bajulador de López e Madame Lynch". Era um convidado habitual nos jantares de Elisa, e usou a mala diplomática da embaixada para contrabandear os roubos dela, para uma conta privada em um banco em Paris.

Como resultado do bloqueio feito pelo Exército brasileiro, havia uma escassez crescente de suprimentos básicos como o sal. Os paraguaios tentaram substituí-lo por todos os tipos de ingredientes como, por exemplo, folhas fervidas misturadas com cinza. Nada funcionou, e a falta de sal causou a morte de milhares de paraguaios durante a guerra.

A sopa era feita de gordura animal, e o vinho era fabricado com a fermentação da uva, o que resultou em uma bebida doce impossível de beber. O barão von Fischer-Treunfeld, diretor da empresa de telégrafo, descobriu uma maneira de fabricar papel com o uso do *caraguata*, um tipo de abacaxi nativo, e a tinta era feita de uvas misturadas com a pólvora do arsenal. Todas as armas e equipamentos militares eram fabricados pelos engenheiros ingleses, apesar de a maioria nunca ter feito esse trabalho antes. Por fim, tiveram de fabricar as máquinas para produzir armas. Para fazer a pólvora, eles tiveram de extrair nitrato de potássio da urina e carne podre, e enxofre de pirita de ferro – ouro de tolo. Esse trabalho era ainda mais difícil, porque López acreditava que o ouro extraído da pirita era ouro verdadeiro. Tinha suspeitas terríveis dos operários estrangeiros, que trabalhavam nos arsenais de munição e, com frequência, os mandava prender, por roubarem o ouro "de tolo".

As peles de animais esticadas nos tambores tiveram um tratamento especial para serem usadas na confecção dos uniformes dos soldados. Mas, as peles encolhiam quando chovia e ficavam tão duras, que os homens não conseguiam dobrar os braços e as pernas. Os jornais do Rio de Janeiro publicaram artigos denunciando que esses uniformes apertados eram um novo instrumento de tortura, criado por Elisa. Segundo relatos, os prisioneiros nus eram arrastados até o telhado da prisão, onde os carrascos os obrigavam a vestir essas roupas diabólicas.

Disse um relato:

> Essas roupas eram feitas com peles de animais costuradas para ajustarem-se bem ao corpo. Quando secavam ao Sol, as peles encolhiam e endureciam, e apertavam o corpo do pobre infeliz sob tortura, como as contrações de uma jiboia... Porém, mais devagar e com menos compaixão até sufocá-lo. Com uma criatividade demoníaca essa mulher aprendeu a fazer essas roupas, para aos poucos comprimir todas as partes do corpo da vítima até atingir uma pressão máxima.

Essa descrição ou é fantasiosa ou as roupas tinham um efeito tão mortal que não existem testemunhos de sobreviventes dentre os obrigados a vesti-las.

Os tapetes Aubusson do salão de baile do Casino Nacional, em Assunção, foram cortados para fazer ponchos. No entanto, não havia escassez de tecido. Mas, como disse um historiador: "De que adiantaria ter roupas novas quando se morria de fome?"

A cólera dizimou a população, com mais de cinquenta mortes por dia. López também foi afetado pela doença, não por ter sido contaminado, e sim pelo medo de contraí-la. Ele ficou paranoico e proibiu que se pronunciasse a palavra "cólera". Os soldados, então, a chamavam de "cadeia" — cada pessoa que adoecia era mais um elo fatal. Dr. Stewart receitou um brometo a Francisco para acalmá-lo, mas ele se recusou a tomar o remédio, e acusou o médico de tentar envenená-lo. Talvez tivesse razão... Como não existia quinina no país, os médicos receitavam arsênico para curar a malária. Stewart foi preso, acusado de conspirar contra López, por ter dispensado muitos soldados doentes do serviço. Assim, quando López adoeceu com uma febre alta, ninguém soube o que fazer. Elisa estava em Assunção, organizando o abate de animais nos matadouros, a produção agrícola e a construção de estradas, com a habitual atenção aos detalhes. Ela teria de ser informada, mas os comandantes em Humaitá não queriam usar o telégrafo com medo de que as notícias sobre a doença do presidente fossem divulgadas e causassem pânico. Panchito teria de ir a Assunção para informar a mãe. Elisa embarcou às pressas em um navio para voltar a Humaitá. Ela cuidou de Francisco dia e noite: dormiu ao lado de sua cama, no chão, quando a casa era sacudida por bombardeios; secou o suor de sua testa; trocou os lençóis da cama; e pendurou folhas de eucalipto no quarto para afugentar os mosquitos. Ninguém tinha autorização para entrar no quarto. Por fim, a febre cedeu, e quando Francisco se recuperou mandou cunhar uma medalha de ouro com o retrato de Elisa de um lado e as palavras *Defensora Paraguensis* do outro. Essa foi a maior condecoração concedida no país.

Em seguida, Francisco e Elisa voltaram a Assunção para celebrar uma missa de ação de graças, e comemorar o aniversário e a recuperação dele. A missa de agradecimento a Deus por Francisco ter se salvado da cólera foi celebrada na catedral de La Encarnación ainda em construção.

"A catedral, comida pelos cupins, parecia uma caverna onde a multidão, que se aglomerara para assistir à missa misturava-se com cachorros de rua e cestos de galinhas vivas", escreveu um cronista.

Elisa, usando uma simples mantilha preta, ofuscou todas as mulheres de Assunção, enquanto os veteranos de guerra aleijados saudavam Francisco. Um grupo de mulheres, entre elas algumas ex-amantes e alguns casos atuais, leram discursos elogiosos a Francisco, gentilmente escritos pelo governo. Em seguida, em uma parte inacabada de seu palácio, Francisco ganhou uma espada com o cabo incrustado de brilhantes; a imagem de São Jorge e o Dragão enfeitada com joias no guarda-mão e a bainha de ouro; um tinteiro de ouro e um livro, cuja capa dourada tinha um centímetro de espessura, com os discursos elogiosos. Esses presentes foram oferecidos por um grupo de pessoas importantes, entre as quais seu cunhado, o ministro de Finanças Saturnino Bedoya. Mas, assim que a cerimônia terminou, Bedoya foi preso, acusado de roubar o Tesouro público. Rafaela suplicou a Elisa que salvasse seu marido, já que o dinheiro desaparecido dos cofres públicos havia sido entregue a ela, Bedoya implorou que contasse a verdade: "Ninguém gosta de ouvir a verdade, Dom Saturnino", respondeu Elisa.

Nem ninguém escutou Bedoya quando disse que Elisa havia tirado o dinheiro do Tesouro, porque ela contara a López que o cunhado estava envolvido em uma conspiração para assassiná-lo, e substituí-lo pelo irmão, Benigno, na presidência. Bedoya foi torturado, teve a coluna vertebral quebrada e, felizmente, sua agonia foi rápida. López ficou furioso de lhe ter sido negado o prazer de torturar mais o cunhado e disse que, se soubesse que ele estava à morte, teria mandado matá-lo com um tiro para salvar as aparências. Benigno e Rafaela foram presos e espancados. As duas irmãs de Francisco ficaram viúvas em seu reino de terror, além de terem sido açoitadas e presas. Todas as pessoas envolvidas com os recursos mantidos no Tesouro público foram presas, torturadas e executadas e, assim, o segredo de Elisa não foi desvendado.

Logo depois, chegaram as notícias que os brasileiros haviam retomado o Mato Grosso. Em dois anos, o Exército do Brasil conseguira reunir muitos soldados na região. Os comandantes das tropas brasileiras deram espingardas aos índios, mas, em vez de usá-las em combates, eles caçavam animais. Quando os brasileiros atacaram, as tropas paraguaias receberam ordens de recuar. Cinco mil soldados brasileiros entraram no Paraguai, com a certeza de que López não tinha tropas ao norte. Mas, os soldados foram contaminados pela cólera. Uns cem combatentes paraguaios enviados por López capturaram os suprimentos brasileiros e mataram os sobreviventes da epidemia. Ironicamente, López foi o grande vencedor. Os paraguaios reconquistaram Corumbá, porém, a perderam de novo. López explorou essa derrota, alegando que o comandante das tropas brasileiras, o tenente-coronel Cabral, vendera a cidade aos inimigos, e que ele e o padre do regimento haviam sido assassinados e comidos pelos brasileiros por causa de sua traição.

Em agosto de 1867, pouco depois do retorno de Elisa e Francisco a Humaitá, o secretário da embaixada britânica em Buenos Aires, G. Z. Gould, chegou também a cidade, a bordo do *HMS Doterel*, mais uma vez para verificar o bem-estar dos cidadãos britânicos no Paraguai. Gould estava muito preocupado, porque os contratos da maioria dos ingleses que trabalhava no Paraguai haviam vencido há muito. López insistiu que os ingleses estavam felizes e não queriam partir do país, e passou o resto da conversa apontando erros de francês nas anotações diplomáticas de Gould, em vez de comentar seu conteúdo.

Elisa foi encantadora com o inglês. Haviam lhe dito que encontraria uma simples prostituta, mas, para sua surpresa, Madame Lynch era uma mulher culta. Convidou-o para jantar com a intenção de mostrar que não havia escassez de víveres no Paraguai. Elisa serviu um pudim com passas que, segundo disse a Gould, ela mesma preparara.

Mas, o secretário inglês não se deixou enganar. No despacho oficial escreveu:

> O país está arruinado e quase sem habitantes. Na maioria das províncias o gado desapareceu. Dos 40 mil escravos libertados, os homens foram servir ao exército e as mulheres juntaram-se a outras mulheres obrigadas a trabalhar para o governo.
> Muitas províncias estão desertas. As escassas plantações cultivadas pelas mulheres destinam-se ao consumo do exército. As mulheres foram obrigadas a doar suas joias e enfeites de ouro, uma medida extrema chamada "oferecimento patriótico".
> Três epidemias, sarampo, varíola e cólera, além de privações de todos os tipos, reduziram a população desse país infeliz em mais de um terço. A mortalidade infantil é assustadora, e o escorbuto e a sarna são doenças muito comuns.

Em seguida, descreveu a situação militar:

> O Exército paraguaio tem uns 20 mil soldados, dos quais 10 ou 12 mil são tropas bem treinadas, o resto consiste em meninos de 12 a 14 anos, homens idosos e aleijados, além de dois mil a três mil doentes e feridos. As condições climáticas adversas, o cansaço e as privações exauriram os soldados. Alguns caem de fraqueza por causa da fome. Nos últimos seis meses só comeram carne de qualidade bem inferior. Às vezes, comem milho; a mandioca e o sal são tão escassos, que acredito que só sejam servidos nos hospitais. Quase não há remédios, ou talvez tenham acabado, para dar aos doentes em número cada vez maior. Praticamente todos os cavalos morreram e os poucos restantes são tão fracos e emaciados, que carregam os cavaleiros com dificuldade. Os bois de carga estão em um estado lastimável e não vão viver por muito tempo. O gado está morrendo muito rápido pela falta de pasto. Diversos soldados estão quase nus, com apenas uma peça de couro curtido ao redor do quadril, uma camisa rasgada e um poncho feito de fibra vegetal.

Gould calculou que o Paraguai perdera cem mil homens, sendo oitenta mil por causa de doença. No entanto, Masterman que estava em uma posição mais privilegiada para avaliar esse número, disse que duzentos mil soldados já haviam morrido.

Por ser um diplomata perspicaz, e não um oficial da Marinha ingênuo que poderia ter sido seduzido por Elisa, Gould não teve permissão para falar com os cidadãos ingleses presos por ordem de López, com exceção do Dr. Stewart, valioso demais para continuar preso. Antes da conversa, López aconselhou Stewart a ser muito cauteloso com suas palavras. Gould não poderia saber que a maioria dos ingleses queria partir do país. No entanto, no final, López ainda permitiu que Gould partisse com as viúvas e os filhos de três mecânicos ingleses, que haviam morrido a serviço do Paraguai.

Em uma tentativa para melhorar a situação, Gould se ofereceu para preparar uma proposta de acordo de paz e, depois de muitas discussões, redigiu um plano de paz com oito cláusulas. O documento estipulava que as forças aliadas sairiam do território paraguaio, enquanto as tropas paraguaias partiriam do território brasileiro. Os prisioneiros de guerra seriam trocados. A integridade do Paraguai seria reconhecida pelos aliados. Todas as disputas territoriais pendentes seriam decididas por arbitragem de potências neutras, e o Exército do Paraguai, ou o que restava dele, seria desfeito. A oitava e última cláusula dizia: "Sua Excelência, o marechal-presidente, ao final das negociações de paz, ou nas discussões preliminares, se retirará para a Europa... A bordo do *HMS Doterel*."

Gould apresentou o plano de paz aos aliados. Mas, antes que tivessem tempo de responder, a proposta foi rejeitada por López. Existem algumas controvérsias a respeito dos motivos que o levaram a rejeitá-la. *El Semanario* disse que a cláusula oitava, que previa a abdicação de López, fora acrescentada pelos aliados. O embaixador Washburn comentou que Gould redigira o plano de paz sem a participação de Francisco. E, Luís Caminos, secretário do presidente paraguaio, escreveu a Gould dizendo-lhe que o plano "nunca fora aprovado por López".

Mas, na opinião do coronel Thompson:

> A verdadeira razão de López ter rejeitado os termos previamente aceitos foi a notícia que recebeu, enquanto o sr. Gould apresentava o documento aos

aliados, de uma revolta na Confederação Argentina, que forçaria, segundo pensava, os aliados a fazerem um acordo de paz em quaisquer termos.

No entanto, existe ainda uma outra história. Em seu livro *Eliza Lynch: regent of Paraguay*, Henry Lyon Young escreveu que López redigira o plano de paz sem o conhecimento de Elisa. Quando ela descobriu, dois dias depois da partida de Gould para apresentá-lo a Caxias, ficou furiosa com o amante. Em sua presença, chamou Caminos e ditou a cláusula oitava dizendo que a melhor garantia para o futuro do Paraguai seria deixar que o "marechal López seguisse o destino previsto por Deus para a nação paraguaia..."

O texto continuou nos seguintes termos: "A República do Paraguai nunca maculará sua honra e glória com o consentimento seu Presidente e Defensor, que lutou para preservar sua existência e fez inúmeros sacrifícios por seu país, renuncie ao seu posto e, ainda menos, que seja exilado da cena de seu heroísmo e sacrifícios." Segundo Young, enquanto ela ditava esse despacho para Gould, os olhos de Francisco encheram-se de lágrimas, e ele murmurou: "*Mi destino. Mi destino.* Rendo-me diante de meu destino."

Por sua vez, Thompson sugeriu que López queria fugir, mas Madame Lynch acalmou-o. E Cunninghame Graham escreveu: "Apesar de López ser tão obstinado como um jumento e de estar imbuído se não de patriotismo, pelo menos de certo orgulho por seu país, ele era inteiramente dominado por essa mulher com uma educação mais refinada e uma personalidade muito mais forte do que a dele."

Porém, não teria sido difícil convencer o ditador paranoico que ele não estaria seguro no exílio. Milhares de paraguaios, cujas famílias tinham sido perseguidas e mortas, haviam fugido do país, e ficariam muito felizes de se vingarem dele em qualquer lugar que estivesse, seja em Londres, Paris ou Nova York.

Além disso, a situação militar não era irremediável. Em 31 de agosto de 1867, o *The Times,* de Londres, publicou a seguinte notícia:

> Depois de uma campanha de dois anos os aliados só conquistaram 23 m^2 do território paraguaio, um espaço pouco maior do que o suficiente para abrigar (deitados lado a lado) os cadáveres dos soldados mortos em decorrência de doenças e ferimentos durante as tentativas de conquistar o território inimigo. Um relatório sobre as operações militares, enviado ao Ministério das Relações Exteriores da Grã-Bretanha, em Londres, mencionou que os aliados não tinham mais que 32 mil soldados, desse total um quin-

to fora recrutado há três meses; [no entanto], o número das tropas de López reduziu-se a cerca de 20 mil soldados, que sofrem grandes privações.

Porém, o que mais impressionou o correspondente do *The Times* foi a "devoção total a López, que só aqueles que a haviam testemunhado poderiam acreditar". O artigo continuava:

> A devoção dos paraguaios ao seu líder, não se sabe se inspirada por amor ou terror, é inacreditável. Os soldados paraguaios foram mortos sem cessar pelas armas inimigas, apesar do esforço de tentá-las arrancar à força pelas canhoneiras. Nunca conseguiram também resistir aos golpes de baioneta da infantaria brasileira e, mais tarde, mostraram sinais de desânimo.

Entretanto, ainda segundo o jornal britânico, os paraguaios se recusavam a se render, embora estivessem em uma situação desesperadora. Tinham um respeito religioso pelo presidente-general e obedeciam às ordens civis e militares de seu governante, sem questionamento.

Disse o *The New York Times*,

> Quaisquer que fossem os defeitos ou os atos cruéis de López era impossível afirmar que governava apenas por um poder arbitrário ou pelo terror. Nenhum governo pessoal baseado nesses fundamentos suportaria as tensões e dificuldades impostas por López. Espera-se que as negociações de paz não se prolonguem por muito tempo. Os aliados precisam se conscientizar da impossibilidade de atingirem seu objetivo sem eliminar o povo paraguaio da face da terra. E, mesmo supondo que estejam preparados e consigam realizar essa meta, o sangue derramado e o dinheiro gasto seriam desproporcionais ao risco em questão.

Mas, o momento factível das negociações de paz terminara. Thompson, mais próximo dos acontecimentos do que os correspondentes da imprensa, descreveu a rejeição ao plano de paz de Gould como um:

> egoísmo horrível... Talvez sem paralelo. Os aliados estavam dispostos a concordar com as cláusulas, que pareciam impostas por um conquistador. López só precisava se exilar honradamente. Em vez disso, preferiu sacrificar os últimos homens, mulheres e crianças de um povo dedicado e sofredor, para continuar um pouco mais no poder... Seus sacrifícios ou atos de heroísmo [ou talvez de Madame Lynch], que menciona em sua carta são falsos, porque López nunca se expôs ao perigo, e vivia com todo o luxo e conforto que quisesse.

Embora López fosse covarde, orgulhoso e egoísta, tinha muito senso de humor. Ninguém ousava contar uma piada à sua frente, mas ele gostava de produzir tiradas engraçadas, apesar de um humor, no mínimo, negro. Quando o secretário britânico voltou de sua fracassada missão de propor a paz, López divertiu-se com uma brincadeira de mau gosto: com Gould e o comandante Michel, do *Dotorel,* ancorados em Humaitá, López abaixou a bandeira do navio inglês. Os brasileiros pensaram que os ingleses haviam partido, e retomaram o bombardeio. Uma bomba caiu perto do comandante Michel e o cobriu de areia. Elisa aproveitou esse incidente para "fazer comentários muito divertidos depois dos jantares", segundo um dos convidados. Gould, no entanto, não achou a menor graça na brincadeira. Em seu íntimo, suspeitava que López queria que uma bomba do Exército brasileiro o silenciasse para sempre.

Depois do fracasso de seu acordo de paz, o inglês voltou para Buenos Aires e o banho de sangue continuou. Mas, as tropas de Francisco diminuíam rapidamente. Gould calculou que, agora, o Exército do Paraguai só tivesse 12 mil soldados.

Então, após a "contribuição patriótica" do que restava de suas joias, dessa vez com a ajuda da polícia, todas as mulheres de 16 a 40 anos foram recrutadas para o exército. Na verdade, tiveram de "suplicar" a López para serem voluntárias.

"O tirano e sua prostituta nos privaram de nossos maridos, filhos, pais, joias, dinheiro e bens, agora só restava se apoderarem de nós", disse uma mulher ao embaixador Washburn.

As mulheres aprenderam a usar lanças, mas não lhes deram armas de fogo. Temia-se que atirassem em Elisa. E, sob seu comando, todas as mulheres de Assunção foram obrigadas a fazer "trabalhos servis de todos os tipos, de manter os acampamentos em ordem, de cortar e trazer madeira para os alojamentos e, no final da guerra, de lutar nas trincheiras".

O jornal *The Times* publicou que elas lutaram "ao lado dos soldados, porque foram encontrados muitos cadáveres de mulheres empilhados junto com os dos soldados mortos nos campos de batalha". Outros relatos, mais fantasiosos, da vida de Elisa a descreveram no comando de um batalhão de amazonas a cavalo. Para *sir* Richard Burton, esses contos eram um material de propaganda, certamente veiculadas como um apelo à guerra de ambos os lados. Burton viu um cartaz paraguaio com a imagem da imperatriz do Brasil examinando um regimento aliado de "soldados" preparando-se para a guerra. Também viu, no lado dos aliados,

> mulatas brasileiras e 'caboclas' argentinas... Montadas a cavalo *en Amazone*... Elas diferenciam-se por serem exímias cavaleiras (...) e era difícil tirá-las da frente da batalha. Diziam que o exército tinha quatro mil "soldadas", mas com certeza esse número é um exagero. Não deveria haver nem mesmo uma mulher nos campos de batalha! Algumas dessas mulheres com "patentes de capitães" lutaram a guerra inteira e elas encheram os hospitais. Meus amigos brasileiros diziam que era um "mal necessário". Eu pude ver o mal, mas não a necessidade. É difícil imaginar algo mais hediondo e revoltante, do que esses espécimens da feminilidade em combate.

Em razão da opinião de Burton, percebe-se por que também desprezava esses "soldados com patentes de capitães" do lado paraguaio.

Com ou sem as amazonas a cavalo, Caxias tentou cercar Humaitá a leste. No entanto, as tropas atolaram no terreno pantanoso. López escolheu esse momento para atacar. Oito mil soldados paraguaios entraram no acampamento principal dos aliados, e o ataque repentino confundiu o inimigo. Alguns soldados fugiram para o rio Paraná, onde oficiais e civis, que seguiam o exército, providenciaram barcos para transportá-los pelo rio.

Esse ataque contra as forças inimigas poderia ter sido uma grande vitória para Francisco. Com uma conduta correta, os soldados paraguaios teriam expulsado as tropas aliadas para sempre do Paraguai. Mas, os militares pararam para saquear os depósitos de comida e de ou-

Oficiais do exército brasileiro.

tros suprimentos dos aliados. Com isso, os combatentes da tríplice aliança escaparam de uma derrota decisiva. Os reforços chegaram pouco depois, e os paraguaios foram obrigados a recuar. Mil e setecentos soldados aliados morreram, foram feridos ou capturados. Além de também perderem depósitos, munições e artilharia. Porém, o saque dos paraguaios foi um fracasso. Muitos guaranis que haviam roubado o acampamento inimigo não conseguiram voltar para suas frentes de batalha. Os que retornaram se arrependeram.

Para impedir que os couraçados brasileiros subissem o rio, os paraguaios colocaram correntes carregadas de torpedos de uma margem a outra. Mas, o rio Paraguai estava excepcionalmente cheio em fevereiro de 1868 e os brasileiros conseguiram ultrapassar os obstáculos. Agora poderiam sitiar Humaitá ao norte e ao sul, e López percebeu que sua posição era insustentável. Na tarde de 2 de março, deu ordens para as tropas matarem os prisioneiros de guerra. Segundo Masterman, entre 1.500 a 2.000 prisioneiros foram executados sumariamente. À noite, demoliram a casamata para que não houvesse vestígios da covardia de López. Enquanto isso, o presidente do Paraguai atravessou o rio com oito mil soldados e seguiu para Timbó. Elisa acompanhou Francisco na viagem em um barco a remo. De Timbó seguiram em direção ao norte, passando por Chaco. Ela viajou em uma carruagem puxada por cavalos, que haviam encontrado na sede do correio local. Ao longo do caminho, Elisa e Francisco dormiam nos prédios dos correios. As condições da estrada pioraram, ao longo do trajeto, até se transformarem em uma passagem por uma floresta pantanosa. Os soldados improvisaram pontes nos pântanos e atravessaram o rio em canoas. A carruagem de Elisa atolou em um lamaçal de um metro de profundidade e foi levantada por todos os cavalos disponíveis no pelotão. As pessoas doentes e fracas afogaram-se. Os militares com frequência afundavam até a cintura na lama, e tiveram de abandonar muitas armas, que arrastavam atrás deles com um esforço sobre-humano no caminho. Apesar das dificuldades, López sempre se preocupava com a segurança e o conforto de Elisa e dos filhos. Mesmo com as tropas exaustas, dormindo ao ar livre na grama, o marechal mandou construir uma cabana de galhos para ela e as crianças. Francisco dormia em uma rede. Apesar da escassez crônica de víveres, Elisa e a família comiam bem e, enquanto os soldados avançavam, Francisco e ela dormiam a sesta, à tarde, embaixo das árvores.

Na opinião do coronel Thompson, que acompanhava as tropas, López queria atravessar o Chaco em direção à Bolívia e, em seguida, fugir com a amante para a Europa. Não fez nenhuma tentativa de fortalecer as defesas do rio para impedir que os couraçados brasileiros chegassem a Assunção, e recebeu cinco carroças carregadas com moedas de um dólar de prata vindas da cidade. Mas, talvez por influência de Elisa, mudou de ideia.

Benigno López, ainda considerado o provável sucessor de Francisco, foi trazido algemado de Assunção e ficou sob vigilância. O exército atravessou de novo o rio. O coronel Thompson construiu fortificações e cavou trincheiras na foz do rio Tebicuary, o maior afluente do rio Paraguai. López instalou-se em San Fernando, em um quartel-general a cerca de seis quilômetros de distância acima do rio. Os soldados construíram uma nova linha telegráfica, para que pudessem transmitir as ordens com segurança.

Em San Fernando, López divertia-se com mulheres, que ficavam sob vigilância em um vilarejo construído especialmente para elas. Além disso, usufruía os prazeres da vida em família, pescando com os filhos na lagoa à tarde. E, ocupava as horas vagas dando ordens para torturar e matar seus tenentes mais leais.

Nessa época, López sentiu um impulso de religiosidade. Construiu uma capela em frente ao quartel-general, onde assistia à missa ao meio-dia todos os dias. No entanto, sua caridade cristã não se estendeu à mãe, doña Juana, que o visitou e suplicou que poupasse as vidas de Benigno e Venancio, que também fora preso. Pediu, também, que desistisse da guerra contra forças tão poderosas e partisse para a Europa. Em vez de atender ao pedido da mãe, López deu ordens para queimarem as terras e, assim, destruir tudo que pudesse ser útil à sobrevivência do inimigo. De Humaitá a Tebicuary, as pessoas foram obrigadas a sair de suas casas. Com os poucos pertences carregados na cabeça, foram levadas para as montanhas, onde a maioria morreu de fome ou pelas péssimas condições climáticas. O exército confiscou o gado, e queimou as colheitas e as casas dessas pessoas. A região à frente dos aliados se transformou em um deserto.

Enquanto Elisa e Francisco estavam em San Fernando, os aliados atacaram Humaitá. Agora, a defesa do forte compunha-se de três mil soldados famintos e seminus, abrigados em trincheiras com 14 quilômetros de comprimento. Os soldados eram comandados pelo coronel Paulino Alén e o coronel Francisco Martínez. Ambos receberam a ordem de um prender

Os irmãos de Francisco, Venancio e Benigno López, respectivamente, que durante a guerra foram presos.

o outro, se percebessem o menor sinal de desânimo ou vontade de falar com o inimigo. Primeiro, os brasileiros ocuparam a antiga casa de Elisa em Paso Pacú e, em seguida, começaram o ataque a Curupaity. As tropas avançaram à noite, com os soldados caminhando com lama na altura dos joelhos até chegarem às trincheiras, onde descobriram que haviam esquecido as escadas. No recuo desastroso, cinco mil soldados morreram ou ficaram feridos.

Ao perceberem que não tinham soldados suficientes para enfrentar outra ofensiva inimiga, os paraguaios saíram de Curupaity à noite, levando as armas e deixando ali os cartuchos de pólvora seca. As tropas seguiram em frente, mas, às vezes, marchavam em sentido contrário ou em círculos, para dar a impressão de serem mais numerosas. Essa tática manteve os aliados a distância por mais de um mês.

Por fim, os brasileiros decidiram fazer um novo ataque e descobriram que o caminho fora bloqueado com meia dúzia de troncos de árvores. A situação agravou-se, ainda mais, quando um torpedo que os paraguaios haviam colocado no rio, há alguns meses, afundou o maior couraçado do Brasil, o *Rio de Janeiro*. Mas, ainda que estivessem reduzido, Martínez e Alén teriam de enfrentar um exército de trinta mil soldados. Os comandantes enviaram uma mensagem a López dizendo que haviam comido o último cavalo, e que estavam sobrevivendo com raízes de plantas. O presidente deu ordens para que resistissem. Os soldados paraguaios continuaram a defender suas posições por mais três meses.

Nesse momento, eles estavam tão debilitados, que sempre que havia uma pausa no bombardeio incessante, não se ouvia um som no forte. Caxias achou que os paraguaios haviam se retirado de Humaitá, como haviam feito em Curupaity, deixando os cartuchos de pólvora seca para trás. Não seria enganado de novo. Mas, em vez de enviar antes um grupo de reconhecimento, organizou um ataque frontal com dez mil soldados. Quando chegaram a uns 20 metros da fortaleza, os paraguaios deram uma rajada de tiros ensurdecedores. Dois mil brasileiros morreram, provavelmente duas vezes o número necessário para conquistar o forte, se tivessem se aproximado com mais precaução. Porém, não houve uma manifestação de alegria na fortificação. Os soldados estavam fracos demais para comemorar.

Apesar da situação desesperadora, López ordenou que resistissem por mais cinco dias, embora não tivesse mandado comida. Por fim, enlouquecido pela fome, pelo calor e pelo cheiro dos cadáveres em decomposição, o coronel Alén tentou se matar, mas o tiro só feriu o olho. Depois fugiu com um grupo de soldados para Chaco, e seguiu em direção a San Fernando. Os soldados mais fracos e feridos ficaram no forte, junto com as mulheres e crianças, e sofreram terrivelmente com o bombardeio para o qual não havia defesa possível. Mesmo assim, o coronel Francisco Martínez resistiu e hasteou uma bandeira de trégua, quando os aliados propuseram uma suspensão temporária das hostilidades. Diante da insistência de um padre, o líder do forte se rendeu, encerrando o sofrimento dos paraguaios em 24 de julho de 1868, dia do aniversário de 42 anos de Francisco.

O coronel Alén e os desertores chegaram a San Francisco, onde foram presos e torturados. Alén, um amigo de Francisco há muitos anos e que viajara com ele para a Europa, confessou sob tortura que vendera a fortaleza para os brasileiros. Em seguida, coronel e soldados foram executados. Martínez, que se rendera, foi preso em Buenos Aires, a salvo da vingança de López. Mas, sua esposa Juliana, apesar de ser dama de companhia de Elisa, foi presa, torturada e "sofreu outras indignidades impossíveis de descrever e cuja natureza não se pode mencionar", escreveu Washburn. Ela foi açoitada durante seis meses, até que seu corpo se transformou em uma "massa lívida", coberto por ferimentos. Depois a executaram, junto com a mãe de Martínez. No interrogatório descobriram que ela havia recebido cartas da família em Buenos Aires. Para López isso significava uma conspiração com o inimigo. Houve a suspeita que tais correspondências tivessem sido trazidas para o Paraguai na mala diplomática de Washburn. López já desconfiava da lealdade do embaixador. Após a visita a Caxias, este insistira com ele para que se rendesse. Washburn também pedira a López para deixar Cochelet e a esposa, a inimiga mortal de Elisa, saírem do país. Agora, o paranoico presidente começou a suspeitar que Washburn era o líder de uma enorme conspiração contra ele.

11
A grande conspiração

Havia outro motivo para suspeitar de Washburn. Como não existia uma representação diplomática britânica em Assunção, o embaixador americano envolveu-se com o destino de George Masterman, o jovem médico inglês que fora preso por ordem de López. Apesar da escassez de alimentos, doña Juana adoecera de tanto comer, e López enviou uma mensagem aos médicos ingleses, James Rhind e John Fox, com um pedido para visitarem sua mãe em casa, em La Trinidad nos arredores de Assunção. Mas, Rhind não conseguiu encontrar Fox e atrasou a visita, com medo que o presidente pensasse que era desobediência visitar sozinho doña Juana, não foi. A matriarca ficou impaciente com o atraso e queixou-se a Francisco; Rhind e Fox foram presos. Quando Masterman foi visitá-los na prisão, descobriram que carregava cartas trazidas para o país na mala diplomática de Cochelet. Na opinião de Francisco, trazer cartas do exterior era um crime de alta traição. Masterman foi preso e, depois de ser obrigado a assinar uma confissão falsa, o colocaram em uma cela pequena, fria, úmida e escura, cheia de aranhas e escorpiões. Os outros prisioneiros disseram, "eram homens de todas as idades, alguns muito idosos, e outros meninos, mas todos reduzidos ao último estágio de magreza, só pele e osso".

Todos eles tinham um ou, às vezes, dois pares de grilhões pesados presos nos tornozelos calosos e arranhados. Um dos homens tinha três pares presos nas pernas esqueléticas. Escreveu Masterman:

> No entanto, apesar do sofrimento terrível esses infelizes riam, cantavam, e corriam cambaleando com o retinir do metal em sua cela estreita.

> Quase todas as semanas um deles era levado para o pátio onde o açoitavam. Eu sentia uma profunda tristeza nesses dias. Tinha horror de vê-los ao voltar, e só recuperava minha calma, horas depois. Acho que o fato de ouvir, mas não ver esses castigos era ainda mais terrível. Sentia náuseas e vontade de desmaiar ao pensar que açoitavam a carne de seres vivos, que tremiam de agonia, e ao escutar o barulho monótono e pesado dos golpes das varas dos cabos musculosos e cruéis.

Masterman era um cirurgião conhecido por sua calma e frieza, mas o som do castigo o deixava transtornado. E havia punições ainda piores:

> Às vezes, ouvia pancadas, porém, com frequência, só os gritos da vítima revelavam como seus carrascos a estavam torturando. Uma tarde um pobre infeliz foi estacado – crucificado horizontalmente embaixo da minha janela. Nunca esquecerei meu sofrimento nesse dia ouvindo os gemidos, os ocasionais gritos desesperados e as súplicas de misericórdia, e ao imaginar como estava sofrendo. Depois de horas desse tormento eu os via sendo levados, às vezes carregados, pálidos e sangrando, uma visão terrível.

O guarda de sua cela era, em geral, uma criança que mal conseguia carregar um mosquete. Para se protegerem com seus ponchos finos de algodão, à noite, do frio que fazia no corredor do lado de fora, os meninos entravam na cela do médico norte-americano para se aquecerem. Os mais jovens, de 10 ou 12 anos, choravam de frio e de fome. Um guarda soluçou: "Eu quero voltar para casa, eu quero minha mãe. Tenho medo do escuro."

Embora essas crianças fossem gentis, era impossível fugir. Mesmo se fosse possível escapar da prisão, o país inteiro era um enorme cárcere. O rio estava cheio de *guardias*. As cascavéis e as onças-pintadas eram abundantes nas estradas que passavam por pântanos e florestas, ou nos pampas onde era impossível se esconder. Qualquer pessoa que visse um fugitivo o delataria, pois, caso contrário, arriscaria a própria vida. Nenhum prisioneiro conseguiu fugir. Que Masterman soubesse, apenas alguns índios guaicurus haviam tentado.

Rhind e Fox foram soltos dois meses depois, possivelmente com a ajuda de Elisa, e Washburn tinha esperança que soltassem também Masterman, mas, os meses se passaram sem notícias. Sabia que era inútil falar com López, porque qualquer pedido o enfureceria e, em consequência, o médico teria um tratamento ainda pior. Mas, todos sabiam, em Assunção, que era Elisa quem guardava as chaves das prisões.

Por fim, Washburn decidiu falar com ela. A esposa de Masterman estava grávida do primeiro filho, e ele perguntou se não poderiam soltá-lo para assistir ao nascimento do bebê. Elisa, mãe de cinco filhos, ficou comovida com o pedido. Usou sua influência e, depois de onze meses em total escuridão, cercado de pessoas que morriam de cólera asiática, Masterman foi libertado.

"Saí da prisão doente, fraco e quase cego, e tão diferente que até meus amigos mais íntimos surpreenderam-se com minha aparência quase irreconhecível", escreveu Masterman.

Ele foi morar na sede da embaixada dos EUA onde Washburn pensava que estaria mais seguro. Nessa época, os agentes de López começaram a perseguir todos os estrangeiros e paraguaios de sangue espanhol. Todos eram torturados até confessarem suas acusações ou delatarem outras pessoas. Então, os norte-americanos, e também muitos engenheiros ingleses, comerciantes e suas famílias, refugiaram-se na embaixada americana. Washburn tentou proteger o maior número possível de pessoas, e disse ao governo paraguaio, que todos eram funcionários da embaixada.

Sua obrigação principal era, sem dúvida, em relação aos cidadãos norte-americanos, e ele contratou um cozinheiro afro-americano, de Washington D.C., chamado George Bowen, que causou enormes problemas:

> Logo percebi que, em vez de ter um pequeno "elefante branco" nas mãos, como no caso de Masterman, arrumei uma encrenca com um grande "elefante preto", um sujeito que estava sempre bêbado, roubava tudo que lhe caía nas mãos para dar de presente às suas "amigas", quase tão numerosas como às de López.

Bowen brigava com os outros empregados quando se embriagava. Esse comportamento era perigoso, porque a maioria dos funcionários era espiões que trabalhava para López, como um brasileiro que escrevia cartas imitando as assinaturas de compatriotas mortos ou capturados. Essas cartas, repletas de incentivos aos seus antigos companheiros a desertar das tropas do tirano Dom Pedro e irem para a terra onde o leite e o mel abundavam, isto é, o Paraguai, eram enviadas aos acampamentos aliados. Por fim, Washburn dispensou Bowey. "Nunca soube o que aconteceu com ele depois", disse Washburn. Suas chances de sobreviver não eram boas.

O embaixador também protegia um jovem acadêmico americano chamado Porter C. Bliss. Ele viera para o Paraguai com o objetivo de escrever um livro sobre os índios chacos, mas, assim que chegou a Assunção, López encarregou-o de escrever um livro acerca da história do Paraguai. O primeiro volume abrangeu do período colonial até 1810, 17 anos antes do nascimento de Francisco. No entanto, quando o presidente viu que o manuscrito não mencionava sua notável pessoa, ficou furioso. Mas, antes que prendesse Bliss, Washburn contratou-o como secretário.

James Manlove, um americano nascido em Maryland, também se refugiou na embaixada. Era ex-major do Exército Confederado, que chegou ao Paraguai para oferecer seus serviços a Francisco. Tinha o projeto de reunir uma frota de navios corsários, com a bandeira do Paraguai, que saqueariam embarcações brasileiras e argentinas. López suspeitou, imediatamente, que fosse um espião e jogou-o na cadeia. Elisa sentiu pena de Manlove e enviava-lhe cerveja e outros presentes. Por fim, usou sua influência sobre López para libertá-lo.

Entretanto, as gentilezas de Elisa limitaram-se aos falantes de língua inglesa. Ela não interveio em benefício, por exemplo, do major von Versen, um oficial prussiano enviado por seu país para observar a guerra do ponto de vista paraguaio. O major não foi bem acolhido em lugar nenhum. Quando chegou ao Rio de Janeiro foi preso, sob a suspeita que iria ser o novo comandante do Exército do Paraguai – os brasileiros temiam que fosse mais eficaz que Francisco. Depois que o embaixador da Prússia no Rio de Janeiro negociou sua saída da prisão, ele seguiu para Buenos Aires onde o prenderam novamente, mas foi solto com a intervenção do embaixador da Prússia de lá, com a condição que fosse para o Chile. Em suas palavras, fez uma viagem a cavalo de cinco quilômetros pelos pampas até o Chile, depois voltou por Chaco. Ao chegar ao acampamento aliado, em julho de 1867, comprou o melhor cavalo que havia e fugiu. Quando encontrou as posições paraguaias, foi imediatamente capturado, roubaram seus pertences, despiram-no, e o amarraram; depois, o prenderam sob a suspeita de ser um espião. Não havia uma representação diplomática prussiana em Assunção, e Washburn não quis ou não conseguiu ajudá-lo. Von Versen passou o resto da guerra preso aos grilhões na cadeia, e teve sorte de sair vivo.

A situação da embaixada americana em Assunção agravou-se ainda mais, quando os couraçados brasileiros conseguiram atravessar as defesas de Humaitá. A capital paraguaia estava vulnerável ao ataque, e López decidiu que, se não pudesse ser Napoleão, seria o *tsar* [czar] Alexandre e esvaziaria a cidade. Luque, uma pequena cidade a 14 quilômetros ao nordeste, foi escolhida como sede da nova capital. Todos os arquivos do governo e os tesouros nacionais foram levados para lá. E Elisa, von Wisner e as crianças fizeram a viagem em um comboio de landaus, cheios de malas com vestidos de baile, uniformes, porcelana Limoges e Sèvres, o acervo do Arquivo Nacional, bens da Igreja, a adega da Madame Lynch e, é claro, seu piano.

Os moradores de Assunção seguiram o comboio, carregando seus poucos bens na cabeça ou em carroças puxadas por bois. Os paraguaios haviam recebido ordens de empacotar seus pertences em 24 horas e abandonarem suas casas; cumpriram as ordens sem um protesto, porque qualquer reclamação resultaria em açoitamento, grilhões e prisão. Centenas de pessoas foram deixados para morrer acorrentadas ao chão por terem manifestado sua tristeza. Poucos daqueles que saíram de Assunção voltaram à cidade. Quando chegaram a Luque não havia casas suficientes para abrigar nem a quarta parte deles. A maioria acampou embaixo das árvores ou ao ar livre. Como era uma estação de chuvas, a situação ficou ainda mais insuportável, pois chovia de 178 a 203 milímetros quase todos os dias. A comida era escassa, e o atendimento médico inexistente. Pouco depois, centenas de pessoas morreram de doenças e de fome.

Como a sede do governo mudara para Luque, López deu ordens aos embaixadores estrangeiros que transferissem as representações diplomáticas para a pequena cidade. Washburn recusou a cumprir esta ordem. Não havia acomodações para as embaixadas estrangeiras em Luque, e as pessoas as quais abrigava na embaixada ficariam muito vulneráveis se partissem para a nova capital. O ex-presidente do Uruguai, Dr. Antonio de los Carreras, o ex-encarregado de negócios do Uruguai, o señor Rodriguez, o cônsul português Leite Pereira e a esposa agora estavam sob sua proteção, e correriam risco se deixassem Assunção. E, alguns paraguaios obrigados a saírem da cidade, haviam deixado o que restava de seus pertences com ele.

Apesar da casa cheia de hóspedes, doña Juana pediu que Washburn ajudasse a ela e as suas filhas, Inocencia e Rafaela, na eventualidade de uma invasão do Exército brasileiro. Até mesmo Elisa conversara em segredo com Washburn sobre a possibilidade de procurar proteção na embaixada. Antes de partir de Assunção, ela o chamou à sua casa. Disse, com lágrimas nos olhos, que a guerra estava perdida, e perguntou se ele poderia guardar alguns de seus bens de valor. Ele concordou.

"Madame Lynch estava muito deprimida e disse que sabia o que poderia acontecer com ela", comentou Washburn, "e tinha plena consciência que, se caísse nas mãos dos inimigos, não merecia nem esperava nenhuma compaixão ou clemência em relação ao seu destino".

Mas, em seguida, Elisa assumiu uma atitude desafiadora. Ela não gastara tanto dinheiro e o trabalho árduo, suor e sangue de milhares de paraguaios na construção de seu palácio para vê-lo cair nas mãos dos brasileiros. Como cidadã inglesa, exigiria uma indenização do governo no Rio de Janeiro. Porém, o que a entristecia, ainda mais, era não ver Panchito ascender ao trono, e seus outros filhos não serem príncipes imperiais.

"Ela só pensava em salvar sua vida e a dos filhos", disse Washburn, "e fugir com seus ganhos ilícitos para a Europa".

Após dois dias da ordem de sair da cidade, Assunção ficou deserta, exceto pelos 42 estrangeiros que jogavam bilhar na grande mesa da embaixada americana e os policiais, que saqueavam o que ainda restava nas casas desertas. "Era um cenário desolador", disse Washburn, "e um reflexo de um governo tirânico".

Manlove arriscou sair da embaixada e foi preso, porque, apesar de o Exército Confederado não existir mais, ele era um major e assim não precisava cumprimentar o capitão da polícia, foi solto com a ajuda de Washburn. López vingou-se com a interrupção dos despachos de norte-americanos. Mais tarde, Manlove e Washburn brigaram, e Washburn pediu que o outro saísse da embaixada. Assim que saiu, foi preso, torturado e executado.

Quatro dias depois de ultrapassar a barreira de torpedos em Humaitá, os couraçados brasileiros chegaram a Assunção. Poderiam ter ocupado a cidade sem dificuldade. Mas, em vez de as tropas desembarcarem, os soldados brasileiros bombardearam o local com uma incompetência maior que a habitual. Começaram atirando alto demais, e assim que encontraram o alvo correto, os tiros passaram ao largo. O único dano causado à cidade foi a destruição da varanda do palácio presidencial inacabado; somente dois cachorros que estavam na praça do mercado morreram. O pequeno forte de Assunção reagiu aos tiros. Os soldados não eram muito mais hábeis que os brasileiros, e os únicos tiros que atingiram o alvo foram tão "inofensivos como bolinhas de papel contra os couraçados". Mais uma vez, as armas dos navios não tinham a inclinação suficiente para atirar no forte e, então, os brasileiros partiram proclamando uma grande vitória.

Em comparação, disseram, as batalhas do Nilo e de Trafalgar foram meras escaramuças.

O bombardeio superficial das embarcações brasileiras convenceu a todos na cidade que os aliados capturariam Assunção, mas, na verdade, passaram-se meses até as tropas aliadas voltarem. Os estrangeiros refugiados na embaixada pensaram que poderiam, por fim, sair da casa sem perigo. Mas logo viram que não, o cerco ainda demoraria três meses. A maioria dos habitantes havia levado seus cachorros ao saírem da cidade, mas deixaram os gatos, que só tinham onde se alimentar na despensa da embaixada. O papagaio domesticado da embaixada era ainda mais perigoso, porque lhe haviam ensinado a falar: "Viva Pedro Segundo." Washburn mandou seu secretário torcer o pescoço da ave traiçoeira. O outro inimigo era o tédio. Masterman passava o tempo inteiro lendo romances franceses e espanhóis, e achou divertido ver que os vilões eram sempre ingleses.

Washburn ficou eufórico com a notícia que um navio de guerra americano atracaria, em breve, no porto de Assunção. Então, quando doña Juana pediu para descobrir como Francisco estava tratando seus outros filhos, ele arriscou fazer uma viagem a San Francisco. Ao chegar, foi recebido por Elisa, que estava morando em uma cabana de adobe.

"Ela, como sempre, muito agradável e suave, com um enorme interesse e gentileza a respeito de todas as pessoas, mesmo as que havia instigado López a prender e torturar", escreveu Washburn, dissera que os membros da família López estavam vivos e bem dispostos, e garantiu-lhe que Francisco não os maltrataria.

"Você conhece sua natureza gentil, e como lhe é repugnante derramar sangue", teria dito.

Depois convidou Washburn para jogar baralho à noite, com o barão von Wisner, o coronel Thompson e o general Bruguez, que na opinião do embaixador norte-americano era o "melhor oficial que López tinha", e provavelmente o mais leal. Mais tarde ele foi torturado até a morte.

Na mente de Francisco, a visita de Washburn colocou em foco a grande conspiração. Ele tivera contato com doña Juana, e demonstrou preocupação em relação a Benigno, o filho natural de Carlos López e rival de Francisco no cargo de presidente. Também revelou preocupação com Inocencia e Rafaela, esposas de Barrios e Bedoya, dois traidores condenados, e, ainda, protegia Masterman, Bliss e Marlowe. Era evidente que, para o presidente, o líder da grande conspiração era Washburn.

Mas, os Estados Unidos eram uma grande potência na América, e López receava tomar alguma atitude contra o cidadão americano. Portanto, a alternativa seria causar problemas para a embaixada. Primeiro, pediu que Washburn entregasse o cônsul português Leite Pereira ao governo paraguaio, porque, segundo López, Pereira era culpado de traição por ter dado comida e roupas aos prisioneiros de guerra brasileiros. O embaixador recusou seu pedido, e a embaixada foi cercada. Com medo que sua presença provocasse problemas para os outros moradores da embaixada, Pereira saiu e foi preso no mesmo instante. Em seguida, o presidente paraguaio pediu que Washburn entregasse os uruguaios Carreras e Rodriguez. Os dois saíram voluntariamente, apesar de saberem que seriam torturados e mortos.

Os engenheiros ingleses e os comerciantes e suas famílias também saíram, com a esperança que López os pouparia de um destino fatal. Afinal, Elisa era britânica e, é claro, tinha sentimentos patrióticos. Mas, tinham ciência que corriam um enorme risco. Segundo John A. Duffield, um americano que fugiu do Paraguai e foi preso pelo Exército brasileiro, seiscentos estrangeiros foram torturados e mortos, sem julgamento ou explicação de qualquer tipo, por ordem de López. No entanto, a maioria dos sobreviventes era britânica.

Por fim, López pediu que entregasse Bliss e Masterman. Washburn disse que os dois faziam parte de sua equipe de trabalho e, por esse motivo, tinham imunidade diplomática. Mas, surgiu uma discussão a respeito das circunstâncias exatas da contratação deles. López insistia que ambos eram criminosos, e estavam envolvidos em uma conspiração contra ele, que inundaria o solo do Paraguai com um sangue fratricida. Mas, mesmo se fosse verdade, disse Washburn, eles eram inocentes até serem julgados culpados. Se López conseguisse mostrar provas da culpabilidade deles, ele os enviaria para os Estados Unidos e para a Grã-Bretanha, respectivamente, onde seriam julgados. Porém, essa discussão era apenas uma troca estratégica de palavras. Washburn sabia que se os soldados de López entrassem na embaixada para levar Bliss e Masterman, ele e sua família também seriam presos. Então, fingiu que prendera os dois em um quarto da embaixada. Os espiões contaram o que Washburn fizera a López, que não ficou satisfeito com as informações e, então, Washburn desistiu de manter a mentira. Mas, uma noite, em torno das 20h, Elisa chegou à embaixada e insistiu que Washburn entregasse Bliss e Masterman, porque eles estavam envolvidos em uma grande conspiração. Muitos amigos antigos de Francisco como Berges, o ex-ministro das Relações Exteriores, também estavam envolvidos, por exemplo Benigno, Venancio, Inocencia e Rafaela. Até a mãe de Francisco, doña Juana, foi mantida em prisão domiciliar, em La Trinidad. Depois a levaram para Luque, onde lhe obrigaram a dizer, sob a ameaça de morte, no altar da igreja, que Francisco era seu único filho, além de amaldiçoar os outros como "rebeldes e traidores". Mais tarde, apesar de seus setenta anos, doña Juana fora açoitada por ser cúmplice da conspiração. A responsabilidade por esse ato foi, mais uma vez, atribuída a Elisa. Um de seus primeiros biógrafos, William E. Barrett, disse que ela se vingou das mulheres da família López por causa das humilhações que sofrera ao chegar ao Paraguai.

Washburn foi a próxima vítima. Elisa disse-lhe que não havia como negar sua participação na conspiração. Pereira, Carreras e Rodriguez haviam confessado que Washburn fazia parte do grupo dos conspiradores. Ele protestou, porque, sem dúvida, eles haviam sido torturados e, por isso, as confissões não tinham o menor valor. Segundo Barrett, ela assistiu à tortura dos "conspiradores", depois que a "selvageria desumana desse país entrou em suas veias". Mas ela negou todas essas acusações.

"Eles não foram obrigados a dizer nada", disse Elisa a Washburn. "O depoimento deles foi voluntário. O presidente jamais usaria a repressão ou a força para obrigá-los a confessar. O presidente é uma pessoa muito bondosa."

A principal preocupação de Washburn era tirar a esposa e o filho do país. Ao ser chamado de novo por Elisa, ele disse que a sra. Washburn gostaria de ir a Buenos Aires o mais rápido possível. Ela respondeu em um tom ameaçador: "Se ela conseguir..." "Madame Lynch repetiu essas palavras", escreveu o embaixador, "em um tom que não deixava dúvidas que nem a sra. Washburn nem a criança teriam permissão de sair do Paraguai".

Washburn pensava que Elisa queria que ele se tornasse um apologista do regime de López, e tentasse persuadir os Estados Unidos a intervir ao seu lado na guerra. Mas, ela não conseguiu convencê-lo a aderir ao governo paraguaio. Ele sabia que ela contaria sua recusa a Francisco. Na realidade, tinha certeza de que destorceria suas palavras – "era impossível dizer que essa mulher falava a verdade, quando a hipocrisia servia ao seu objetivo", disse.

No dia seguinte, Washburn recebeu uma carta do governo paraguaio informando-lhe que Bliss e Masterman, que ainda estavam sob sua custódia, planejavam fugir. Quando se referiu, em sua resposta, à imunidade diplomática dos dois por serem funcionários da embaixada dos EUA, agradeceram-lhe pela informação e o acusaram de conivência na fuga deles. Também atribuíram a ele a posse de cartas incriminatórias. Washburn negou as acusações, mas disse que tinha três caixas que Madame Lynch lhe dera para guardar na embaixada. É possível que estivessem cheias de papéis contrários à segurança e à estabilidade do país, disse. Ele não sabia; as caixas estavam trancadas. Na verdade, Washburn suspeitava que as embalagerns continham dinheiro e joias. Logo depois, o agente de Elisa, José Solis, veio pegá-las. Dr. Stewart e Washburn achavam que ela havia as enterrado em algum lugar entre San Fernando e Villeta, "não sei o local exato, mas acredito que as enterrou em um perímetro de 20 quilômetros", disse Washburn.

Nessa época, todos os funcionários civis do governo, como os juízes, os secretários e os contadores de diversos departamentos governamentais haviam sido presos. E, no país inteiro, só um estrangeiro continuava em liberdade: o agente de Elisa, o espanhol José Solis. As pessoas eram presas com uma velocidade tão inacreditável que Aquino, o diretor obeso do *El Semanario* que há anos enaltecia López e suas inúmeras "vitórias", decidiu agradar ainda mais o governo com a ajuda ao capitão da polícia. Como resultado, foi preso e amarraram grilhões em seus tornozelos gordos. Pouco depois, prenderam também o capitão da polícia.

Washburn recebeu a visita do novo ministro das Relações Exteriores, Gumesindo Benitez, com um pedido de confissão do embaixador americano.

"*Sabemos todo*", disse. Essa frase infeliz foi seu epitáfio. Para o paranoico López, significava que ele sabia coisas que não contara ao governo. Benitez foi preso, torturado, não lhe deram comida, foi denunciado pela esposa e, quando estava à morte, foi fuzilado.

À medida que as execuções continuavam, Washburn, Bliss e Mastermam convenceram-se que não havia conspiração. A trama era toda uma ficção. Se houvesse, como disse Washburn, depois que as pessoas envolvidas "foram eliminadas, outras que desconheciam o assunto seriam poupadas. Mas... Diversas pessoas haviam sido executadas sem outro motivo, a não ser como um passatempo para López." No entanto, Washburn não pensava que Francisco fosse louco, "porque em todos os assuntos em que não era influenciado por sua vaidade e o amor inerente pela crueldade, sua mente era clara e lógica". Washburn também achava uma extraordinária coincidência o fato de a conspiração ter sido descoberta depois que a ferraria do governo começou a fabricar só grilhões com o peso entre 2 a 11 quilos, apesar de ainda haver grilhões da época do Dr. Francia. Segundo Washburn, nem López acreditava na existência de uma conspiração contra ele.

"Não acredito que exista uma conspiração", disse um inglês que sobreviveu ao holocausto, "a não ser que seja uma trama inventada pelo presidente para roubar o dinheiro dos estrangeiros".

Mas, o raciocínio de Washburn também ficou mais paranoico. Começou a acreditar que a ideia da conspiração fora inventada para denigrir seu nome perante outras nações e, assim, em uma violação da lei internacional, os soldados paraguaios poderiam entrar na embaixada e prender Bliss, Masterman, ele e sua família. Decidiu, então, prolongar a correspondência com López, respondendo minuciosamente todas as acusações, com a esperança de ganhar tempo. As provas contra ele, disse, foram obtidas sob tortura, e eram tão inconsistentes que López deveria publicá-las no *El Seminario* para mostrar ao mundo sua inocência. Em vez disso, o jornal editou um longo artigo denunciando os conspiradores paraguaios como: "Filhos de Caim, réprobos que usufruíram da incomparável glória de terem nascidos no mesmo solo do GRANDE LÓPEZ...", enquanto os estrangeiros eram pessoas "que encontraram no solo paraguaio o que não haviam obtido em suas pátrias, sanguessugas que se alimentavam com o mel do povo, que enriqueceram com o precioso fruto do suor e do sangue do povo, enquanto o povo sacrificava-se em nome do patriotismo, com grandes privações, banhando com seu sangue a árvore da liberdade, e defendendo com suas vidas o santuário de sua religião e seus direitos sagrados..."

O autor dessa retórica era, é claro, López. Ele concluiu: "Graças a Deus e ao MARECHAL LÓPEZ! Hoje, o povo paraguaio está curado do câncer que gangrenou sua existência. Confiança, tranquilidade e fraternidade recuperaram seu lugar imutável entre nós. Quem pode nos conquistar? Ninguém! Deus e o MARECHAL LÓPEZ estão conosco." Que dupla imbatível!

Mas, o presidente não era o único com delírios de grandeza, nem Washburn era o único a ter medo da perseguição. O Paraguai inteiro era paranoico. Ninguém ousava dizer nada contra López, nem ouvir ninguém criticá-lo, com medo de que a pessoa fosse um espião enviado para armar uma cilada. Se alguém ouvisse, até mesmo uma crítica moderada a Francisco, era apenas uma questão de ver quem denunciava o outro primeiro.

E isso acontecia entre membros da mesma família, vizinhos, amigos e entre os estrangeiros.

Em Luque, as pessoas eram incentivadas a protestar contra traidores, e denunciar parentes e amigos. As esposas delatavam os maridos e vice-versa. Por sua vez, os delatores eram denunciados e enviados para San Fernando, onde eram torturados e executados, enquanto Francisco passava horas de joelhos na igreja, indiferente aos gritos, e Elisa não fazia nada para contê-lo.

Ninguém jogava mais bilhar, uíste ou xadrez na embaixada. O bombardeio em Assunção fora há cinco meses, e ficou evidente que os brasileiros não chegariam a tempo de salvá-los. Mais cedo ou mais tarde, López enviaria os soldados para prendê-los, e eles passariam fome, ficariam expostos ao mau tempo, seriam chicoteados e torturados na roda. Sabiam que mesmo homens corajosos como Pereira, Carreras e Rodriguez haviam sido torturados com tanta brutalidade que fizeram acusações falsas. Bliss e Masterman disseram que prefeririam ir para a guilhotina, que sofrer nas mãos dos carrascos paraguaios. Dr. Stewart contara a Washburn, em uma carta, que López daria ordens para torturar a sra. Washburn na sua frente, a não ser que confessasse ser o líder da conspiração. Nessa época, López odiava tanto Washburn, que quando se embriagava, seus discursos bombásticos e violentos contra o embaixador dos Estados Unidos excediam qualquer insulto dirigido a Mitre, e eram tão obscenos que "Madame Lynch cobria o rosto e fingia ruborizar-se com as imoralidades da embaixada americana", segundo Dr. Stewart.

Pouco antes de ser preso, Dr. Stewart ouviu Francisco e Elisa discutindo o plano deles. Primeiro, enviariam soldados à embaixada para prender Bliss e Masterman. Em seguida, "para a segurança da República", Washburn seria torturado, uma cena que López adoraria assistir. Enquanto isso, Elisa visitaria a sra. Washburn para expressar sua simpatia. Diria que o marido não corria perigo, e que ele poderia sair do país para contar ao mundo a conspiração que tinha planejado. A sra. Washburn só precisaria escrever uma carta a López, confirmando a existência dessa conspiração. Depois mostrariam essa carta a Washburn para dissuadi-lo de qualquer "obstinação", e lhe diriam que sua tortura terminaria se ele admitisse também que havia uma conspiração. Se ainda se recusasse, as costas e os ombros da esposa seriam feridos com varas, em sua presença. Depois o casal sofreria um "acidente". Mas, os responsáveis pelo acidente seriam condenados à morte imediatamente. Francisco e Elisa fariam uma declaração pública, na qual lamentariam a morte do embaixador e de sua esposa, diriam que já haviam punido os responsáveis, e enviariam o filho deles com uma bandeira de trégua e uma mensagem de pesar. Sem uma prova direta da participação dos comandantes do Paraguai na morte do embaixador americano, talvez não houvesse uma retaliação por parte dos Estados Unidos.

Mas, Washburn contou a sua versão das intenções de Elisa. "Madame Lynch preferia o assassinato", escreveu mais tarde, "e por ser mulher repugnava a tortura abominável que López queria infligir a mim e à minha esposa".

Porém, isso era uma esperança tênue. O embaixador americano lembrava-se que, certa vez, Elisa "suspeitara que havia um envolvimento íntimo de um homem que trabalhava para ela com uma de suas criadas, e fingira que estava escandalizada e chocada com as imoralidades cometidas em sua virtuosa casa". Por isso, enviou o homem que ofendera a moral de sua casa ao oficial superior, com um bilhete dizendo que deveria ser açoitado até a morte. Coronel Thompson lembrava-se desse incidente.

Todas as pessoas que conviviam com Elisa sabiam que ela instigava os excessos de López, que denunciava com prazer aqueles que a olhavam com desprezo e mandava prender e matar pessoas para roubar seus bens. Mas, ela também sentia medo. Tinha muitos inimigos, que poderiam denunciá-la como conspiradora. O fato de ser amante de Francisco não era uma garantia de proteção. Segundo John Duffield, López "vangloriava-se de ter arruinado a vida de centenas de mulheres; e há pouco tempo dera ordens de matar, com requintes de crueldade, diversas dessas mulheres por uma tolice qualquer que haviam falado, ou que poderiam vir a dizer".

Mas, antes da chegada dos brasileiros e da execução do plano de Francisco e Elisa, o navio de guerra norte-americano *Wasp* atravessou o bloqueio. Washburn pediu passaportes para ele, sua família e os funcionários da embaixada. López recusou o pedido. Diante dessa negativa, o comodoro Kirkland disse a López que mr. Washburn era amigo pessoal do novo presidente dos EUA, Ulysses S. Grant, e ameaçou bombardear Assunção e destruir o novo palácio de López, caso não permitisse a partida do embaixador. Kirkland chegou a levar um revólver em um dos encontros com o presidente, decidido a matá-lo se necessário. Quando Elisa advertiu Francisco que sua obstinação poderia provocar um conflito com os Estados Unidos, ele cedeu. No entanto, não emitiu passaportes para Bliss e Masterman. Washburn e a família saíram da embaixada para embarcar no *Wasp* acompanhados por Bliss e Masterman. Porém, estes dois foram presos no mesmo instante.

Haviam tido tanta esperança de serem salvos... Mas ainda existia a possibilidade de o embaixador conseguir a ajuda dos oficiais americanos para resgatá-los, antes que fossem executados. Washburn dera permissão a eles para difamá-lo de todas as formas possíveis e, assim, atenuar a vingança de López. Ninguém no Paraguai ou no exterior acreditaria que haviam feito essas calúnias sob tortura ou ameaça de tortura.

Washburn foi obrigado a deixar seu dinheiro e os pertences, que lhe haviam sido dados para guardar, na embaixada; não tinha dúvidas de quem se beneficiaria com isso. Quando embarcou no *Wasp* soube, pelo capitão, que López era considerado um herói nos Estados Unidos e na Europa, um homem que lutava com bravura em defesa de seu país. A ofensiva sedutora de Elisa funcionara. O presidente paraguaio era visto como um defensor dos princípios republicanos, envolvido em uma luta titânica contra a monarquia, o despotismo e a escravidão, a exemplo do Brasil. Eram notícias chocantes. E, quando Washburn contou o que de fato acontecia no Paraguai, suas histórias só confirmaram as acusações de López sobre a participação do norte-americano em uma conspiração contra ele. Ao mesmo tempo, os jornais do Rio de Janeiro, Buenos Aires e Montevidéu, supondo que conspirara contra o governo paraguaio, criticaram Washburn por ter fracassado em sua trama contra o monstruoso López.

12
O fim do império

Assim que saíram da embaixada, Bliss, Masterman e Baltazar, o empregado negro do Dr. Carreras, foram presos por cinquenta soldados. Os militares os levaram para o posto policial, onde confiscaram seus pertences, prenderam suas pernas com grilhões e os jogaram nas celas. Masterman observou que não havia móveis, nem mesmo uma cama na ali. Na manhã seguinte, um sargento e dois homens entraram na cela. Um deles carregava um martelo e o outro uns ferros. Escreveu Masterman:

> Um ferro redondo, que o homem carregava nos ombros, substituiu os grilhões presos às minhas pernas. Primeiro, colocaram duas argolas de ferro áspero com olhais nas extremidades em meus tornozelos; depois enfiaram o ferro, com 46 centímetros de comprimento e 5 centímetros de diâmetro nos olhais, e uma cunha de ferro, com muitos golpes pesados de martelo, foi presa em uma extremidade, enquanto um puxador prendia a outra parte. Eu tinha uma enorme dificuldade para levantar e sentar, e o peso desses grilhões era insuportável.

Em seguida, Masterman foi levado para um lugar onde encontrou Bliss e Baltazar, também com grilhões nas pernas, e umas mulas. Assim que montaram nos animais, partiram para Villeta a uns 50 quilômetros de distância. Segundo Bliss, apesar de mais tarde ter sido torturado, nada se comparou à agonia que sofreu aquela noite. "O peso dos grilhões em meus tornozelos foi uma terrível tortura, e quase desmaiei, sem comida até o meio-dia do dia seguinte... Caí diversas vezes e fui arrastado por uma grande distância por meu cavalo."

Masterman suplicou ao sargento que andasse devagar, porque "a cada passo a barra pesada movia-se para frente e para trás, e cada solavanco era uma tortura". Mas, de repente, a mula começou a trotar e ele caiu. "Eu estava preso na cilha do animal e fui arrastado com a cabeça para baixo, enquanto a mula dava coices maldosos. Felizmente, só tive um corte profundo no tornozelo e uns arranhões."

Coronel uruguaio León de Pallejas, morto em combate.

Agora, o destino deles era o centro da defesa paraguaia. Depois da captura de Humaitá, López abandonou o forte improvisado em San Fernando, onde o rio era mais largo, e foi para Angostura, em um trecho mais estreito do curso d'água, perto de Villeta, a uns 20 quilômetros de Assunção. O coronel Thompson começou a construir um novo forte em Angostura enquanto López, com sua discrição habitual, instalou seu quartel-general a quase dez quilômetros de distância, em Pikysyry, mais longe das colinas Lomas Valentinas, e fora do alcance das armas das tropas brasileiras.

Para o crescente número de presos políticos do presidente paraguaio, Villeta significava o caminho da morte. O arquiteto do palácio de Francisco, o pedreiro e construtor nascido em Chelsea, na Inglaterra, Alonzo Taylor, era um desses presos políticos. Ele viera para o Paraguai, em 1858, com a esposa e os filhos. Antes de sua eleição presidencial, López e Elisa trataram Taylor muito bem e, então, ele decidiu ficar. Quando a guerra começou, foi impossível partir do país. No início o britânico trabalhou no arsenal, enquanto a esposa cuidava das viúvas e dos filhos dos outros ingleses que tinham bebido *caña* até morrer.

Em 1868, passou a trabalhar na fábrica de sopa em Luque. Na noite de 21 de julho, voltou para casa às 22h e, logo depois, um soldado a cavalo bateu em sua porta e disse-lhe que tinha ordens de levá-lo ao Ministério da Guerra. Taylor sabia que era inútil resistir, então montou em seu cavalo e acompanhou o soldado. Mas, o militar o deixou no porto, onde o acorrentaram a oito ou nove prisioneiros. De manhã, embarcaram no navio *Salto de Guayrá*. Em torno das 11h, Elisa e o filho mais velho, Panchito, também subiram a bordo, juntos com alguns oficiais, e a embarcação seguiu para San Fernando.

Disse Taylor:

> Assim que o navio partiu, a sra. Lynch olhou ao redor, mas não tomou conhecimento de minha presença, embora fosse muito gentil comigo, e minha filha ia com frequência à sua casa. Perguntei a um oficial, com quem tinha uma relação estreita de amizade, se eu poderia falar com ela; ele respondeu que por ser um prisioneiro eu não podia falar com ninguém, menos ainda com ela. Ele me ofendeu, e parecia contente com minha infelicidade.

Taylor e mais dez prisioneiros caminharam uns dez quilômetros com os grilhões nas pernas, alguns até com mais de um par, cada um pesando de 9 a 14 quilos. Dois prisioneiros doentes foram carregados em macas. Os guardas empurravam os detidos com as baionetas, e os que ficavam para trás eram açoitados. Em San Fernando, Taylor viu homens e mulheres sendo torturados e chicoteados até morrerem; presenciou um oficial argentino ser carregado pelos guardas para o chicoteamento e quando voltou tinha o corpo inteiro ferido. Sem poder falar, o argentino escreveu com uma vara na areia "100". No dia seguinte, quando voltou, escreveu "200". No terceiro dia foi fuzilado. Outros eram mortos com golpes de baioneta, "com uma crueldade atroz". Taylor viu mais de setecentas pessoas serem assassinadas em San Fernando. Outros presos morriam de fome ou pela exposição ao mau tempo. A prisão era ao ar livre, em um terreno onde os presos ficavam amarrados em filas em *el cepo de lazo* – ou cepo de corda. Os *cepos* prendiam-se entre duas estacas, e as cordas eram esticadas até ficarem retesadas como as de uma harpa. Era extremamente doloroso. Os prisioneiros ficavam deitados no chão o dia inteiro, expostos ao Sol tórrido, às tempestades tropicais e às picadas de enxames de insetos. As sentinelas batiam ou chutavam os detidos a seu bel-prazer. O simples pedido de água era um convite ao açoitamento. O único alimento eram as vísceras dos animais caçados pelas tropas. Não comiam sal, e os prisioneiros vendiam as próprias roupas por um pedaço de pão ou uma espiga de milho. As mulheres eram tão maltratadas quanto os homens – ficavam nuas, não lhes davam comida, eram chicoteadas e torturadas, embora tivessem pequenas cabanas de palha em forma de um "A", que proporcionavam alguma sombra, mas não um abrigo contra chuva.

O *cepo uruguayna* era a tortura preferida de Francisco. Inventada na Bolívia, na época de Simón Bolívar, originalmente se chamava *cepo boliviano*. Mas, era um meio tão doloroso e eficaz de obter confissões, que López a introduziu no Paraguai, e depois da rendição de Estigarribia em Uruguaiana, mudou seu nome para *cepo uruguayana*. "Essa foi a maneira como me torturaram", disse Taylor.

> Eu sentava no chão com os joelhos levantados. Primeiro, amarravam minhas pernas e depois as mãos atrás do corpo, com as palmas para cima. Em seguida, prendiam um mosquete embaixo dos joelhos; seis mosquetes amarrados como um pacote eram colocados nos ombros e presos com cordas de couro (...) dois soldados que puxavam as cordas por uma extremidade empurravam meu rosto em direção aos joelhos e o seguravam nessa posição. O efeito era o seguinte: primeiro os pés adormeciam, depois começava um formigamento nos dedos dos pés, e o mesmo acontecia com as mãos e os braços, um formigamento cada vez mais forte até que a agonia ficava insuportável. A língua inchava e tinha-se a sensação que a mandíbula estava deslocada; perdia-se a sensibilidade de um lado do rosto por 15 dias. O sofrimento era terrível; eu teria confessado se tivesse algo a confessar."

Mas, quando o interrogavam, ele não tinha condições físicas de falar.

Taylor ficara no *cepo* durante duas horas. "Acho que tive sorte de não ser torturado mais vezes. Muitos prisioneiros eram torturados no *cepo uruguayana* duas vezes; outros seis vezes, com oito mosquetes presos à nuca", disse. Segundo lhe contaram, ele foi torturado no *cepo* por pouco tempo em razão da "clemência" de Sua Excelência, o marechal López.

O arquiteto só descobriu bem mais tarde, depois que o soltaram, que, assim como outros prisioneiros, fora acusado de traição. O professor de italiano do filho de Taylor o convidara a aderir à francomaçonaria, e, sob tortura, o professor havia dito que Taylor assinara um documento no qual afirmara que queria se filiar. Quando as autoridades decidiram que a confissão era falsa, o professor foi executado.

Embora fosse inocente, e não houvesse mais nenhuma acusação contra ele, Taylor não foi libertado. Apesar das privações terríveis que sofreu, ele achava que ainda tivera sorte, pois havia visto a antiga dama de companhia e confidente de Elisa, Juliana de Echegaray Martínez, ser torturada seis vezes no *cepo,* depois a chicotearam e a espancaram até o corpo ficar coberto de feridas.

Quando os prisioneiros começaram a caminhada de mais de 160 quilômetros de San Fernando a Villeta em 28 de agosto, um mês depois de sua prisão, Taylor sofria de reumatismo, de febres intermitentes e de disenteria. No entanto, improvisara um pequeno cachimbo com um pedaço de cerâmica, e isso que lhe dava certo consolo. Antes de o trajeto começar, os soldados tiravam os grilhões das pernas dos prisioneiros, mas ainda sim era preciso carregá-los. Descalços, caminhavam com lama até a cintura em pântanos, em cima de folhas que escondiam pregos pontiagudos e com as baionetas apontadas para eles. A estrada passava por lagoas, florestas impenetráveis e caminhos íngremes. Às vezes, andavam 5 quilômetros para atravessar de fato um. À noite, os prisioneiros eram colocados no *cepo de lazo* e, embora pudessem acender fogueiras para se aquecerem, não lhes davam nada para comer. Vinte e sete presos morreram nessa caminhada.

De acordo com Taylor, dos 260 prisioneiros, 14 eram estrangeiros, sendo que, pelo menos, quatro eram mulheres: a bela Dolòres Recaldè, as duas irmãs mais velhas do señor Ejusquiza, o agente de López em Assunção, e Juliana Martínez, antes uma jovem bonita, cujo corpo agora era coberto de feridas e o rosto escuro e retorcido. Durante a marcha, Juliana perguntou a Taylor se uma grande mancha negra que lhe fizeram no olho a desfiguraria para sempre. Sem dúvida iria. Mas, dois meses depois a executaram, só tinha 24 anos. O único crime que cometera fora o de ser casada com um homem que havia sido obrigado a se render em Humaitá, quando López deixou os soldados morrerem de fome.

Na viagem a Villeta, Inocencia e Rafaela, as irmãs de Francisco, não precisaram caminhar. Não que estivessem sendo bem tratadas. As duas estavam presas em carroças, ou *carretas,* fechadas puxadas por bois, com dois metros de comprimento por 1,2 metro de largura, como as jaulas usadas no transporte de animais ferozes para exibições públicas. Atrás, a porta era fechada com um cadeado; na frente, havia uma abertura estreita por onde colocavam a comida. As duas estavam trancadas nessas carroças há cinco meses. Em Villeta, Masterman as viu sendo interrogadas por *fiscàles,* e ouviu crianças chorando dentro dessas jaulas, mas não poderia afirmar que eram os sobrinhos de López.

Quando chegaram a Villeta, Masterman, Bliss e Baltazar assim que saltaram de suas montarias, foram espancados e arrastados a um tribunal presidido pelo padre Maiz. Lá, disseram-lhes que não haviam sido trazidos ao tribunal para se defenderem, porque a culpa deles era um fato incontestável. Ao contrário, estavam ali para fazerem uma confissão completa. Mas, ao se recusarem a dizer que haviam conspirado contra López, e que Washburn era o líder da conspiração, foram torturados no *cepo uruguayana.* Escreveu Masterman:

> "Esses selvagens, assim como os índios em *O último dos moicanos,* deveriam se envergonhar de usar métodos tão primitivos de tortura. Um dos homens amarrou meus braços bem apertados atrás do meu corpo, o outro colocou o mosquete embaixo dos meus joelhos, e pressionou com o pé minha cabeça até encostar minha garganta no mosquete; depois colocaram outro mosquete em minha nuca e amarraram bem as armas.

Dois soldados puxavam as cordas e, às vezes, batiam com um bastão de madeira para apertar ainda mais as amarras que prendiam os mosquetes. Isso comprimia dolorosamente o abdome. Quando colocaram Bliss no *cepo,* ele ouviu sua coluna vertebral estalar. Durante o martírio, um padre dizia com uma voz monótona que a vítima deveria confessar e "assim receber o perdão do gentil e generoso marechal López". Masterman foi torturado duas vezes sem dizer nada, até que o sangue do corte nos lábios quase o sufocou e ele desmaiou com a dor lancinante. Ameaçado de ser colocado pela terceira vez no *cepo,* confessou. O padre lhe disse que era um tolo, porque Bliss confessara quase sem opor resistência. Atrás do *cepo* onde estava, Masterman ouviu Baltazar rezando enquanto seus dedos eram esmagados com um bastão, e sentiu muita pena dele. Ao contrário de Masterman e Bliss, que haviam conversado com Washburn a respeito das acusações de Elisa, o pobre Baltazar não sabia nada sobre a suposta conspiração e, por isso, não poderia se salvar com a confissão de sua culpa. Depois de sofrer torturas horríveis, ele morreu de inanição.

Masterman não teve a menor dificuldade em confessar. Os interrogadores deram "várias indicações importantes do procedimento que eu deveria adotar". Ele percebeu que quanto mais insultava e feria a integridade de Washburn, mais eles gostavam. Então se referiu ao embaixador como "a grande besta" o tempo inteiro. "Consegui representar muito bem meu papel", disse, embora estivesse feliz por Washburn estar a salvo, a bordo do *Wasp*. As outras pessoas que ele nomeou já haviam morrido. Justificou a si mesmo por difamar os mortos, porque se ele e Bliss morressem, não haveria ninguém para reabilitar os nomes deles mais tarde. Masterman disse que os interrogadores ameaçaram torturá-lo mais vinte vezes, "e por duas vezes quase cumpriram suas ameaças, quando felizmente me lembrei de algo que Washburn dissera contra López". Com um floreio final, pediu desculpas aos seus juízes pelo transtorno de torturá-lo.

No início Bliss não se sentiu tão à vontade quanto Masterman. Teve de reescrever cinco vezes sua confissão, e a tortura prolongou-se por dias. Por fim, decidiu assustar López com a existência fantasiosa de uma conspiração envolvendo quase todos os países do mundo; enquanto o Dr. Stewart confessou, sob tortura, que havia uma trama "para matar todos os soldados da República envenenando o vinho no depósito público", apesar de o estoque inteiro de vinho do país estar nas adegas bem vigiadas de Elisa.

Durante o interrogatório eles dormiram ao ar livre, em uma área cercada por grades, onde Taylor os viu, embora não tenha tido coragem de falar com eles. Masterman lembrava-se de ter acordado uma manhã todo molhado e deitado em uma poça de água. Chovera forte à noite e o vento era gelado.

"De um lado estava Dr. Carreras que ainda dormia, e do outro o cadáver do tenente-coronel Campos", disse Masterman. "Ele morrera à noite, abandonado e sem que ninguém percebesse, e estava deitado com um olhar vazio para o nascer do Sol."

Campos era um prisioneiro de guerra argentino. E depois de acordarem os presos com golpes, os guardas jogaram o cadáver no rio. "Só um essa manhã?", disse um policial enquanto arrastava o corpo.

Em geral, Masterman achou que os soldados haviam sido razoavelmente gentis durante o interrogatório. Padre Maiz e os outros clérigos é que instigavam a tortura. Um deles, padre Romàn, lembrou a Masterman a figura de Torquemada [um dos padres responsáveis pela Inquisição na Idade Média].

"Romàn desonrava jovens inocentes e suas mães, como fez com a señora Martínez e doña Dolòres Recaldè, e depois as mandava fuzilar, sem o menor sinal de remorso ou pena", disse.

Quando terminou o interrogatório, levaram Masterman e Bliss para outra prisão em uma colina, onde havia uns quarenta prisioneiros. Havia outras cadeias nos arredores. Pessoas importantes como os irmãos de Francisco, Dom Benigno e Dom Venancio, tinham acomodações que, segundo Masterman, eram "de certa forma luxuosas, porque tinham um pequeno casebre de palha onde podiam dormir". Os barracos não eram altos o suficiente nem para sentar-se dentro deles, mas protegiam da chuva e do Sol inclemente. Os outros presos não tinham abrigos para protegê-los do calor ou do frio. Os prisioneiros de guerra também tinham mais sorte, porque não os amarravam aos grilhões, embora estivessem no "último estágio de indigência, alguns praticamente nus, com o corpo coberto de feridas e a maioria quase não conseguia andar, de tão fracos". Depois havia os criminosos comuns, que se diferenciavam por ter só uma argola de ferro no tornozelo direito. "Tinham a aparência inumana, sem um trapo de roupa e, em geral, ficavam deitados no chão amontoados uns sobre os outros."

Nessa prisão, Bliss e Masterman encontraram mais uma vez Taylor e Dr. Carreras. Padre Maiz torturara Carreras no *cepo uruguayana* durante três dias, e esmagou seus dedos com uma marreta. Masterman também viu os dois ex-ministros de Relações Exteriores, Berges e Benitez, na cadeia. Os dois homens estavam nus, e "evidentemente na segunda infância". Um dia Masterman viu Benigno López, no momento em que o levavam para ser torturado. Benigno já fizera uma confissão completa, e Masterman se perguntou por que teria de ser submetido a esse sofrimento terrível de novo.

Outros em custódia na época eram o Bispo Palacios, o restante do ministério de Lopez, com exceção do Vice-presidente Sánchez, mais

Leite Pereira, dois portugueses, dois alemães, seis franceses, nove espanhóis, 15 italianos, 25 argentinos, 33 brasileiros e inúmeros paraguaios.

Alonzo Taylor observou que, apesar de os prisioneiros serem "de todas as nacionalidades, níveis e classes sociais, com o calor, a deterioração física, a chuva e o vento, não havia mais diferença entre aqueles seres humanos infelizes e seminus". Bliss disse que algumas pessoas que conhecia haviam sido torturadas com tanta crueldade, que só as reconheceu muito tempo depois.

Os soldados jogavam algumas sobras de comida para os prisioneiros, em geral, vísceras de animais, duas vezes por dia. Os presos tinham de cozinhar suas refeições. Masterman viu o ex-primeiro-ministro do Uruguai "roendo faminto a cartilagem de uns ossos jogados com desprezo por alguém que passava perto do local". A água era fétida e escassa. Os prisioneiros guardavam com ciúme qualquer recipiente que pudessem carregar – um brasileiro não se separava de uma bota velha de borracha de cano alto. Mas, uma colher era o objeto mais ambicionado por eles.

Os detentos eram torturados, açoitados até morrer e fuzilados todos os dias, às vezes no meio da área comum da prisão. Entre os presos, havia também mulheres das "melhores famílias do país". Quando as chicoteavam seus gritos eram terríveis de ouvir, como comentou Taylor. Masterman viu uma jovem de 16 anos que ficou imóvel enquanto a chicoteavam, e só as lágrimas escorriam por seu rosto. Muitas foram executadas, logo depois. Outras foram assassinadas brutalmente, após confessarem algo sob tortura. Muitas foram executadas pouco depois desse sofrimento monstruoso.

De junho a dezembro de 1868, Dr. Cecilio Báez avaliou que:

> o número de execuções de gente importante do país, por crimes imaginários, foi de mil pessoas, sem contar os 7 ou 8 mil soldados executados por crimes triviais, e as centenas de famílias sacrificadas pelos lanceiros para roubar suas joias e pratas. Entre as vítimas do tirano, estavam centenas de mulheres e jovens das melhores famílias do Paraguai, cujo único crime foi o de ser mães, esposas, filhas e irmãs dos supostos conspiradores.

Bliss e Masterman atribuíram sua sobrevivência ao fato de saberem escrever. Depois da confissão, os carcereiros lhes deram papel e caneta para escrever tudo que sabiam sobre a conspiração. Os dois decidiram fazer relatos com longas passagens denegrindo a imagem da "grande besta"

– Washburn –, "o gênio do mal do Paraguai", – e com trechos ainda mais longos elogiando a sabedoria, a bondade e a virtude de López, com a esperança que Washburn tivesse convencido o esquadrão americano a voltar para resgatá-los. Inventaram, até mesmo, uma trama, na qual o embaixador americano estava sendo pago por Napoleão III e Pedro II para dividir a América do Sul entre as dinastias Bonaparte e Bragança. Masterman atribuiu a Washburn opiniões e comentários seus, que não tinha coragem de expressar – que López era um homem cruel, um tirano ambicioso e um general incompetente diante de um inimigo superior – "e, portanto, o povo precisava conhecer a verdadeira situação do país", escreveu. O resultado, com o acréscimo de mais detalhes sobre a conspiração, foi publicado em um panfleto de 12 páginas, com ampla divulgação. Só encontraram um erro em seu texto. Disseram que era redundante dizer: "O sr. Washburn conspirou contra Sua Excelência o presidente e o governo do Paraguai."

"Sua Excelência *é* o governo", disse o torturador de Masterman.

Bliss, por sua vez, era um escritor profissional. Seu depoimento tinha 323 páginas, e López gostou tanto do texto, que publicou o trabalho com o título pomposo de *La historia secreta de la misión del ciudadano norte americano Charles A. Washburn cerca Gobierno de la Republica del Paraguay – por el ciudadano americano, traductor titular (in partibus) de la misma misión.* Centenas de cópias foram enviadas para o exterior, com o objetivo de mostrar ao mundo como ele, López, derrotara "o importante diplomata e um intrigante audacioso e inescrupuloso, que quis transformar reis e imperadores em meros dignitários titulares de um tabuleiro de xadrez". Segundo *La historia secreta*, Washburn era também um alcoólatra, um glutão, um jogador inveterado, um libertino e um cleptomaníaco que fora expulso do colégio por roubar objetos de prata; um homem que fracassou em sua ambição de ser um Grant ou um Napoleão, quando foi reprovado no exame de admissão da Academia de West Point. Além disso, perdera o emprego em Washington por causa do seu envolvimento com "os prazeres e orgias dos jovens dissolutos que conheceu na capital". Formou-se em advocacia, mas não tinha clientes e era um médico cujos pacientes encomendavam os caixões antes de consultá-lo. Depois, mudou-se para São Francisco e sujeitou a cidade a um reino de terror. Fugiu dos cidadãos indignados, que queriam enforcá-lo; escreveu um romance pornográfico, evidentemente autobiográfico e, em seguida, um livro de piadas antigas, que roubara dos outros, e piadas novas, tão sem graça que ele precisava ir à casa dos leitores para explicá-las. Bliss dedicou seis páginas a uma crítica implacável de textos de poesia, que Washburn nunca havia escrito. Mas, o pior crime do americano, na opinião de *La historia secreta*, era o de ter corrompido a lealdade de Bliss ao "maior guerreiro da época", o General Francisco Solano López.

Bliss justificou sua prodigiosa imaginação literária ao fato de suas "ideias não estarem bloqueadas pelos excessos alimentares à mesa" pois, assim como os outros prisioneiros, comia restos sem sal da carne de animais. Porém, sua produção literária foi estimulada, sobretudo, por ser obrigado a trabalhar de 12 a 14 horas por dia com um guarda armado em pé ao seu lado. Com frequência, o acordavam à noite para corrigir provas. Quando percebia que estava trabalhando rápido demais, introduzia erros propositais para diminuir o ritmo.

Enquanto Masterman expressava seus pensamentos nas palavras de Washburn, Bliss inventou que Washburn estava escrevendo um livro denegrindo a imagem de López e do Paraguai. Depois, começou a citar trechos enormes dessa suposta obra. Nessas citações imaginárias, Bliss relatava os acontecimentos reais do Paraguai, e descrevia o verdadeiro caráter de López e suas ações. De acordo com ele, o embaixador norte-americano dissera que Francisco era um covarde com uma desconsideração criminosa em relação à vida de seus súditos, e que "o governo de todos os autocratas da Rússia era misericordioso e as piores intolerâncias da Santa Inquisição eram carícias ternas" comparados às suas atrocidades. Mas, López não percebeu a ironia do texto de Bliss, e mandou imprimir panfletos de oito páginas com trechos das citações inventadas e os distribuiu no exército, o que deve ter tido um efeito maravilhoso para a moral dos soldados.

Não se sabe se Elisa leu os trabalhos literários de Masterman e de Bliss e, em caso afirmativo, o que fez com eles. Mas, os textos tiveram uma ampla divulgação e é pouco provável que ela não os tenha visto. Madame Lynch era sofisticada e culta o suficiente para perceber o verdadeiro conteúdo deles, e o tom irônico, sem dúvida, agradaria ao seu humor britânico. No entanto, talvez por ter sido em grande parte responsável pela invenção da trama, tenha começado a acreditar em sua própria mentira. Ele escreveu:

> Soube que ela não perde uma oportunidade de falar a respeito da conspiração com comentários ofensivos à dignidade e à integridade de Washburn e de seus amigos, em suas conversas com López, enaltecendo sua

generosidade como governante e, ao mesmo tempo, enfatizando a ingratidão deles. "Oh, Sua Excelência, como o senhor tem se sacrificado por seu país", dizia para o gordo, bêbado e libidinoso Francisco depois do jantar, "E como esses homens pérfidos conspiraram contra o presidente. Es muy triste, señor". Mas, Elisa não dizia essas palavras para nos destruir, e sim para se proteger. Um homem que prendera os irmãos, açoitara as irmãs e havia ameaçado a mãe, não respeitava ninguém.

Mas, nem todos eram tão ingênuos. Padre Maiz disse a Bliss, *sotto voce,* que, ao citar opiniões de Washburn, na verdade, ele estava fazendo uma crítica destrutiva a López. Assim, sabiamente o escritor acrescentou um trecho em que denunciava todos os padres do país como uma horda de intrigantes e espiões, cujo conhecimento de latim limitava-se à mutilação das palavras do Santo Ofício, com exceção, é claro, do respeitável padre Maiz. Maiz acalmou-se, e Bliss continuou a comparar o Paraguai ao inferno de Dante, e López ao tirano Nero e ao abutre que comia o fígado de Prometeu. Chamou-o de louco e criminoso, e mencionou a citação de Washburn de uma frase de Shakespeare: "Um cavalo! Um cavalo! Meu reino por um cavalo!" Mas, nesse caso, López se contentaria com um jumento. Francisco lia todas as palavras dos textos de Bliss, e os mandava publicar no Paraguai e no exterior.

Na verdade, ele não entendia as citações de autores clássicos feitas em latim, que nem López nem seus seguidores conheciam e, por isso, não percebiam que a maioria era produto da invenção de Bliss. Ardilosamente, o escritor também manipulou a natureza supersticiosa de López, com menções a sinais e maus presságios no texto, além de dizer que o governante fora amaldiçoado.

"Nunca, talvez, na história da humanidade, tantas mentiras se reuniram em um espaço tão pequeno", escreveu Masterman com uma ponta de inveja.

Ironicamente, ao partir do Paraguai Washburn foi criticado por fazer comentários desfavoráveis em relação a López e por abandonar Bliss e Masterman nas mãos de um governo tirânico e cruel. Porém, quando o livro foi publicado censuraram o escritor pela crítica a Washburn. No entanto, o embaixador elogiou o trabalho intelectual e literário de um autor heroico e nobre como Bliss; Washburn sabia muito bem em quais circunstâncias o livro fora escrito.

Bliss terminou sua diatribe de 323 páginas com os seguintes parágrafos:

> Descrevemos com total imparcialidade a história de uma das maiores violações dos deveres de um diplomata neutro do mundo atual. Denunciamos à raiva Divina, ao opróbrio do mundo e para uma punição condigna em seu país, Charles Ames Washburn como culpado de crime de alta traição e, em especial, de uma enorme conspiração contra um governo, no qual exercia a função de embaixador de seu país e contra a vida do supremo Magistrado da República do Paraguai.
> Nossa atual tarefa está concluída; mas ao pôr de lado nossa caneta juramos solenemente que, se Deus nos der a oportunidade, seguiremos Washburn pelo mundo inteiro até que ele receba o justo castigo por esse crime sem precedente e execrável.

Francisco ficou encantado com o texto, e Bliss e Masterman livraram-se dos grilhões. Porém, Deus não lhes daria, ainda, a oportunidade de partir do Paraguai para perseguir o perverso Washburn.

No final de 1868, depois de quatro anos de uma carnificina insensata, Caxias decidiu, por fim, construir uma estrada com toras de madeira na região deserta de Chaco, para investir de flanco contra o inimigo com o mínimo de baixas possível, em vez de enfrentar uma resistência fanática nos pântanos infestados de doenças na margem esquerda do rio Paraguai. Em novembro de 1868, os 32 mil soldados do Exército brasileiro atravessaram o rio e seguiram em direção a Chaco. Caxias cruzou de novo o curso d'água e atacou López e as posições paraguaias em San Antonio pela retaguarda de surpresa, a seis quilômetros ao norte de Villeta.

Para mantê-los fora do alcance das tropas brasileiras, os prisioneiros foram obrigados a fazer outra longa caminhada. Escreveu Mosterman:

> Três grupos de homens, mulheres e crianças", escreveu Masterman, "transformaram-se em soldados a pé e a cavalo, armados com lanças, baionetas e armas de fogo, além de varas, com as quais batiam em pessoas estranhas e naqueles que caíam de exaustão; enquanto isso os oficiais com as espadas desembainhadas circulavam entre eles desferindo golpes à direita e à esquerda com extrema crueldade.

Outros prisioneiros, em geral os que não tinham uma relação com a "conspiração", foram informados por López que, lamentavelmente, em razão de um avanço inesperado das tropas aliadas, seriam executados para não caírem nas mãos do inimigo. Masterman lembrava-se de um grupo de presos espancado e fuzilado, enquanto Elisa passava por eles de carruagem.

"Ela inclinou-se com um sorriso gracioso", disse. "Tiramos o chapéu para cumprimentá-la, porque sabíamos que uma palavra sua seria suficiente para nos condenar à morte na forca no mesmo dia, ou ainda pior, no dia seguinte."

Masterman, Bliss, Taylor e o restante dos prisioneiros, por fim, chegaram a Pikysyry onde se instalaram em um enorme acampamento em uma antiga região pantanosa. No início, o tempo os ajudou. Os ventos frios da região sul só cobriram os prisioneiros de poeira. Porém, mais tarde, começou a chover e o acampamento transformou-se em um lodaçal. A tortura, o sofrimento e as execuções aleatórias continuaram como antes. Uma tarde, Masterman viu o escultor inglês Monygham, um ex-assistente do mestre italiano Marochetti, que viera para o Paraguai com a incumbência de esculpir estátuas no novo palácio de López, ser torturado no *cepo uruguayana*. Mas, para a maioria dos ingleses e americanos, havia pequenos confortos, Masterman esreveu:

> Uma noite, um oficial trouxe algumas caixas pequenas com presentes da sra. Lynch, para serem distribuídos aos prisioneiros mencionados em uma lista que tinha nas mãos. Ganhei charutos, açúcar, *yerba* e uma garrafa de rum; e depois de dois meses só me alimentando com um pouco de carne cozida, quase sempre sem sal, com que alegria recebi os presentes.

Ele descobriu que o major Manlove ainda estava vivo, ao ouvir o nome dele ser citado na lista. Mas, o major morreu pouco depois.

Com o ataque das tropas brasileiras ao norte, López precisou cavar novas trincheiras para manter sua casa, já protegida na retaguarda, fora do alcance dos tiros das espingardas. Porém, não havia tempo para construir uma trincheira ao redor da residência inteira, e o lado a leste ficou desprotegido.

"No entanto, isso não significava que um general como Caxias não descobrisse o lado forte e o atacasse", escreveu o coronel Thompson.

Embora as fortificações de Thompson em Angostura já estivessem prontas para entrar em ação, os couraçados brasileiros as haviam ultrapassado, e o rio ficou sob controle da Marinha brasileira. Ainda sim, os navios das potências neutras tiveram permissão de fazer contato com os paraguaios em Angostura. O governo da Grã-Bretanha enviara o *HMS Beacon* para retirar os últimos súditos ingleses do país, mas o capitão Parsons foi informado que os seus compatriotas não queriam partir, e estavam recebendo um tratamento especial de Elisa. Finalmente, permitiram que a embarcação falasse com um mecânico inglês que, em razão da morte de seus superiores, fora promovido a diretor do arsenal com um bom salário. Mesmo assim, a conversa tinha de ser ao alcance dos ouvidos de López. Por fim, ele cedeu e permitiu que o Dr. Fox e algumas mulheres e crianças partissem, levando vários exemplares do livro de Bliss. Assim, a Grã-Bretanha também saberia a vilania cometida por Washburn. 52 estrangeiros partiram em um navio de guerra italiano, e o chanceler do consulado da França, M. Libertat, que confessara sob tortura que pagara 8 mil libras para aderir à conspiração, partiu em uma embarcação francesa. O sr. Libertat foi um dos três únicos franceses, dos mais de cem que viviam no Paraguai, que sobreviveram à guerra. Segundo Cecilio Báez, Elisa usou esses navios para contrabandear mais mercadorias para o exterior. E, o coronel Thompson, comandante em Angostura na época, observou: "Alguns desses navios transportaram caixas pesadas, que precisaram de cinco a oito homens para levantar; provavelmente continham as joias das mulheres paraguaias confiscadas em 1867, assim como um grande número de dobrões."

O navio *Wasp*, dos EUA, voltou ao Paraguai em 3 de dezembro de 1868. Nesse mesmo ano, retiraram os grilhões de Masterman e Bliss. Masterman ganhou chá, açúcar, biscoitos e charutos, enquanto o comodoro Kirkland e o capitão Ramsey foram recebidos em um jantar oferecido por Elisa. Durante o jantar López disse que, apesar de querer que Bliss e Masterman ficassem "sob custódia" da Marinha dos EUA, eles haviam sido acusados de conspirar contra o governo paraguaio, e o destino deles seria definido por um tribunal. Mas, em seguida, concordou em libertá-los, desde que fossem julgados nos Estados Unidos.

Uma audiência para julgar a extradição foi convocada às pressas pelos padres Maiz e Romàn, e pelo chefe da tortura do exército, coronel Silvestre Aveiro, antigo secretário da Receita Federal. Bliss e Masterman foram advertidos a repetir suas confissões e que a vida deles dependia da discrição de suas atitudes. Kirkland e Ramsay assistiram aos interrogatórios no tribunal. Os dois oficiais da Marinha anotaram as provas da culpa de Bliss e Masterman, para que os ambos fossem julgados nos Estados Unidos. Entre as sessões, os oficiais foram presenteados com *caña*, charutos e peças caras de renda, enquanto Bliss e Masterman eram torturados para lembrá-los que ainda estavam em poder de Francisco.

Os dois prisioneiros foram obrigados, mais uma vez, a confessar o envolvimento deles em uma conspiração contra López. Os depoimentos arrastaram-se durante dias. Masterman não se importava em mentir diante de Kirkland e Ramsey, porque supunha que só Bliss seria libertado por ser americano, mas começou a temer que ficasse desacreditado perante os oficiais americanos e, assim, poderia ser executado sem repercussões diplomáticas.

Para sua surpresa, no final das sessões no tribunal, padre Maiz disse a Masterman que o presidente comutaria sua sentença de morte em prisão perpétua, desde que ele passasse o resto dos seus dias pedindo clemência a Francisco, e denunciando a perversidade de Washburn. Masterman prometeu contar a verdade, o que de fato fez em *Seven eventful years in Paraguay*, embora não tenha sido a verdade que López e Maiz queriam que contasse.

Por sua vez, disseram a Bliss, que ele não só havia sido absolvido, como também fora perdoado. López ficara tão convencido com a história narrada em sua obra-prima literária, que o perdoou. Os dois homens foram libertados com a condição de ajudarem a processar Washburn nos Estados Unidos por "conduta ilegal em sua função pública". O presidente do Paraguai deu quarenta exemplares do livro a Bliss, para que este distribuísse entre pessoas influentes nos Estados Unidos e 60 dólares em moedas de

Mulheres e crianças paraguaias recebem ajuda humanitária.

ouro por seu trabalho. Com muito tato, Bliss perguntou a López o que deveria fazer com os cinco mil dólares em moedas de prata e 5.550 em papel-moeda, que dissera sob tortura nos interrogatórios ter recebido para participar da conspiração e que enviara para o exterior. López, generosamente, disse que ele poderia guardar o dinheiro ou, se sua consciência pesasse, poderia doá-lo à embaixada do Paraguai em Paris. Os dois homens apertaram as mãos de seus torturadores e beberem um copo de rum com eles. Em seguida, depois de três terríveis meses à mercê de López, foram soltos sob custódia da Marinha dos Estados Unidos.

Quando subiram a ponte de embarque do *USS Wasp,* pensaram que estavam livres. Mas, foram mantidos sob vigilância, e obrigados a dormir no convés como criminosos. Apesar de o comodoro Kirkland acreditar que os dois eram inocentes, segundo Masterman: "ele fora tão engenhosamente bajulado e seduzido por López e pela sra. Lynch, que acreditava na existência da conspiração".

Embora Kirkland e Ramsay não tivessem dúvidas a respeito das confissões de Masterman e Bliss e do tratamento que deveriam ter, o cirurgião do navio preocupou-se com o bem-estar deles. Bliss ainda sofria as consequências do *cepo uruguayana,* e um oficial subalterno surrupiou umas roupas limpas para eles. Há três meses ambos não trocavam de roupa. Em Montevidéu foram transferidos para o capitânia *Guerrière,* onde tiveram livre acesso às dependências do navio, e fizeram as refeições no refeitório dos oficiais, apesar de, tecnicamente, ainda estarem sob custódia da Marinha dos EUA. No Rio de Janeiro, embarcaram no navio mercante *Mississippi* rumo aos Estados Unidos, onde se apresentariam ao secretário de Estado. No encontro o secretário informou-lhes que não havia um processo judicial contra eles, e que ambos estavam livres para retomar suas vidas. Bliss publicou a retratação completa de *La historia secreta,* e Masterman voltou à Inglaterra onde escreveu *Seven eventful years in Paraguay,* publicado em Londres em 1869. O livro revelou ao mundo a devastação causada por Elisa e López.

"Os paraguaios foram exterminados", escreveu, "existe uma lacuna na família das nações; mas, a história dos sofrimentos e do heroísmo dos paraguaios não desaparecerá com eles".

O *Wasp* chegou a Angostura com o substituto de Washburn a bordo, general Martin T. McMahon. Em 12 de dezembro, McMahon apresentou suas credenciais a Francisco Solano López no quartel-general em Pikysyry.

López não queria, de modo algum, ter problemas com o novo embaixador norte-americano e o convidou para jantar. Nem McMahon queria ficar na posição delicada de Washburn, e logo demonstrou sua simpatia pelo Paraguai, uma vítima da desumanidade da guerra. Não viu motivo para conversar com Bliss e Masterman, e disse ao secretário de Estado dos EUA que, sob a liderança benevolente de Francisco Solano López, os prisioneiros políticos não eram tratados com uma "severidade desnecessária".

McMahon não sabia o que aconteceria em 21 de dezembro, quando haveria uma execução em massa de prisioneiros políticos. Muitos foram açoitados antes de serem executados, alguns receberam duas mil chicotadas, segundo o capitão Adolfo Saguier, um torturador que, mais tarde, foi torturado quando algumas de suas vítimas recusaram-se a confessar. Benigno López foi quase esquartejado antes de ser fuzilado à frente das irmãs Inocencia e Rafaela. Nesse mesmo dia, doña Inocencia assistiu à execução do marido. O Dr. Carreras, ex-presidente do Uruguai, "gritava de uma maneira assustadora", enquanto estava sendo açoitado com cordas de couro e varas, antes de ser executado. Bispo Palacios, Dean Bogado, Juliana Martinez, Dolorès Recaldè, doña Mercedes Ejusquiza – a irmã Maria morrera na prisão – e muitas outras pessoas enfrentaram o pelotão de fuzilamento nesse dia. De acordo com padre Maiz, poucos minutos depois das execuções, o capitão Miranda, um oficial encarregado de um dos pelotões de fuzilamento, encontrou Elisa atravessando o acampamento a pé. Os olhos estavam vermelhos e tinha um lenço em uma das mãos.

"A senhora está chorando?" perguntou atônito. "Por eles?"

Elisa olhou-o com desprezo. "Só um idiota choraria por eles", disse.

Talvez McMahon não tenha relatado nenhum caso de "severidade desnecessária", porque estava fascinado pela Madame Lynch. Em público, referia-se a ela como "Sua Excelência". E, mais tarde, ao pedirem para descrevê-la no Congresso dos EUA, pintou um retrato brilhante:

> É uma senhora irlandesa, uma súdita inglesa, com educação francesa. Viveu 15 anos com o presidente, e López a considerava chefe de sua família e mãe de seus filhos. Pelo o que observei, é muito respeitada e amada no Paraguai. Que eu saiba, López não tem outra família, só um filho mais velho nascido antes de conhecer a sra. Lynch. A sra. Lynch sempre preside a mesa e se ocupa com os assuntos internos da casa, com a educação dos filhos e outras questões domésticas. Creio que a imprensa de Buenos Aires foi impiedosa com sua imagem, e a acusou de todos os tipos de vícios

morais, como a crueldade, e de estar sempre instigando o presidente a cometer atrocidades sem precedentes, além de outras infâmias. Ao contrário, ela foi uma das mulheres mais fascinantes e elegantes que tive o privilégio de conhecer.

No dia da execução em massa dos presos políticos, López deveria ter poupado suas balas. Pois, em 21 de dezembro de 1868, uma série de conflitos desencadeou a sua batalha de Waterloo. Os paraguaios lutaram com a coragem característica deles "por sua liberdade, e não pela escravidão perpétua", na opinião de Washburn.
Escreveu McMahon:

> Crianças da mais tenra idade arrastavam as pernas quebradas no campo de batalha, ou tinham ferimentos horríveis de balas nos pequeninos corpos seminus. Não choravam nem gemiam, nem chamavam os cirurgiões ou pediam ajuda; e, quando sentiam a pressão da mão misericordiosa da morte, deitavam-se e morriam tão silenciosamente como haviam sofrido. No entanto, as mães de muitas dessas crianças não estavam distantes delas.

Quando os conflitos começaram, López agiu com sua "prudência característica", como o Dr. Stewart comentou, escondendo-se covardemente no quartel-general em Pikysyry, com sua "Lady Macbeth" sempre por trás dele, "instigando-o a cometer barbaridades e a manter sua posição de liderança". Mas, como em outras ocasiões, a tarefa de controlá-lo não foi fácil. López desaparecia tão repentinamente, que nem mesmo Elisa sabia onde encontrá-lo. Ela o procurava no campo de batalha e, assim que encontrava alguém que o tinha visto fugir, partia a cavalo para buscá-lo. Depois, ainda tinha de "exercitar sua imaginação para convencer as pessoas que López lutara no campo de batalha com uma coragem temerária". Disse até mesmo que, certa vez, uma bala passara por suas suíças, e em outra ocasião um projétil ricocheteara entre suas pernas.
Enquanto os soldados paraguaios de infantaria lutavam com uma coragem e ousadia sem limites, os brasileiros mantinham a prudência habitual. A divisão de cavalaria do Exército brasileiro até perdeu uma oportunidade de atacar o quartel-general paraguaio e capturar López. Entre muitos dos relatos fantasiosos da guerra, está o de que quando Elisa viu que Francisco corria risco, comandou um regimento de índias

guaranis seminuas, que entraram a cavalo no campo de batalha para salvá-lo.

"Os soldados brasileiros, ao verem uma horda de mulheres galopando na direção deles como uma sucessão de ondas gigantescas deram meia-volta e fugiram", escreveu Henry Lyon Young. Nesse momento, o cavalo de Elisa tropeçou. Aparentemente, seus pulmões explodiram com o esforço de galopar com tanta velocidade. Ela caiu, embaixo do animal morto. Von Wisner e seis homens levantaram o cavalo. Ferida e sangrando, a Madame foi carregada em uma maca para enfrentar López, furioso por ela ter arriscado a vida.

Sir Richard Burton ouviu histórias semelhantes quando visitou o Paraguai em 1869. Dizia-se que em Lomas Valentinas, que López teve dois cavalos atingidos, enquanto Elisa sustentava três feridas. "Não acredito em uma palavra dessas histórias", disse Burton.

No entanto, algo assustou López, porque ele redigiu seu testamento em 23 de dezembro de 1868, com o seguinte texto:

A população civil foi quem mais sofreu com a guerra.

> Eu, o signatário, marechal-presidente da República do Paraguai, pelo presente documento declaro formal e solenemente, que, em agradecimento aos serviços de Madame Elisa A. Lynch, disponho de todos os meus bens, direitos e ações pessoais a seu favor e, declaro de conformidade com a lei, que essa expressão de minha última vontade será cumprida.

O documento foi assinado perante duas testemunhas, os médicos ingleses Stewart e Skinner, e López nomeou McMahon como testamenteiro, embora este só tivesse chegado ao quartel-general há 11 dias. McMahon também foi nomeado tutor dos filhos de López, que haviam sido levados para Piribebuy, a nova capital do Paraguai, onde estariam mais protegidos. Elisa ficou em Pikysyry para incentivar a coragem de Francisco.

Dois dias depois, no Natal de 1868, os aliados pediram a López que se rendesse, reiterando, mais uma vez, que a guerra estava sendo travada com o ditador do Paraguai e não com seu povo. Em sua resposta, extremamente prolixa, López disse que o país lhe impusera o dever de defender a pátria e, portanto, "Terei a honra de cumprir essa missão até o fim; quanto ao resto, a história será o juiz e só tenho explicações a dar de minhas ações a Deus."

Nesse momento, as tropas da tríplice aliança eram superiores em uma proporção de seis para um. A situação era desesperadora, e López não podia mais desperdiçar soldados e balas na execução de presos políticos. A solução foi deixá-los, com seus grilhões, em lugares sujeitos aos bombardeios do Exército brasileiro.

"Não tinha mais medo", disse Taylor, quando o torturavam no *cepo de lazo*, em meio ao bombardeio dos inimigos. "O sofrimento atroz dos cinco meses tinha me entorpecido, ou na verdade, eliminara todos os sentimentos físicos e morais."

Depois de quatro dias Taylor teve sorte. Elisa junto com López visitou o local onde estavam os prisioneiros. Ela apontou para Taylor, von Treuenfeld e outros estrangeiros. López fingiu que não sabia o que eles estavam fazendo naquele local, e os liberou do *cepo de lazo*, mas não do pátio cercado por grades. Uns quinhentos presos continuaram no pátio, e dez tiveram a sorte de serem libertados. Porém, isso não garantiu a sobrevivência deles. Alguns morreram na última ofensiva aliada, dois dias depois. Taylor foi ferido por um tiro de espingarda no ombro. Fugiu para a floresta e, mais tarde, os soldados brasileiros o encontraram. Estes militares eram impiedosos, e matavam os prisioneiros que não tinham forças para se mexer. Apesar de Taylor estar fraco demais para se mover, Caxias sentiu pena dele.

Última foto de Solano López em 1870.

"Eu era um ser miserável, um esqueleto debilitado ao último grau", disse. Após quatro dias recuperando-se, Taylor partiu a cavalo para Assunção, mas sofreu horrivelmente na estrada, "porque era pele e osso e não tinha força suficiente para me manter na sela".

Quando embarcou no navio de guerra *HMS Cracker,* em Assunção, com destino a Buenos Aires, ele pesava 44 quilos, muito pouco se comparados aos seus 81 quilos há cinco meses quando partira de Luque. Quando o resgataram, a esposa e os quatro filhos sobreviveram, mas estavam nas montanhas e a família só se reuniu em agosto. Alonzo Taylor não era o único que achava que fora salvo da morte pela intervenção de Elisa. O *Buenos Ayres Standard,* de 26 de agosto, publicou relatos de sua bondade em relação aos sobreviventes ingleses, e McMahon enviou um artigo de um jornal de Buenos Aires para os arquivos do Congresso americano com o seguinte texto:

> Publicamos hoje uma narrativa interessante de um sobrevivente inglês. Ele elogiou a gentileza demonstrada por Madame Lynch para com ele e sua esposa, assim como com todos os ingleses que trabalhavam para López. E manifestou sua indignação, e a de outros ingleses, pelas calúnias e difamações que, às vezes, eram publicadas na imprensa contra essa mulher heroica, que se esforçou para suavizar o sofrimento infligido pela guerra ao povo paraguaio.

Mas, ninguém tinha uma palavra de elogio a López. Depois de sete dias de combates nas florestas, nos pântanos e nas colinas de Lomas Valentinas, o presidente paraguaio fugiu para Cerro León, o antigo campo de treinamento do exército, a menos de 50 quilômetros de distância, no interior do país, deixando Elisa sozinha. Segundo o coronel Thompson, ela "andou em meio às balas para procurá-lo". Ao descobrir que ele desaparecera, reuniu um grupo de soldados e oficiais da cavalaria, em um total de sessenta pessoas, entre elas os generais Resquín e Caballero, e partiu para procurá-lo.

Por ser um militar que cumpria suas obrigações, o coronel Thompson ficou chocado com a fuga:

> López disse diversas vezes aos soldados que ficaria ao lado deles para vencer a guerra, ou morrer com eles. Com sua conduta, quase sem cheirar a pólvora, os soldados, apesar de serem treinados a pensar que tudo que ele fazia era correto, o desprezaram, e ouvi muitos capturados pelas tropas inimigas mencionarem sua covardia.

Os soldados de infantaria foram abandonados à própria sorte. Poucos eram capturados como prisioneiros, porque continuavam a lutar em qualquer circunstância, às vezes, atirando-se sozinhos contra batalhões. Mesmo os que foram cercados ou feridos lutaram com extrema coragem. Mas, não havia opção para esses combatentes. Os que se rendiam sabiam que as famílias morreriam; os que fugiam do inimigo eram torturados. Depois da fuga de López, as tropas aliadas cercaram Angostura, e Thompson que não tinha esposa nem família no Paraguai com que se preocupar, sem suprimentos e com pouca munição, rendeu-se com oitocentos soldados, quinhentas mulheres e quatrocentos feridos. O coronel Thompson voltou para a Inglaterra, onde escreveu *The war in Paraguay*.

General Bernardino Caballero, comandante do exército do Paraguai em uma das derradeiras batalhas em 1869.

Apesar de ter uma família, Dr. Stewart arriscou ficar em Pikysyry para cuidar dos feridos e foi capturado. Levado para o Rio de Janeiro como prisioneiro de guerra, Stewart contou ao imperador a péssima opinião que tinha a respeito de López. Quando publicaram suas declarações nos jornais, ele temeu pela segurança da esposa e dos filhos, que ainda estavam no Paraguai. Mais tarde, Elisa acusou-o de ter desertado, e que "aproveitara o ataque" para fugir. A esposa e os filhos foram presos. Um filho morreu na prisão, e só um avanço repentino do Exército brasileiro impediu que o resto da família morresse de fome.

Mesmo que Elisa estivesse feliz por caluniar Dr. Stewart, mesmo que a vida da família, da sua esposa e seus filhos, estivessem em jogo, ela não teria dito nada de mal sobre Francisco. Depois da fuga de Lomas Valentinas, ela disse ao cônsul francês, M. Cuberville: "Se acontecer um grande desastre, a culpa será do sr. Caminos."

Caminos, o então ministro da Guerra, foi executado.

López "partira" tão rápido de Pikysyry que suas roupas, bagagens, escravas e os papéis pessoais foram capturados. Entre os documentos confiscados havia uma cópia do testamento e um diário escrito pelo fiel tenente-general Resquín, com centenas de nomes de pessoas executadas por participarem da suposta conspiração. A lista abrangia o período de 17 de junho a 14 de dezembro de 1868, durante o qual 605 pessoas foram fuziladas ou "morreram na prisão", isto é, torturadas até morrer. Havia 220 estrangeiros e 224 paraguaios na lista. Nos outros casos, a nacionalidade não fora mencionada. Oitenta e cinco pessoas foram fuziladas em um único dia, 22 de agosto. Entre elas, o herói da batalha de Riachuelo John Watts, o argentino Ramon Capedevila e o irmão Aureliano, o ex-major confederado James Manlove e um comerciante inglês chamado William Stark. Quando prenderam Stark, disse Thompson, confiscaram todo o seu dinheiro, inclusive quantias de outras pessoas que guardava como medida de segurança e os xelins dos bolsos da esposa. O destino dela é desconhecido, embora seu nome não constasse da relação de sobreviventes.

Quem era responsável por essas atrocidades? Washburn não tinha dúvidas – Elisa. Ele escreveu:

> Essa mulher má, egoísta e impiedosa é culpada pelos inúmeros atos de crueldade de seu amante. Não há dúvida, ela é a causa direta da prisão, tortura e execução de milhares de pessoas notáveis do Paraguai e também não há dúvida que foi em seu benefício e de seus filhos, que centenas fo-

ram presas e tiveram suas propriedades confiscadas e, depois, foram torturadas como conspiradores e traidores e executadas e, qualquer que seja o resultado da guerra, essas pessoas jamais reivindicarão seus bens.

Outros culpavam o bispo Palacios pelas inúmeras crueldades do governo. López era uma dessas pessoas que culpavam o padre, mas, misteriosamente, depois de sua execução as atrocidades continuaram. Em seu livro *Exposición y protesta,* Elisa escreveu que as atrocidades eram praticadas por pessoas que cercavam Francisco, sem o seu conhecimento. Os detalhes foram divulgados para que os aliados usassem as informações como uma propaganda negativa de López.

O coronel Thompson culpava, em parte, os brasileiros por terem fracassado, mais uma vez, em capturar o *marescal.* Apesar de Caxias ter oito mil soldados de cavalaria e cavalos novos, deixou López escapar em Lomas Valentinas. E, quando ele fugiu de Pikysyry, Caxias não o perseguiu. Mesmo em Cerro León, no meio de um vale grande e plano, impossível de se defender ainda que López tivesse tropas para protegê-lo, Caxias não o atacou. Segundo Thompson, o brasileiro poderia ter capturado Francisco em Cerro León sem nenhuma baixa durante uma ação militar. E, por que não o capturou? Por incompetência, ou para ganhar dinheiro com contratos do exército? Como uma desculpa para manter o Exército do Brasil no Paraguai, ou havia um acordo entre Caxias e López? Ou, estrategicamente, o general queria que o presidente reunisse os paraguaios, para que pudesse dizimá-los em uma "guerra civilizada"?

Na opinião de Masterman, a última hipótese era factível. Em Croydon, onde corrigia as provas de seu livro, ele disse que "encontrara um senhor recém-chegado da região do rio da Prata, que tivera oportunidades especiais de fazer um julgamento correto da maneira como a guerra estava sendo conduzida". É provável que fosse *sir* Richard Burton que retornara à Inglaterra. "Em sua opinião, a guerra tinha, no início, a intenção de liquidar o inimigo; Caxias cometeu um erro grave, mas também prolongou propositalmente a guerra com a esperança que os paraguaios morressem de indigência e doenças; e que o Brasil absorveria o que restara da República do Paraguai", Masterman escreveu em um apêndice.

Burton encontrara Caxias em seu quartel-general, na fazenda de López em Tebicuary, e apelidou-o de "Wellington da América do Sul", apesar de compartilhar a opinião de Thompson, que o general brasileiro demorava em tomar decisões importantes e na escolha de sempre atacar no ponto mais forte. E, em agosto de 1869, quando o livro de Masterman foi publicado, Burton disse que os paraguaios estavam "condenados".

Em vez de, finalmente, derrotar López em Cerro León, Caxias seguiu para Assunção, que não opôs resistência alguma à invasão do Exército brasileiro. Ele mandou celebrar uma missa na catedral inacabada, e ao voltar para o Brasil, em 21 de janeiro de 1869, declarou que a guerra tinha terminado. A notícia foi muito bem recebida. A guerra custou muitíssimo caro a Dom Pedro II e, há muito tempo, os uruguaios e os argentinos não enviavam nem mesmo contribuições simbólicas. Caxias foi homenageado, enriqueceu e recebeu o título de duque. A derrota de López era inevitável, enquanto em Londres, Thompson resumiu a situação.

"Agora, o final da guerra do Paraguai depende só da despensa de López", escreveu, "e terminará quando o estoque de vinho e outros prazeres da boa gastronomia acabarem e, assim, López terá cumprido por fim sua missão gloriosa".

É claro, os vinhos e as refeições requintadas eram o departamento de Elisa.

13
A queda de um tirano

Há cinco anos, Elisa fora a primeira-dama do país mais poderoso da América do Sul, e seu reino estava em plena expansão. Mas, em razão da inépcia estratégica de seu amante, o Paraguai perdera o domínio sobre rio Paraná e o acesso ao mar. Com a perda de Humaitá, López perdera também o controle do rio Paraguai e, portanto, agora o país inteiro estava à mercê do inimigo. Por fim, com a fuga de seu comandante em Lomas Valentinas e a rendição de Angostura, o restante do Exército paraguaio perdera o contato com o rio e, em consequência, com a esperança de ajuda externa.

Os quartéis em Cerro León, que antes haviam abrigado sessenta mil soldados bem treinados, transformaram-se em um enorme hospital. A maioria dos feridos era mulheres e crianças. Mesmo aqueles que não haviam sido feridos na guerra estavam seminus e tão magros, que pareciam uns esqueletos ambulantes, mas sabiam que não poderiam se queixar. O menor sinal de descontentamento era um crime punido com uma sentença de morte. Mas, a maioria das pessoas recebia essa recompensa de outra forma. Quando o suprimento de víveres escasseou de uma maneira drástica, López enviou os cidadãos, sem nenhuma utilidade no esforço da guerra, pois estavam fracos demais ou com ferimentos graves para morrer de inanição na região rural. Nesse ínterim, ele começou a reconstruir o exército no antigo campo de treinamento.

Antes da entrada dos aliados em Assunção, López tomara a precaução de transferir a capital do país de Luque para Piribebuy, uma cidade com casas caiadas de branco e uma igreja construída em 1767 ao redor de uma praça central, a menos de 65 quilômetros de distância de Assunção. A mudança foi, de certa forma, um exercício teórico, porque a maioria dos membros do governo de López morrera ou estava na prisão. O número de três mil a quatro mil habitantes de Piribebuy triplicou com a chegada dos novos moradores, mas se manteve estável por causa da epidemia de cólera. A comida era escassa, e as pessoas dormiam nas passagens estreitas entre os prédios. Porém, mantinham a cidade limpa e tomavam banho todos os dias na cachoeira do rio – "as mulheres em geral ao anoitecer" –, como observou McMahon, que instalara a nova sede da embaixada dos EUA em Piribebuy. Esse era um dos inúmeros lugares no Paraguai onde diziam que Elisa tomara banho em um rio ou em uma cachoeira. Havia também uma história de uma operação militar na estação de trem em Patiño, enquanto Madame Lynch passara o dia no lago Ypacarai. A partir de então, os paraguaios idealizaram a imagem da bela Elisa tirando a roupa para tomar banho nas cachoeiras.

Dr. Stewart a visitou em Pirebebuy, antes de ser capturado pelas tropas brasileiras. Junto com Elisa, von Wisner e McMahon jogou uíste e sentou na varanda bebericando um excelente clarete com os outros convidados.

"Mesmo nesse lugar tão atrasado e isolado", disse Stewart, "na casa de Madame Lynch respirávamos um ar europeu".

O filho do almirante Davis, que comandava o esquadrão da Marinha dos Estados Unidos no rio Paraguai também era um dos convidados de Elisa. Segundo o cirurgião da Marinha Dr. Marius Duvall:

> O jovem Davis (...) sempre comentava os momentos esplêndidos que passara passeando na carruagem, puxada por quatro cavalos, com a sra. Lynch e, em especial, com os pequenos detalhes da anfitriã como, por exemplo, o de pôr algumas das jovens mais bonitas do Paraguai para servir à mesa, com um véu bem fino cobrindo o rosto.

Davis visitou McMahon em Piribebuy e viu que a nova casa da embaixada era ao lado da casa de Elisa. Diziam que eles eram amantes. Madame Lynch demonstrava como quisesse sua preferência por qualquer pessoa que pudesse garantir seu futuro. McMahon dizia que as relações entre ela e doña Juana eram boas na época. A pedido de Francisco, Elisa levou os filhos para jantar com a avó, no dia do seu aniversário. McMahon também foi chamado, mas declinou o convite. No entanto, o retrato idílico pintado por McMahon de Elisa e a antiga *La Presidenta* como uma família feliz, é, no mínimo, um exagero. Ele disse também ao comitê do Congresso que

Inocencia e Rafaela não haviam sofrido maus-tratos nas mãos do irmão, apesar de muitas pessoas terem visto as duas na prisão e sendo açoitadas.

Em abril de 1869, enquanto o romance de MacMahon e Elisa prosperava, *sir* Richard Burton subia o rio Paraguai. Ouvira falar muito da "primeira-dama" em Buenos Aires, e queria conhecer sua casa em Paso Pucú. Em Villeta, viu que os cadáveres dos soldados paraguaios não haviam sido enterrados e que desertores dos exércitos aliados, que tinham fundado uma colônia em um local isolado em Gran Chaco, roubavam seus pertences.

Ao chegar a Assunção, ficou impressionadíssimo com o "Buckingham Palace" de Francisco. Visitou também uma das imponentes propriedades rurais de Elisa, onde ele ficou impressionado com sua área de banho ao ar livre em uma cavidade gramada, hoje um monumento nacional. Assim como muitos paraguaios, *sir* Richard também ficou fascinado pela ideia de ver Elisa tirando a roupa para tomar banho nessa banheira.

Burton não comprou uma fotografia de Elisa, como pensara muitas vezes em comprar. Mas, lembrava-se de uma descrição detalhada dela:

> Um oficial inglês que teve uma impressão muito favorável de Elisa achou-a parecida com Sua Majestade Imperial da França, alta, *belle femme,* uma bela mulher com olhos azuis acinzentados, antes azuis-claros, e com fios grisalhos no cabelo châtain-clair. Esses sinais de envelhecimento são facilmente justificados; a tensão deve ter sido terrível desde que a guerra havia começado, pelos telegramas entregues durante o jantar, e os conflitos que se espalhavam por novos lugares com consequências sérias. Ela e seus filhos mudaram de um local para outro às pressas e, às vezes, deve ter mergulhado em um estado de ansiedade profundo. O corpo tinha tendência a engordar, e no rosto já se via sinais do acúmulo de gordura embaixo do queixo; no entanto, um boato tolo dizia que, assim como La Vallière [a amante de Luís XIV], perdera a influência sobre seu 'amante volúvel' quando começou a engordar (...).

Mas, *sir* Burton também se preocupou com o número enorme de "mulheres inutilizadas" que não podiam procriar e, portanto, repovoar o país. Mas, havia outro problema, ele escreveu:

> Por séculos as taxas de natalidade registraram o nascimento de mais meninas do que meninos. Essa peculiaridade, sem dúvida, era o efeito de um

clima úmido e quente das planícies, que afetavam a reprodução de meninos, e a libertinagem do povo, de certa forma, aumentava a proporção do nascimento de meninas.

Desde o início da guerra poucos casamentos foram permitidos no Paraguai, e Burton concluiu: "Se o país não permitir a poligamia, sua história terminou."

Mas, ele não se entusiasmou ao descobrir que os paraguaios estavam fazendo um esforço enorme para reerguer o país. Na visita à catedral ainda inacabada, ficou "surpreso com o atrevimento de um francês '*Frère ignorantin*' que, ao ser perturbado em seu sexo arrebatado com uma jovem paraguaia bonita, olhou-me furioso lá do seu canto, como se fosse eu que estivesse desrespeitando o lugar".

Apesar de oficialmente a guerra já ter acabado há alguns meses, na época da visita de Burton os conflitos haviam recomeçado. Em determinado momento, Dom Pedro II percebeu que a conquista de Assunção ou a ocupação do país inteiro não era suficiente. Enquanto López estivesse

À esquerda, o imperador D. Pedro II, em visita às tropas brasileiras em Uruguaiana.
À direita, a princesa Izabel e seu esposo o Conde d'Eu.

vivo, o conflito não terminaria. Então, enviou seu genro, o conde d'Eu, o antigo rival de Francisco como pretendente à mão da princesa Isabel, ao Paraguai para encerrar a guerra. Nessa ocasião, o presidente do Paraguai reunira aleatoriamente um grupo de soldados e mudou de Cerro León para Ascurra, nas montanhas, que fortificou para bloquear a estrada de Piribebuy.

Com Francisco em Ascurra, Elisa podia continuar seu caso amoroso com McMahon, embora as circunstâncias nem sempre fossem propícias a um romance. Com frequência, o novo embaixador acordava com cadáveres de mulheres que haviam morrido de fome nos portões da embaixada. No entanto, em seu relatório a Washington, disse que a situação das pessoas em Assunção era ainda pior, apesar de ser difícil imaginar como poderia ser mais grave. O envolvimento de Elisa com McMahon tinha outros motivos, além de uma relação amorosa. Supostamente, havia um acordo financeiro entre os dois. Como Burton observou, ao ver a casa – ao lado do palácio de Francisco – que Elisa comprara para transformar em hotel: "No Paraguai ganhar dinheiro é uma paixão mais arrebatadora do que uma relação sexual."

Após cinco meses no Paraguai, McMahon recebeu uma carta do Departamento de Estado, pedindo que retornasse aos Estados Unidos. Era provável que Washburn estivesse por trás desse pedido, porque ainda tinha um grande envolvimento com a situação no Paraguai. Na verdade, o antigo embaixador comentara que o novo estava mais íntimo de Francisco e Elisa, do que seria apropriado à política externa norte-americana; por sua vez, McMahon repetia em seus despachos, que Washburn era o líder da conspiração para derrubar o governo paraguaio. Porém, nesse ínterim, houve uma mudança no governo estadunidense e o irmão de Washburn, Elihu B. Washburne (com "e"), fora nomeado secretário de Estado no primeiro mandato de Ulysses S. Grant, em 1869. A imprensa lamentou a indicação, sugerindo que essa nomeação suscitava "graves dúvidas sobre a capacidade de Grant de formar seu gabinete ministerial". Washburne ficou apenas 11 dias no posto, mas, na véspera de deixar o cargo, pediu o retorno de McMahon.

Apesar dessa ordem oficial, McMahon ficou mais quatro semanas em Piribebuy. Quando partiu, viram que ele tinha muito mais bagagem do que quando chegara. Washburn imaginou que o colega estava contrabandeando mais bens obtidos ilicitamente por Elisa. Cecilio Báez disse que McMahon

Conde d'Eu visita as tropas brasileiras na área dos combates.

levou algumas caixas com moedas de ouro e joias das mulheres do Paraguai para o exterior, a pedido da sra. Lynch. Segundo Báez, a demora em partir foi causada pelo tempo necessário para contar 900 moedas de ouro e prata. Aparentemente, a contagem levou uma noite e um dia, em um escritório perto da sede política da cidade, com o apoio do veterano Dom Manuel Solalinda. As caixas foram levadas da cidade em uma manhã, à frente dos moradores de Piribebuy. Mas, qualquer que fosse o acordo financeiro, deixou McMahon com uma inspiração poética. Na sua partida ele escreveu o poema lírico *Resuryirás Paraguay*.

McMahon levou, também, uma cópia do testamento de Francisco, que ficou triste ao vê-lo partir. Foi um golpe duro ver a partida, em tão pouco tempo, de um embaixador norte-americano simpático, mas López consolou-se com a ideia de que McMahon era um bom amigo, e talvez ainda conseguisse convencer os Estados Unidos a apoiarem o Paraguai na guerra. Essa ideia deu um novo ânimo a Francisco para continuar a guerra, como comentou Elisa. Mas, embora tivesse uma reunião marcada com um comitê do Congresso em Washington, onde poderia defender a causa de López, o embaixador norte-americano seguiu direto para Paris. Em sua passagem por Buenos Aires foi ridicularizado com seu retrato vestido de mulher. Os *porteños* acharam divertido ele ter sido babá dos filhos de Elisa Lynch, enquanto ela lutava nos campos de batalha. Em Paris, McMahon entregou 500 onças em ouro a Emiliano López, um filho de Francisco López com Juana Pesoa, que trabalhava na embaixada. Mais tarde, Elisa adotou o rapaz. É possível que McMahon tenha ido a Londres onde, segundo Báez, e depositou 4.400 onças em ouro e 5.600 moedas de prata no Banco da Inglaterra, na conta do Dr. Stewart, com a condição que esse depósito fosse transferido para Elisa no momento em que ela pedisse. Quando, por fim, retornou aos Estados Unidos, McMahon escreveu um artigo sobre os corajosos paraguaios no *Harper's Magazine*, e disse ao Congresso que a posição de Francisco Solano López era inexpugnável e que tinha víveres suficientes para resistir por mais tempo. Mas, nessa ocasião, López partira de Ascurra em direção ao interior, e nem o Congresso nem o presidente Grant viram um motivo para apoiar López.

Conde D'Eu e sua tropa.

O torturador transformado em vítima, Adolfo Saguier, também disse que os bens roubados dos estrangeiros e o dinheiro do Tesouro nacional, haviam sido levados clandestinamente de Piribebuy para o exterior. Aparentemente, McMahon não fora o único diplomata a estender seus serviços a Elisa. Quando Masterman contou a história de Saguier, mencionou, também, que os cônsules da França e da Itália ainda moravam no Paraguai e, além de serem amigos íntimos de López, "recebiam presentes dele e da sra. Lynch, faziam discursos elogiosos a Francisco em público e jantavam com ele e a amante, enquanto seus conterrâneos, a quem deveriam proteger, morriam depois de sofrerem torturas e maus-tratos terríveis". O dinheiro saia em caixas com a observação por escrito "pertence à sra. Lynch".

McMahon e Washburn discutiram no Comitê de Assuntos Externos o suposto envolvimento de Elisa Lynch e de diplomatas estrangeiros nessas transferências clandestinas de dinheiro e bens. Enquanto Washburn acusava McMahon de contrabandear dinheiro e bens valiosos para o exterior a pedido de Elisa, além de questionar o fato de McMahon ter enriquecido no Paraguai, McMahon culpava Washburn de interferir nos assuntos internos do país. Depois de horas de depoimentos e milhares de páginas de testemunhos, o comitê do Congresso decidiu que os dois haviam agido de uma maneira inadequada a um representante dos Estados Unidos, e encerrou a carreira diplomática de ambos.

McMahon estava certo quando disse que López entrincheirara-se bem em Ascurra. O coronel Thompson calculava que as tropas paraguaias poderiam rechaçar o ataque de soldados superiores em número, em uma proporção de dez para um em um confronto frontal. Mas, o conde d'Eu não era um general no estilo de Caxias. Não descobriria o ponto forte de López e o atacaria. Em vez de uma investida frontal, ele investiu de flanco contra Ascurra, massacrou no caminho as populações de Pirayú e Paraguari, e atacou Piribebuy em 12 de agosto de 1869. A cidade era defendida por uma trincheira semicircular e um círculo de pequenas bombas apelidadas de "vaginas", no sentido libidinoso, porque podiam destruir um homem. Quando os soldados brasileiros entraram, enfrentaram a resistência de mulheres e crianças, armadas com cassetetes e comandadas, segundo as lendas, por Elisa. A batalha durou cinco dias e, no final, as heroínas de Piribebuy jogaram pedras, garrafas, vidro quebrado e montes de terra nos soldados inimigos. As tropas brasileiras dizimaram a população na igreja no centro da praça. Pedaços de corpos foram encontrados até embaixo do altar. A selvageria do ataque não seguiu um padrão regular durante a guerra. Os soldados de cavalaria cavalgaram por cima de suas vítimas indefesas, inclusive bebês nos braços das mães. Seiscentas pessoas feridas morreram queimadas, quando os invasores incendiaram o hospital e cortaram a garganta do comandante da guarnição, que se rendera honradamente. Depois do massacre, os brasileiros comemoraram a vitória com o champanhe de Elisa.

"Infelizmente, não havia muita champanhe", escreveu Alfredo d'Escragnolle Taunay, um capitão da divisão de cavalaria, e, mais tarde, um famoso escritor. No entanto, ele encontrou muitas moedas de prata na casa de Elisa, e um exemplar luxuoso de *Don Quixote de La Mancha*, de Miguel de Cervantes. Mas, nem todos os brasileiros eram cultos como Taunay. A Biblioteca Nacional e o Arquivo Nacional foram incendiados e, de acordo com padre Maiz, "uma grande quantidade de moedas de ouro e de prata foi dividida com uma cobiça satânica entre as tropas aliadas". Além disso, as descrições dos paraguaios da batalha de Piribebuy indicam que os soldados violaram as mulheres sobreviventes.

López celebrou uma missa quando soube que o Exército brasileiro atacara Piribebuy em vez de Ascurra, onde ele estava. Só mais tarde é que percebeu que estava encurralado. Nas duas noites seguintes, ele e seus soldados seguiram em direção a Caraguatay, um vilarejo ao norte, que, na época, tinha apenas umas cabanas de bambu. Cunninghame Graham disse posteriormente que seiscentas carroças partiram de Ascurra para o mergulho final na região selvagem do Paraguai. Segundo o historiador paraguaio Carlos Zubizarreta, Graham afirmou que, as carroças carregavam "a maior parte do dinheiro extorquido do Tesouro público, grande parte das joias que Madame Lynch roubara das senhoras do Paraguai, além de vinhos e de suprimentos que poderiam durar meses e, sobretudo, toda a quantidade de sal que López conseguiu se apropriar".

O contingente principal partiu na primeira noite após o ataque, comandado por López. Mas na segunda noite, quando a maior parte do exército seguiu em comboio, os brasileiros atacaram as tropas paraguaias. As forças do Paraguai perderam praticamente toda a artilharia e os suprimentos do exército, e só seis soldados sobreviveram.

Não só López perdeu sua terceira sede do governo, como também perdeu o direito de governar. Em 15 de agosto de 1869, foi criado em Assunção um governo provisório, com um triunvirato de exilados paraguaios. Ao mesmo tempo, a regência do Brasil declarou que López era um proscrito. Assim, por extensão, Elisa, de suposta imperatriz da América do Sul, converteu-se a uma rainha delinquente.

Nos primeiros quatro anos da guerra, o vagaroso general Caxias permitiu que López fugisse algumas vezes e depois se entrincheirasse em lugares diferentes. Mas, o conde d'Eu nunca possibilitou López de reorganizar um exército, e perseguiu-o sem cessar em sua fuga para a região

A população mais pobre foi a mais prejudicada.

nordeste do Paraguai. Ele obrigou Francisco a partir de Caraguatay, quase no mesmo instante em que chegara, e seguisse para San Estanislao, por montanhas inexploradas, pântanos e florestas tropicais, habitadas por onças-pintadas, suçuaranas, antas e índios carriguas armados com zarabatanas. Para Elisa, foi um pesadelo de mosquitos, malária e massacres.

"Durante essa marcha", disse o general Resquín, "muitas mulheres e crianças morreram, alguns soldados perderam-se no caminho, porque a estrada era péssima e quase não paravam para comer e dormir".

Dizem as lendas, também, que em algum lugar desse caminho esconderam o que restava do tesouro do Paraguai, para que não caísse nas mãos dos brasileiros. Em um dos relatos, homens macilentos, carregados como animais de carga, subiram ao topo de uma colina em Mbaracayo e jogaram moedas de ouro pelos declives. De acordo com alguns relatos, López os obrigou a se atirarem do pico da colina e, assim, com a morte deles o esconderijo exato das moedas permaneceria em segredo. Desde então, caçadores de tesouros procuram esse local.

Em qualquer lugar que passasse, o presidente-general carregava a população inteira dos vilarejos atrás dele, com a justificativa que os brasileiros iriam matá-los. Em geral, eram mulheres e crianças, porque os homens a partir de nove anos haviam sido recrutados pelo exército. Mas, mesmo assim, não havia tropas suficientes para manter em ordem um número tão grande de não combatentes. Os soldados paraguaios começaram, então, a matar mulheres e crianças que encontravam no caminho, para impedir que os brasileiros as matassem. As que haviam sido capturadas sobreviviam comendo apenas laranjas selvagens e sementes das palmeiras. Milhares de pessoas morreram de fome, enquanto as que tentavam fugir eram assassinadas, para não caírem nas mãos dos inimigos. Os soldados brasileiros que perseguiam López encontravam, com frequência, pilhas de cadáveres mutilados. As mulheres e crianças eram mortas, na verdade, por motivos estratégicos, porque os soldados que as vigiavam eram muito mais úteis na luta contra o inimigo. Além disso, López dizia que nenhum paraguaio sobreviveria à sua derrota. Isso incluía os membros restantes de sua família.

Contou Inocencia:

> Quando iniciamos a viagem depois da batalha de Piribebuy, um soldado se ofereceu para carregar as peles de animais que usávamos como cama. Foi uma sorte, caso contrário teríamos morrido de fome, porque ao longo do caminho raspávamos o pelo e torrávamos a pele. Era nosso único alimento. Quando chegávamos a algum lugar escolhido por López, nossa situação era tão desesperadora que jovens quase nuas tinham de andar pela floresta, em um calor terrível, à procura de uma rã, uma cobra ou qualquer tipo de inseto para comer. Os índios carrigas, às vezes, traziam carne de um animal desconhecido, mandioca ou milho, em troca de um anel de ouro ou outra joia valiosa. Mas, o sofrimento moral era ainda pior. Quantas vezes vimos uma mãe chorando diante do filho infeliz que morria de fome.

López raramente presenciava esse sofrimento. Ele nunca acompanhava o exército. Elisa, Francisco e as crianças viajavam de carruagem dois dias antes das tropas, "bem protegidos dos soldados aliados", nas palavras de Cunninghame Graham. No caminho, a carruagem importada por Elisa quebrou, e ela continuou a viagem em uma antiga carruagem espanhola com rodas altas e molas de couro. Ainda pior, teve de abandonar seu adorado piano em algum lugar.

A situação era tão terrível que López começou a suspeitar de outra conspiração. Um homem e uma mulher foram capturados nos arredores de Caraguatay, mas o homem conseguiu fugir. Os soldados levaram a mulher para ser interrogada no quartel-general de Francisco, assim que chegaram a San Estanislao. Sob tortura, ela confessou que o homem era um espião brasileiro, que soube por intermédio de um homem do exército chamado Aquino, que uma parte da escolta do presidente planejava assassiná-lo. O general Aquino foi espancado e torturado no *cepo* até confessar que não queria destruir o *General*, e sim o país. Nesse momento, Francisco gentilmente deu ordens para darem a Aquino algo para beber e comer. E o soldado, então, denunciou outras pessoas que, sob tortura, acusaram ainda mais pessoas.

"Oitenta e seis soldados e 16 oficiais foram executados", disse Resquín. Entre eles o comandante da escolta, coronel Mongilo, e seu subordinado imediato, major Rivero, não porque eram conspiradores, mas por desconhecerem a conspiração. Os dois foram açoitados com extrema crueldade, e depois executados. Mas, López não ficara satisfeito.

Em 10 de setembro de 1869, Geronimo Becchi, um padre italiano, escreveu no jornal *La Estrella*:

> Mais de 8 mil pessoas foram martirizadas por López, a maioria morta com golpes de lança (...) Com esses assassinatos em massa López quer provar que é o protetor de seus compatriotas caídos e de estrangeiros, cuidando bem para destruir os vestígios de sua vilania com a execução dos autores dos assassinatos.

Logo depois, a imprensa internacional, que até esse momento apoiara López, virou-se contra ele. Relatos da suposta conspiração e das retaliações do presidente paraguaio foram publicados no *Anglo-Brazilian Times* e no *The Times,* de Londres. A única informação divergente era o número de pessoas que havia morrido. O novo jornal de Assunção, *Regeneración Paraguay* publicou que duas mulheres nativas, Vicenca e Marcellina, que haviam procurado refúgio entre as tropas aliadas, disseram que López tinha mandado fuzilar mil soldados e "depois o tirano examinou os cadáveres um a um".

Uma sentinela, ao ouvir o som contínuo dos tiros, perguntou ao sargento se os brasileiros estavam atacando as tropas paraguaias.

"Não", respondeu o superior. "Os soldados estão matando os prisioneiros."

O jornal *Regeneración Paraguay* também publicou que um regimento paraguaio seguia para a Bolívia com 12 carroças carregadas de dinheiro. E atrás dele, na estrada, López tinha colocado guardas com ordens de matar quaisquer homens e mulheres que virassem de costas.

Enquanto o conde d'Eu chegava a Rosario, pouco menos de cem quilômetros de Assunção, para atacar López a oeste, o exército aliado conquistou San Joaquín e bloqueou o desfiladeiro na cordilheira Caaguazú e, assim, impediu que o *marescal* se deslocasse para leste ou em direção ao sul. A única opção seria avançar para Ygatimy, na região pouco habitada do norte do Paraguai. Mas, em vez de prosseguir mais rápido que os brasileiros, as tropas paraguaias pararam, durante cinco dias, para mais uma investigação da última conspiração, antes de chegar em Ygatimy. Dessa vez, sessenta soldados foram executados, entre eles o general Aquino. Nesse momento até Resquín, que sempre demonstrara uma extrema lealdade a López, temia por sua vida.

"López era um monstro sem nenhum respeito pela vida humana", disse Resquín mais tarde, "e sem motivo algum mandava matar seus seguidores mais fiéis".

Mas, é claro, Franscisco não se via como um monstro. Ao contrário. Ao longo do caminho, mandou construir um altar, e padre Maiz convocou o "Sagrado Colégio do Paraguai", eleito para propor a canonização de López. Os que não votaram a favor dessa blasfêmia foram executados. Mais 23 pessoas morreram. Em seguida, houve uma cerimônia bizarra no santuário à beira da estrada.

NOTÍCIAS DO IMPÉRIO

Março de 1870, nº 148

MORRE SOLANO LOPEZ. A GUERRA ESTÁ NO FIM

"Filas de padres com as batinas e os capuzes pretos, suando no calor da noite tropical, cantaram o *Magnificat*", escreveu Henry Lyon Young. "Francisco em pé, diante do altar, com a aparência de um touro, foi ungido, glorificado, beatificado e santificado. Seiscentas vozes cantaram *Gloria in Excelsis*."

São Francisco Solano II do Paraguai foi envolvido em trajes suntuosos e colocaram um barrete dourado de padre em sua cabeça, enquanto padre Maiz anunciou que o dia do aniversário de Francisco, 24 de julho, seria a comemoração do dia do santo, o mais novo eleito do céu. Mas, nem mesmo um santo evitara que os terrenos conspirassem contra ele.

López mandara prender a esposa do coronel Hilario Marcó, o antigo chefe de polícia de Assunção e o homem mais temido do Paraguai, com exceção da família López. Sob tortura, ela denunciou o marido, e também o irmão de Francisco, Venancio, a mãe e irmãs do ex-presidente. Eles estão planejando pôr veneno na comida de López, disse. Doña Juana, a antiga *Presidenta*, foi presa mais uma vez, e Inocencia e Rafaela, que estavam em liberdade há algum tempo, foram açoitadas e voltaram para suas carroças.

López convocou Resquín e outros oficiais mais graduados e perguntou-lhes se sua mãe deveria ser julgada por traição. Todos eles, com exceção do coronel Aveiro, o famoso torturador do *cepo*, aconselharam a não submeter a própria mãe a um julgamento. O tirano ficou furioso. Concordou com o coronel Silvestre Aveiro. Doña Juana seria julgada como uma criminosa comum. É claro, precisariam de testemunhas para depor contra ela, e o coronel Marcó foi açoitado até confirmar a confissão da esposa, além de também denunciar a antiga *Presidenta*.

Dr. Frederick Skinner, o médico inglês que assumira o cargo de cirurgião-chefe do Exército do Paraguai quando Dr. Stewart foi preso, estava presente ao julgamento sumário. Doña Juana, Inocencia, Rafaela e Venancio foram considerados culpados. Embora doña Juana estivesse com setenta anos, foi condenada a ser açoitada em intervalos regulares, pela participação na conspiração, apesar de "suplicar de uma maneira comovente de ser poupada do castigo em razão da idade avançada e da doença do coração", suas súplicas foram inúteis. O castigo foi aplicado em público. Inocencia e Rafaela sofreram espancamentos diários, enquanto Venancio foi açoitado e quando estava à beira da morte o apunhalaram.

O Dr. Skinner, que estava ao lado de Francisco três minutos antes de sua morte, descreveu-o como um "bruto sem precedentes" e outros epítetos ainda piores. Em uma carta a Washburn, escreveu:

> Um homem que deu ordens para açoitar a mãe e as irmãs, e matou os irmãos, um, depois de um julgamento ridículo, com um tiro; o outro, de inanição, de ser chicoteado com um laço duplo e uma punhalada para terminar a cena da tortura, quando a vítima não conseguia mais se mexer. Um homem que exterminou um povo de fome, enquanto ele, a amante e os filhos bastardos viviam com conforto, com refeições suntuosas e bebendo vinho *ad libitum*, e cercados de todas as comodidades em meio a um exército que recuava perseguido pelo inimigo.

O médico também disse que, no momento de sua morte, López "tinha suprimentos suficientes para salvar muitas vidas, entre as provisões havia diversas carroças cheias de sal, que suas vítimas e seguidores não comiam há meses. Sinto mais falta do sal do que de qualquer outra privação."

Francisco e Elisa mantiveram seus hábitos confortáveis de vida, enquanto os avanços das tropas brasileiras os obrigavam a recuar para pântanos, florestas e montanhas.

Doña Juana reunira-se às filhas na prisão improvisada na parte de trás de uma carroça. Atrás delas, arrastava-se Pancha Garmendia, a antiga "joia de Assunção", que rejeitara os avanços repugnantes de Francisco há 23 anos. Segundo Washburn, "ainda estava viva, aparentemente, sem outro motivo a não ser: ser chicoteada quase todos os dias nos belos ombros do passado, agora esqueléticos e curvados". Pancha Garmendia foi assassinada somente nos últimos dias da guerra.

Representação artística do fim da guerra.

Juana Pesoa, a ex-amante de López e mãe de Emiliano López, que Elisa adotaria mais tarde, também morreu nessa marcha fatal. Washburn escreveu: "Ela sofreu privações terríveis e morreu de inanição e de exposição às intempéries."

Milhares de homens, mulheres e crianças morreram de exaustão, doenças e inanição, e as pessoas que não podiam andar, ou haviam ficado para trás, foram mortas a tiros ou com golpes de baionetas para poupar munição.

A divisão principal só tinha 1.200 soldados, além de um batalhão de mulheres e seis peças de artilharia, para abrir um caminho para a passagem da carruagem de Elisa quando esta atravessou Mbaracayo, na cordilheira de Amambay, e entrou na floresta de *Ilex paraguariensis*, as árvores cujas folhas eram usadas no preparo do *maté*. Na noite de 6 de fevereiro de 1870, López fundou a última capital de seu governo em Cerro Corá, um anfiteatro natural às margens do rio Aquidabán, na região nordeste do Paraguai. O único acesso a Cerro Corá eram os desfiladeiros de Chiriguelo e Picada de Yateho. Portanto, o inimigo teria de atacar por uma dessas duas passagens estreitas, enquanto a outra poderia ser usada para fuga, em caso de derrota. López queria criar uma pequena entidade política e geográfica no meio da selva, e continuar a lutar. Fizera alguns acordos com as tribos indígenas locais e pretendia publicá-los no exterior deixando, propositalmente, que as cópias dos acordos caíssem nas mãos dos soldados brasileiros. Se continuasse a lutar, o mundo veria que ele era invencível. Segundo Cunninghame Graham, no final de 1869, ele acreditava que os Estados Unidos, a França, ou a Grã-Bretanha, ou os três, interviriam para terminar a guerra.

Enquanto isso, a vida seguia sem grandes mudanças para Elisa e Francisco. Quando as tropas não estavam se deslocando de um lugar para outro, ele, em geral, acordava às 9 horas, bebia uma xícara de chocolate quente, fumava um charuto ou dois e fazia sua toalete até a hora de tomar um farto café da manhã com Elisa e os cinco filhos. Passava o resto do dia cumprindo suas obrigações militares ou executando os processos de justiça sumária. À noite, a mãe de seus filhos servia o jantar em uma mesa, no meio das árvores, enfeitada com guirlandas de cipós brilhantes entrelaçados, que envergonharia os generais mais corajosos.

Enquanto Elisa, Francisco e as crianças comiam muito bem, a mãe e as irmãs dele comiam o suficiente para sobreviverem. Mas, nesse ponto, ele era cuidadoso. Não as deixaria morrer, porque se privaria do prazer de torturá-las. Os carcereiros tinham ordens de darem cinquenta chicotadas por dia nas três, mas elas deveriam ser mortas no mesmo instante em que os brasileiros os atacassem.

O exército também sofria privações e o exagerado consumo visível de comida de seu comandante não ajudava a reerguer a moral dos soldados. Antes, Madame Lynch servia as suntuosas refeições ao amante obeso a portas fechadas. Mas em Cerro Corá, embaixo dos cipós, os soldados famintos viam o casal, vestido com elegância para jantar, comendo iguarias em uma mesa servida com as melhores louças e prataria, e bebendo vinho em taças de cristal, um luxo negado aos combatentes. Só o cheiro da comida que pairava no ar quente de uma noite de verão, enlouquecia as tropas esfomeadas. As operações de reconhecimento para obter informações sobre o inimigo e os turnos de vigias começaram a ser menos frequentes. E, sem que as tropas paraguaias percebessem, em uma manhã do dia 1º de março, o Exército brasileiro, sob o comando do general José Antônio

Ruínas em Assunção, capital do Paraguai.

Correia da Câmara, chegou a Cerro Corá. Ao verem as tropas inimigas, os soldados que defendiam o desfiladeiro fugiram. López pensava que os brasileiros estavam a quilômetros de distância, e ainda dormia. Quando acordou já não havia mais tempo de organizar uma resistência eficaz. Então, montou no cavalo que estava sempre selado e partiu a galope. Elisa correu com as crianças para a carruagem, que mantinha sempre preparada para essa eventualidade. E com uma pequena escolta comandada por Panchito, na época com 17 anos mas já com a patente de coronel, fugiu para a floresta, deixando para trás o que restava de seu império. Quando os soldados brasileiros chegaram ao quartel-general de López enfrentaram pouca resistência. Alguns membros do círculo mais íntimo do comandante paraguaio foram assassinados. O general Resquín e o coronel Aveiro renderam-se, enquanto o general Caballero fugiu com alguns soldados.

Dr. Skinner foi capturado, mas, logo o soltaram. Estava tão magro e fraco, que o conde d'Eu pensou que era uma das vítimas do monstro, e não um cúmplice. Além do sofrimento físico, a guerra o arruinara. O salário que recebera por nove anos de trabalho não foi suficiente para comprar uma passagem para a Inglaterra, e ele teve de continuar no Paraguai depois da guerra. Escreveu em uma carta a Washburn:

> Agora que a guerra terminou, todas as atrocidades terríveis cometidas por um monstro sem igual como López começaram a surgir (...) Sinto uma grande mágoa e desgosto quando alguns jornais lançam dúvidas a esse respeito, e as tentativas para encobrir a verdadeira natureza de seus atos ou de negar o fato que ele foi o pior demônio que profanou a terra.

Não se sabe, ao certo, o que aconteceu com López depois de sua fuga, porque não houve uma testemunha imparcial presente. Nesse caso, a história foi escrita pelos vitoriosos. Na versão deles, López decidiu atravessar um pequeno afluente do rio Aquidabán, o Aquidabán Nigri, para fugir dos soldados brasileiros. Mas, seu cavalo afundou as patas na terra enlameada da margem do rio. Ele então desmontou e atravessou o riacho a pé.

A versão paraguaia é mais honrosa. López foi ferido na batalha e dois coronéis o ajudaram a ir até o rio.

De qualquer modo, quando já atravessara metade do caminho, os brasileiros o encontraram. O general Câmara deu ordens para que o capturassem vivo. O cabo Lacerda, o "Chico Diabo", aproximou-se para desarmá-lo. Então, López tentou atirar no general Câmara, mas segundo uma testemunha,

Tropa brasileira do coronel Joca Tavares junto com o soldado Chico do Diabo (terceiro da esquerda para direita em pé), que matou Solano López.

Chico "feriu o tirano com uma lança e ele caiu de cabeça no rio lodoso". Levantou-se, depois ajoelhou e suplicou que não o matassem. Porém, um tiro de uma mão desconhecida, talvez um paraguaio, o acertou. De acordo com a lenda, ele gritou antes de perecer: *"Muero con mi patria."*

Com sua morte, o fascínio desapareceu. Até então, ninguém tinha levantado um dedo contra ele. Agora, quando o tiraram do riacho, foi preciso protegê-lo das mulheres paraguaias que queriam massacrá-lo. Ao mesmo tempo, seus mais fiéis torturadores e assassinos foram os primeiros a denunciá-lo, sem perdão.

Elisa foi capturada, também segundo a lenda, depois de fugir para a floresta vestida com um traje de baile. Quando Panchito aproximou-se para protegê-la, recebeu ordens para abaixar a espada. Ele respondeu que era dever de um oficial paraguaio morrer lutando, e jamais se render. Um soldado brasileiro o matou com uma lança. Ao ser levada para o acampamento, Elisa teve também de ser protegida das mulheres, que queriam "furar seus olhos com um estilete, arrancar suas roupas elegantes e as joias, e jogar seu corpo mutilado no rio Aquidabán para ser comido pelos jacarés".

A mãe e as irmãs de López também foram capturadas vivas, mas as mulheres paraguaias não as hostilizaram. Ao contrário, eram tão vítimas quanto as outras mulheres e, também como elas, as senhoras da família López amaldiçoaram Elisa. No entanto, ao ver o cadáver de Francisco, doña Juana chorou.

"Por que está chorando, mamãe?" perguntou Rafaela. "Não era um filho nem um irmão. Era um monstro."

O general Câmara permitiu que Elisa enterrasse Francisco. Ela cavou a sepultura com suas mãos. Panchito foi enterrado perto do pai. Os paraguaios têm uma versão diferente da história. Segundo eles, os brasileiros mutilaram o corpo do *General* López por mero divertimento, e que Elisa, no comando de um grupo de mulheres paraguaias leais, roubou o cadáver à noite e o enterrou em um local secreto na floresta.

As notícias da morte de Francisco Solano López foram divulgadas em uma carta escrita pelo general Câmara ao imperador Dom Pedro, em seu acampamento na margem esquerda do rio Aquidabán, em 1º de março de 1870:

> Escrevo a Vossa Excelência no acampamento em Cerro Corá. O tirano recusou-se a se render e morreu diante de meus olhos. Eu o intimei a se render quando estava derrotado e seriamente ferido, e, por ter recusado, foi assassinado.

"Depois de viver como um tirano, morreu como um soldado", comentou o *The Times,* de Londres. Mas foi um elogio insignificante. O artigo resumiu sua contribuição para "um dos mais estranhos e terríveis capítulos da história da humanidade", e continuou:

> Ele estava além de sua época na ambição desmedida, e atrás na ciência militar. Não tinha o menor talento militar (...) Não era um patriota, porque se recusou a partir do país, quando Gould lhe ofereceu uma saída honrosa. Como soldado era nulo; nunca pisou em um campo de batalha até ser perseguido em Aquidabán.

O jornal também condenou suas "atrocidades terríveis", que "espalharam uma mortalha em sua pátria" e concluiu: "O único ato desse 'homem extraordinário', desde o início da guerra, que causa admiração foi sua morte."

Ao contrário de López, a misteriosa sra. Lynch foi extremamente bem recebida pela imprensa. Nessa ocasião, muitos ingleses que haviam partido do Paraguai, e estavam em Buenos Aires, elogiaram a compaixão que Elisa havia demonstrado em relação a eles quando estavam presos.

"Não há dúvidas que durante a guerra Madame Lynch fez o possível para suavizar o sofrimento dos cativos e proporcionar conforto aos '*détenus*' [prisioneiros]", escreveu *sir* Richard Burton. Isso revela como algumas pessoas podem cair no esgoto e sair com um perfume de rosas.

14
Elisa no exílio

As mulheres foram levadas para Concepción, a cidade mais próxima do rio, onde embarcaram nos navios que as levaram para Assunção. A capital era uma ruína, em parte pelos prejuízos causados por uma tempestade após a retirada dos moradores e em parte pela ocupação do Exército brasileiro. Doña Juana, Inocencia e Rafaela desembarcaram em Assunção. Durante algum tempo, elas foram mantidas sob vigilância, e depois permitiram que ocupassem uma de suas antigas casas. Elisa ficou a bordo do navio de guerra brasileiro *Princeza*, como uma medida de segurança.

As estimativas do total de mortos na guerra são bem divergentes. A *Encyclopedia americana* diz que a população masculina praticamente desapareceu. De uma população de um 1.200.000 pessoas no início do conflito, só 200 mil mulheres e 28 mil homens sobreviveram, sendo quase todos os exilados que voltaram para o Paraguai e os meninos. Nos cálculos de Washburn das 450 mil mulheres no início da guerra, só 60 mil sobreviveram, e dos 350 mil homens apenas 20 mil não morreram, com a inclusão de meninos com menos de 10 anos, e 10 mil sem contar essas crianças. A maioria morreu não de ferimentos no campo de batalha, mas sim de doenças e inanição. Dois engenheiros ingleses que ficaram no Paraguai durante a guerra, Percy Burrell e Henry Valpy, avaliam que 120 mil mulheres e crianças morreram em razão da fome e das péssimas condições climáticas, entre a retirada de Pikysyry em 27 de dezembro de 1868 e a fuga delas em 21 de agosto de 1869, mas depois a taxa de mortalidade aumentou. Os aliados perderam 300 mil soldados. Portanto, o conflito armado por Elisa matou mais de um milhão de pessoas na guerra mais violenta na América. Nos quatro anos de Guerra Civil nos Estados Unidos, 618 mil pessoas morreram.

O Paraguai perdeu mais um milhão de quilômetros de seu território para a Argentina e para o Brasil, além das duas províncias mais ricas ao sul do país, e pagou indenizações de guerra ao Brasil até a década de 1930. Em 1870, o "vencedor" do conflito avaliou que a guerra custara seiscentos milhões de dólares. O ministro da Guerra brasileiro declarou ao *Anglo-Brazilian Times,* em 23 de junho de 1869: "Se a guerra tivesse se prolongado por mais dez meses, o Brasil se arruinaria." Mas, mesmo com a derrota de López em 1º de março de 1870, ainda haveria dois meses de confrontos pela frente.

O Paraguai, provavelmente, teria desaparecido do mapa se os conflitos entre os aliados não tivessem surgido logo depois da vitória. A hegemonia da ocupação brasileira no país era incontestável, mas, mesmo assim, o a regencia do império instigou novos conflitos no Uruguai e na Argentina, para manter o controle no Paraguai. No entanto, a situação brasileira também era instável, por causa da participação de muitos escravos na guerra. A Lei do Ventre Livre, a primeira medida antiescravagista do império, promulgada 1871, libertou os filhos dos escravos nascidos após essa data. A lei, entretanto, não contou com o apoio de Pedro II e, por fim, enfraqueceu sua autoridade. A influência da Argentina na região diminuiu ainda mais o que a obrigou a devolver o grande território de Chaco ao Paraguai, em 1878, depois da arbitragem do presidente dos EUA, Rutherford B. Hayes. A província foi até rebatizada com seu nome. Mas, a rivalidade entre os antigos aliados desestabilizaria ainda mais o país. Nos 84 anos seguintes, do final da guerra até 1954, quando Stroessner assumiu o poder, o Paraguai teve 41 chefes de Estado. Em um ano, o país teve três presidentes, um recorde de fazer inveja aos italianos.

Depois do sofrimento terrível pelo qual o Paraguai passou, seu povo decidiu que alguém teria de pagar. López morrera. Mas, Elisa estava viva e nas mãos dos aliados. O governo provisório pediu o seu retorno. Os brasileiros recusaram. As mulheres em Assunção fizeram uma petição descrevendo os horrores infligidos por ela, que presenciara a prisão, a tortura e a inanição das senhoras paraguaias, enquanto roubava suas joias sob o pretexto de que seriam usadas para ajudar na defesa do país. Na verdade, os valiosos enfeites beneficiaram Madame Lynch e os filhos do tirano que matou maridos, irmãos, pais e filhos paraguaios.

O final da guerra não suavizou os sofrimentos das mulheres paraguaias. Quando voltaram para Assunção emagrecidas e nuas, andando na rua sem vergonha, viraram um joguete nas mãos das tropas brasileiras e argentinas, que ocupavam a cidade. Os soldados não fizeram nada para ajudá-las. Quando souberam que o *General* López morrera, deram um baile para comemorar a notícia, o primeiro, em muitos anos, que não foi organizado por Elisa. Agora, as mulheres de Assunção exigiam medidas para impedir que Madame Lynch "usufruísse dos bens que roubara em outro país". Em 4 de maio de 1874, o governo provisório promulgou uma lei confiscando todos os bens de Elisa e também os bens adquiridos pela família López, desde que Carlos assumira o poder, em 1841. Mas, as cláusulas da lei eram tão pouco explícitas, que o governo sancionou uma nova lei, em 10 de julho de 1871.

Porém, nessa época, Elisa já partira há muito tempo para a Europa. Os brasileiros a haviam libertado, e ela foi para Montevidéu no navio *Jauru*. De lá, junto com os quatro filhos embarcaram no *City of Limerick,* com destino ao velho continente. Levou junto com os seus filhos Rosita Carreras, uma filha de Francisco, que ela criava como mãe adotiva, apesar de algumas fontes dizerem que Rosita era quase uma criada sem salário. Convidou, também, para acompanhá-la, Isadora Díaz, irmã de um dos generais preferidos de Francisco, que morrera em um dos seus expurgos. É possível que Elisa tenha pensado, enquanto atravessava o Atlântico, na viagem audaciosa que fizera em outra direção, a bordo do *Tacuari* há 17 anos. Muitos dos seus sonhos de adolescente haviam desaparecido. Seu império ruíra. Centenas de milhares de súditos seus morreram. Outros estavam à beira da morte. Seu país adotivo estava arruinado, e agora partia para o exílio. E tinha apenas 35 anos.

Apesar de ter perdido o império e o amante, não estava na miséria. Algumas mulheres apropriaram-se de sua carruagem, de seus vestidos e de algumas de suas peças de prata em Cerro Corá, mas ela conseguiu manter uma grande caixa na qual guardou desse espólio. Em 21 de maio de 1870, as autoridades brasileiras fizeram um inventário de seus bens a bordo do navio *Princeza*. A caixa continha: seis barras de ouro; 14 mil em dinheiro paraguaio, agora sem o menor valor; 391 onças de ouro; notas promissórias assinadas por McMahon e o cônsul italiano que haviam levado dinheiro para o exterior a seu pedido; 65 joias, inclusive quarenta anéis de ouro e dez brincos; 23 presilhas de metais preciosos; seis abotoaduras de ouro e cinco botões de ouro para coletes; vinte relógios de bolso com as correntes; 16 pulseiras, duas delas feitas de cabelos humanos; 11 relógios de ouro, sendo nove masculinos; seis *bombillas* de prata enfeitadas com peças de ouro; cinco colheres de prata de *maté*; quatro *peinetas* de ouro, uma delas enfeitada com brilhantes; dois terços e um crucifixo de ouro e coral; uma cruz de ouro; e o pingente e a medalha da Comenda da Ordem de Cristo.

Elisa também levou consigo alguns presentes recebidos por Francisco: duas caixas de ouro para guardar rapé; um livro de ouro, presenteado pelo povo paraguaio em agradecimento por sua atuação e outro de madrepérola, presente dos cidadãos de Buenos Aires quando ela negociara o fim da guerra civil; um porta-charuto de ouro; vários terços com correntes de ouro; o bastão de marechal e o chicote com as iniciais F.S.L. incrustadas com diamantes. Ela conseguira, também, salvar 19 coleções de brinquedos de crianças, sendo 12 de ouro. E, em uma caixa de Rosita Carreras encontraram 51 joias e sete pares de brincos de ouro e topázio.

Elisa queria voltar para Paris, porque os filhos falavam francês, a língua falada *en famille* pela família Lynch-López. Mas, a capital francesa não era mais um lugar seguro para se morar. A Guerra Franco-Prussiana começara há pouco tempo por isso, em julho, ela se instalou em uma casa elegante perto do Hyde Park, em Londres. A moradia também era próxima ao banco onde ela mandara depositar seu dinheiro. Madame Lynch tinha um total de quatro mil onças de ouro, que valiam, na época, mais que 64 mil dólares, depositados no Banco da Inglaterra.

Quando jovem, Elisa seguira os passos da imperatriz Eugénie. Agora a situação invertera-se. Em julho de 1870, Eugénie incentivou Napoleão III a declarar guerra à Prússia. Seu entusiasmo era tão grande com a perspectiva da guerra, que parecia dez anos mais jovem. Sua empolgação durou pouco. Logo depois da derrota de Napoleão III na batalha de Sedan, em setembro de 1870, o Segundo Império desmoronou, e Eugénie fugiu para a Inglaterra. Enquanto Francisco conseguira adiar sua derrota final por quase seis anos, Napoleão III perdeu tudo em dois meses e meio. Elisa perdera Francisco em Cerro Corá, enquanto Eugénie compartilhou o exílio com Napoleão por dois anos e meio e viveu ainda mais cinquenta anos, após a morte do marido, sem se casar de novo. Eugénie também sofreria a tragédia de perder um filho no campo de batalha. Seu único filho, Louis, morreu na guerra Anglo-Zulu, em 1879.

Elisa matriculou os filhos em uma escola em Richmond ou no St. Joseph's College, em Croydon. As fontes são divergentes. Em 21 de julho de 1870, o mais novo, com apenas cinco anos, morreu em consequência de convulsões causadas por uma malária congênita, agravada pelo clima úmido de Londres. A criança foi enterrada no cemitério da igreja de St. Mary, em Harrow Road, Kensal Green. O atestado de óbito mencionava que era filho do presidente do Paraguai. Emiliano López, filho de Juana Pesoa, assistiu ao enterro e assinou o atestado de óbito como testemunha. O sofrimento de Elisa com a morte de seu caçula, impediu que comparecesse ao enterro. No entanto, nove dias depois, em 30 de julho de 1870, já se recuperara do choque da perda, e contratou um advogado para brigar pelas cem mil libras que estavam em posse do Dr. Stewart, que, segundo ele dizia, era um dinheiro que lhe pertencia. Esse montante incluía 70 mil dólares em moedas de ouro, e os lucros da venda de uma grande quantidade de *yerba maté*.

Stewart já havia sido processado nos tribunais escoceses pelo agente de Elisa, Antoine Gelot, por causa de um título de crédito no valor de quatro mil libras que assinara. Mas, por sua vez, Stewart argumentava que, no final de 1866, Elisa pediu que ele fosse à sua casa em Paso Pucú e, "depois de dizer que López estava disposto a agir com violência caso não houvesse um acordo, mencionou a questão do dinheiro". Ele já caíra em desgraça com Francisco, depois que dispensara os soldados doentes. Em Paso Pacú, Elisa lhe disse que tinha guardado muito dinheiro, mas, infelizmente, sem utilidade no país. Portanto, gostaria de enviar esse dinheiro para um banco europeu, mas o bloqueio estava dificultando a remessa; então, ela pediu ao médico para emitir uma fatura no valor de quatro mil libras, que seria paga por seu irmão Robert, um banqueiro em Londres. No início, Stewart hesitou, porém, em maio de 1867, Elisa disse: "Creio que o presidente tem algo terrível em mente, pelo qual não poderei perdoá-lo." Embora fingisse não estar amedrontado com a ameaça dela, Stewart assinou a nota. Se tivesse recusado, ela "poderia usar sua influência sobre López para torturá-lo, ou até mesmo matá-lo por um suposto crime". Elisa enviou a remessa de dinheiro para a Europa, mas não pagou os impostos referentes à transferência de valores no Paraguai.

López também deu a Stewart 12 mil libras em lingotes de ouro e prata para que os contrabandeasse em um navio de guerra italiano, e uma boa quantidade de *yerba maté*, que seu irmão poderia vender em Buenos Aires. Mas, Stewart não disse a López que pretendia guardar esse dinheiro, em contrapartida ao que o governo lhe devia – "o que equivaleria ao meu suicídio". O médico continuava a afirmar que seu pagamento de 800 libras por ano, o maior salário dos funcionários estrangeiros de López, não havia sido feito, e que as propriedades rurais de sua esposa paraguaia foram confiscadas, junto com os bens sob a guarda da embaixada dos EUA, em Assunção. Segundo Stewart, López não sabia que ele assinara uma promissória para Elisa, esse era um assunto privado, entre os dois. Mas, no entanto, ela sabia dos acordos financeiros que Stewart fizera com López.

Em setembro de 1868, depois de ser preso pelo Exército brasileiro, Stewart voltou para a Escócia. Gelot o processou no Tribunal de Sessão, em Edimburgo, pelo dinheiro que recusara a pagar com a justificativa que a fatura fora extorquida dele "pela força e intimidação, sem valor de recibo". Em sua defesa, o médico contou ao júri o que acontecera no Paraguai: como López fantasiava as suspeitas mais delirantes em relação aos seus melhores amigos e criados mais fiéis e, até mesmo, à sua família; e suas suspeitas resultavam em prisão, tortura e morte; e o total poder que Madame Lynch, sua amante predileta, exercia sobre o presidente. Disse Stewart ao tribunal:

> Assisti a muitas execuções. Presenciei de 20 a 80 execuções por dia, quando os presos com grilhões nas pernas eram tirados de suas celas; vi uma divisão de infantaria acompanhá-los; ouvi a rajada de balas dos mosquetes e logo depois os soldados voltavam com os grilhões nas mãos e diziam que haviam fuzilado os prisioneiros; dizendo que tinham grilhões para mais presos. Mas, em geral, o trabalho de execução era antecipado pelas torturas e maus-tratos na prisão.

Ele também declarou que poucas pessoas eram libertadas e, quase sem exceção, as que não eram executadas imediatamente morriam na prisão. "Centenas de pessoas respeitáveis do país e, pelo menos, uns 12 súditos britânicos tiveram o mesmo destino."

Washburn, Masterman, Cochelet, Burrell e Valpy testemunharam que Stewart fora ameaçado de morte. Contaram os horrores que haviam presenciado no Paraguai, e que Elisa era o verdadeiro poder atrás do trono.

"Ela era uma mulher muito determinada, astuciosa e ambiciosa", disse Valpy. "Sabia manipular os sentimentos e a cobiça de López, e causou um enorme prejuízo ao país." Ele também contou que ela usava o medo que o amante inspirava para fazer negócios "inescrupulosos". "Elisa comprou várias propriedades rurais em troca de uns sacos de sal."

Valpy ainda disse que qualquer pessoa que a desagradasse, mesmo por um motivo insignificante, sofria as consequências: "Soube que um francês fora preso por dizer que Madame Lynch usava peruca. Logo depois que o soltaram, morreu dos sofrimentos infligidos na prisão."

Quando voltou para a Inglaterra, em 1870, Elisa assumiu o processo judicial contra Stewart. Mas ele alegou que, por ser uma mulher casada, ela não tinha direito de processá-lo. Elisa, então, conseguiu uma carta de Quatrefages, datada de 7 de dezembro de 1870, que lhe dava uma procuração para continuar o processo. Por sua vez, o médico disse que os tribunais escoceses não tinham poder legal para julgar esse processo, e que o assunto só poderia ser decidido judicialmente pelas leis do Paraguai. Seu advogado apresentou documentos do governo provisório paraguaio, que acusavam Elisa e seu amante de terem roubado sistematicamente o país. O governo provisório também disse que tinha anulado o testamento de López, e deu permissão a Stewart para ficar com o dinheiro em contrapartida ao salário que não fora pago por Francisco.

Por fim, o tribunal em Edimburgo exigiu que Elisa apresentasse mais provas de que o dinheiro em posse do Dr. Stewart pertencia de fato a ela. No entanto, a corte também decidiu que, como herdeira legal de Francisco, ela tinha direito aos lucros provenientes da venda de *yerba maté*. Stewart faliu pouco depois.

Madame Lynch contou essa história lamentável em seu livro *Exposición y protesta*:

> "Em 1865, o marechal López vendeu uma grande quantidade de *yerba maté* de suas propriedades ao Dr. Stewart, no valor de 112.000 pesos de ouro. George Duncan Stewart foi o agente da venda, e assinou um título de crédito em favor do irmão, a ser pago em Buenos Aires, assim que o governo da Argentina suspendesse o embargo. A pedido do marechal López, Dr. Stewart endossou o título de crédito em meu favor. Depois da suspensão do embargo, George Duncan Stewart vendeu a *yerba maté* por cerca de 350.000 pesos de ouro, de acordo com os recibos de venda. (...)
> Em 1868, dei ao Dr. Stewart 4.400 onças de ouro [cada onça valia 3,15 libras na época] e 5.659 paticones de prata, para serem enviados à Europa em seu nome junto, com a remessa de dinheiro de outros súditos britânicos. No recibo de transferência do dinheiro assinado pelo Dr. Stewart, os valores totalizaram 800 pesos de ouro.
> Além disso, em 1864, Robert Stewart, a quem o médico fizera o pagamento no Paraguai como diretor do Royal Bank da Escócia, recebeu 400 libras es-

terlinas do marechal López. Portanto, a quantia total do dinheiro exclusivamente meu que confiei ao Dr. Stewart, totalizou 212.000 pesos de ouro, sem os juros. Para obrigar o Dr. Stewart a me devolver esses depósitos, foi preciso recorrer aos tribunais escoceses e quando ganhei o processo judicial, ele declarou que estava falido.

Mas esse foi apenas o início de diversas batalhas judiciais de Elisa. Em março de 1871, o governo do Paraguai processou a ela e ao general McMahon, que estavam tentando legitimar o testamento de Francisco, apesar de o ex-embaixador americano ter dito, mais tarde, que não fora convocado a depor no tribunal nesse caso específico. O novo governo em Assunção queria impedi-los de se apropriarem do "dinheiro e das apólices enviados para a Inglaterra pelo falecido presidente", que pertenciam ao Paraguai. Além disso, o governo já havia promulgado uma lei que confiscava os bens do tirano. No mês seguinte, Elisa processou o governo provisório do Paraguai por revogar o testamento de Francisco. O tribunal de sucessões, de Londres, deu uma sentença favorável a ela, ao julgar que o testamento de Francisco Solano López estava válido, segundo a lei do Paraguai, na época de sua morte.

Mas, a vitória foi breve. Em 19 de fevereiro de 1872, a primeira página do *The Times,* que até 1866 publicava anúncios pessoais, estampou a notícia que o procurador da República do Paraguai na Grã-Bretanha, Richard Lee, um advogado de Galashiels [burgo comercial na Escócia], acusara Elisa de "roubo do dinheiro do tesouro nacional, de felonia e de confisco e extorsão de bens e joias dos paraguaios e de estrangeiros; além de ser cúmplice adúltera dos assassinatos e torturas praticados pelo ex-presidente Francisco Solano López". Esses crimes não eram comuns às mulheres em Kensington [bairro de Londres], na época vitoriana. Elisa foi convocada a depor nos tribunais do Paraguai, em um prazo de quatro meses, e a advertiram que, se não comparecesse, seria julgada *in absentia*.

Novamente ela processou o governo do Paraguai, acusando-o de difamação. Mais uma vez ganhou o processo nos tribunais ingleses. O governo paraguaio tentou acusá-la de novo, dessa vez com o argumento nos tribunais londrinos que, as mil onças de ouro e mais de 3,500 de libras esterlinas enviadas à Inglaterra por Francisco, pertenciam ao governo do país. No entanto, os tribunais deram uma nova sentença favorável a Elisa.

Embora a contenda judicial contra Stewart tenha sido dispendiosa, madame Lynch ainda vivia com muito conforto. Cunninghame Graham a viu, diversas vezes, em Londres no ano de 1873, subindo em sua carruagem em frente à sua casa, em Thurloe Square ou Hyde Park Gate. Mas, logo ela se mudou para um local mais elegante em Southwick Street, ao norte do parque, perto do Marble Arch, o endereço que constou do atestado de óbito do pequeno Leopoldo. Disse Cunninghame Graham:

> Na época, teria uns 40 anos, bem conservados, apesar da tendência a engordar e dos fios grisalhos em seus cabelos volumosos. Com as roupas feitas em Paris, parecia mais francesa que inglesa, e não tinha sinal do desleixo tão frequente das mulheres irlandesas. Ainda era bonita e elegante. Com seu rosto oval e a aparência tranquila, não tinha o aspecto de alguém que presenciara a morte com tanta frequência, que vivera por tanto tempo em circunstâncias tão estranhas e assustadoras, que enterrara o amante e o filho com as próprias mãos, e sobrevivera para contar a história.

Ninguém que a visse em Brompton Oratory com os três filhos, em uma manhã de domingo, acreditaria em sua história.

Elisa voltou para Paris em 1874, agora um lugar muito diferente daquele que partira em 1853. O barão Haussmann demolira os antigos bairros pobres, e transformara Paris na "cidade luz". Era uma cidade mais rica, pelo menos para Elisa. Gelot, seu agente, tinha guardado mais de meio milhão de dólares em joias e em dinheiro para lhe entregar, além de bens que haviam pertencido a Francisco.

Ela também tinha outros negócios a tratar na capital francesa. Juan Bautista Gill, um ex-ministro da Economia do Paraguai e, depois do assassinato de um presidente e deposição de outro, o atual chefe de Estado do país, a convidara a voltar às Américas. Após suas vitórias nos tribunais ingleses, Elisa tinha confiança que poderia provar que adquirira suas propriedades em Assunção honestamente. Em *Exposición y protesta* afirmou que só comprara esses bens, porque Benigno, irmão de Francisco, tinha vendido todas as suas propriedades em um péssimo momento da guerra e, por isso, quisera evitar o pânico financeiro. Mas, por outro lado, admitiu que negociou uns prédios no centro da cidade, perto do palácio do presidente, com a intenção de construir uma rua comercial.

Elisa também alegou que, enquanto estava no porto de Assunção dentro do navio de guerra da Marinha brasileira, se oferecera para devolver as escrituras de todas as propriedades que comprara, se os vendedores a ressarcissem. Mas, sua generosa oferta foi recusada, "porque queriam manter as propriedades e o dinheiro. Era uma atitude típica deles", disse. As pessoas da sociedade local sempre a desprezaram e "difamaram meu nome respeitável e os de meus filhos inocentes, os filhos de um herói nacional, e tentaram me privar de tudo que me pertencia legalmente".

Desde então, os "homens desumanos que detinham o poder e a autoridade no Paraguai" tinham confiscado seus bens e revogado as escrituras. Como uma "mulher indefesa, à mercê de uma multidão perversa", sentia uma profunda decepção com a maneira como retribuíam "a enorme gentileza que sempre demonstrara em relação a esse povo infeliz".

Mas, para provar seus argumentos de defesa Elisa precisava dos papéis que deixara no Paraguai com seu advogado francês, Edmon Berchon des Essart. Infelizmente, des Essart foi assassinado, segundo ela, por uma multidão vingativa. O populacho teria saqueado sua casa, se não fosse a intervenção do cônsul francês, que pegou os papéis e os enviou para a França, onde Elisa começou o tortuoso processo burocrático de recuperá-los.

Em junho de 1875, ela e o filho Enrique embarcaram em um navio do serviço postal britânico com destino a Buenos Aires, cidade que não a havia esquecido. Segundo o escritor Henry Lyon Young, a levaram para assistir a uma peça baseada em sua vida, intitulada *Madame Lynch*. Enquanto estava na capital da Argentina, Elisa processou o governo argentino por ter se apropriado de móveis de suas diversas casas, que, agora "enfeitavam as salas do palácio do governo argentino". Apesar de *sir* Richard Burton ter visto móveis e objetos de madame Lynch em Buenos Aires, riram de seus protestos no tribunal. Nessa época, Burton estava a caminho da Índia.

Em outubro de 1875, Elisa repetiu a viagem pelo rio, em direção a Assunção, dessa vez no navio *Cisne*. É possível que tenha sentido a mesma emoção da primeira travessia. Havia vários processos criminais contra ela, e o jornal *La Tribuna* publicara uma carta anônima, na qual o autor dizia que a amante de Francisco não deveria ir para o Paraguai, porque seria "raptada e torturada para revelar onde o tesouro do Paraguai fora enterrado". No entanto, decidiu fazer a viagem para, em suas palavras, "responder às acusações que fizeram contra mim, e para enfrentar todos os meus inimigos na sede do poder deles, só com o apoio de minha consciência e de meus atos".

No caminho para Assunção viu as ruínas de Humaitá e de outros fortes onde vivera com seu amante. Embora tivesse ficado impressionada com o isolamento e o atraso do Paraguai em sua primeira viagem, o cenário agora era ainda mais devastador. A guerra destruíra economicamente o país, e por toda parte só havia fome e corrupção. De acordo com um visitante, depois do fim da guerra,

> marginais, vagabundos e aventureiros corruptos, a escória da humanidade, vieram para o Paraguai a fim de se apossarem das terras dos guaranis em extinção e para consolar as centenas de milhares de viúvas desoladas com a perda de seus maridos e as jovens donzelas.

Elisa descreveu que fora recebida em Assunção com um entusiasmo extremamente caloroso. Quando os rumores de sua chegada espalharam-se pela cidade, as pessoas correram para o cais. Assim que desembarcou foi cercada por uma multidão que a abraçou, a beijou e a cumprimentou:

> Todos queriam tocar em mim e conversar. Quando caminhamos pelas ruas, as pessoas nas portas de suas casas me reconheceram e cumprimentaram-me com muita gentileza. Os comerciantes da praça San Francisco me cercaram com uma expressão de alegria e afeto, e reuniram-se ao meu grupo.

Ela se hospedou com Isadora Díaz, que voltara para o Paraguai com Rosita Carreras e Emiliano López, em 1872. Ficou à espera de um convite de Juan Gill, o novo presidente do Paraguai, depois de um curto período de exílio no Brasil, para visitá-lo no palácio. Mas, as "filhas, esposas, mães e irmãs" de Assunção redigiram um manifesto publicado no jornal *La Reforma*, no qual pediram que "em nome das vítimas sacrificadas por essa mulher, Elisa A. Lynch" e da Constituição, que a expulsassem do país ou a julgassem por seus atos criminosos. Ao sentir o clima de hostilidade em relação à Elisa, Gill revogou as garantias de imunidade que lhe concedera. Por esse motivo, nas palavras da própria, ela "decidiu partir do país". O presidente providenciou uma escolta armada para acompanhá-la a um navio, que a levaria a Buenos Aires. Logo depois, ele foi assassinado.

Elisa escreveu *Exposición y protesta*, em Buenos Aires. E o fato de não ter pagado o editor do livro, resultou em mais processos legais contra ela. Enrique, seu filho, ficou em Buenos Aires, e, após terminar seus estudos na Europa, o irmão Carlos reuniu-se a ele, para lutarem pela recuperação dos bens da família no Paraguai. Elisa voltou para Londres, onde enfrentou mais processos litigiosos.

A inflação causada pela Guerra Franco-Prussiana e a Comuna de Paris desvalorizou muito o dinheiro depositado nos bancos de Paris. Mas, os bens e os montantes que contrabandeara do Paraguai, além da reserva que ainda tinha na Inglaterra, permitiam-lhe viver com elegância e conforto, ao voltar para a cidade luz. Elisa alugou uma casa na avenida Ulrich nº 1, no 17º *arrondissement,* um bairro chique da cidade; embora um autor tenha dito que Elisa morava na sofisticada *rue* de Rivoli, onde a imperatriz Eugénie hospedava-se, quando ia a Paris, para lamentar a destruição do palácio das Tulherias.

Segundo algumas fontes, Elisa fez uma longa viagem de peregrinação à Terra Santa para se penitenciar por seus pecados. Dizem, também, que ela visitou a Irlanda, onde a trataram como uma versão latino-americana de lady Hamilton [amante do Lord Nelson e musa de George Romney]. Em outra versão gloriosa de sua história, Elisa reencontrou o antigo amigo Franz Liszt, que lamentou o fato de ela não ter seguido seu conselho e ter se transformado uma concertista de piano. Mas, infelizmente, esse encontro curioso não consta em nenhuma biografia de Elisa. Em um relato mais maldoso, ela retornou à antiga profissão com o nome de Madam Lynch, em vez de Madame Lynch.

Sua família afirmava que ela passara o resto da vida tentando redimir seu nome e o de Francisco – as histórias mirabolantes de seus parentes compararam-na a Joana d'Arc.

As fotografias de Elisa no exílio mostram uma mulher gorda e sem a beleza luminosa da juventude. É possível, que tenha feito outra viagem a Buenos Aires para transferir a posse de seus bens no Paraguai para os filhos. Por fim, sua renda diminuiu em razão de seu gosto por champanhe, seu estilo de vida sofisticado e suas roupas caras. Na época de sua morte, morava em uma pensão no nº 54 do bulevar Pereire. Não era, de modo algum, a espécie de moradia palaciana a que fora habituada a viver, mas permitia manter as aparências, afinal ainda era no 17º *arrondissement*. Os arquivos franceses do tribunal de sucessões mostram que Elisa não tinha bens valiosos na época de sua morte, porém, não estava na miséria. O mais novo dos três filhos, Federic Noel, fez uma carreira bem-sucedida como executivo de uma companhia telefônica francesa e, apesar das alusões em algumas fontes, Elisa não fora enterrada como indigente.

15
Imperatriz por fim

Elisa morreu em 25 de julho de 1886. Mas, seu corpo só foi descoberto dois dias depois, quando a polícia arrombou a porta do apartamento. A causa da morte foi atribuída a um câncer de estômago ou desnutrição. Só tinha 51 anos. Em seu atestado de óbito, constou que era "viúva de Francisco Solano López" e uma mulher independente financeiramente. Por ter falecido em seu endereço no 17º *arrondissement*, deveria ter sido enterrada no cemitério de Montmartre. Mas, o filho Federico comprou um pequeno lote no cemitério de Père Lachaise, de apenas 2 metros de largura, o menor lote disponível para um adulto. Elisa foi sepultada em um túmulo comum, em vez de ser em um monumento funerário ou em um mausoléu como, em geral, as pessoas eram enterradas no Père Lachaise. Não se sabe se Dom Pedro II visitou seu túmulo, quando se exilou em Paris, em 1889.

"Esperei uma revolução desde a Guerra do Paraguai, mas o movimento republicano surpreendeu-me", disse Dom Pedro. A escravidão já havia sido abolida no Brasil, antes de sua abdicação.

Dom Pedro e Elisa quase foram vizinhos depois da morte dele em 1891, quando realizaram a cerimônia do funeral de Estado do ex-imperador na igreja de La Madeleine, construída por Napoleão em homenagem ao Grande Armée, antes do corpo ser levado de trem para Lisboa. Os restos mortais de Dom Pedro foram trazidos para o Brasil em 1920, onde repousam em uma capela na cidade de Petrópolis, batizada com esse nome em sua honra.

Em maio de 1900, o corpo de Elisa foi exumado e o enterraram no mausoléu da família Martin, localizado em uma colina na divisão 92, junto com Estelle. O historiador do Père Lachaise, Monsieur Charlet, sugeriu que Estelle e Elisa eram irmãs ou amigas íntimas. A família Martin pagou a construção do mausoléu. A inscrição da família López foi acrescentada bem mais tarde. Em 26 de março de 1928, Jeanne Martin, supostamente filha de Estelle, também foi enterrada nesse túmulo. Ao lado foi enterrado, em 25 de fevereiro de 1932, Pierre Xavier Coste de Champéron, cuja esposa, Lucienne Coste de Champéron, Brisset de solteira, também foi enterrada no mesmo local, em 10 de julho de 1936. Nessa época, a reputação de Francisco Solano López estava sendo reavaliada no Paraguai, e as autoridades paraguaias acrescentaram a bandeira e o brasão do país no mausoléu.

Na década de 1930, Francisco Solano, "o pior demônio que profanou a terra", transformou-se em herói aos olhos dos paraguaios, não pela guerra perdida, mas, sim, pela que venceram. Depois de terem lutado tão desastrosamente com seus vizinhos ao sul, o Paraguai voltou suas atenções para o vizinho ao norte, a Bolívia. No início do século XX, houve uma longa disputa pela posse do Chaco Boreal, uma região semiárida com pequenos arbustos, florestas e pântanos, que separava os dois países. O Paraguai reivindicava sua posse, porque alguns missionários e colonos paraguaios haviam habitado nessa área, e reforçou as guarnições da fronteira.

No entanto, na Guerra do Pacífico (1879-1884) a Bolívia perdeu a província de Atacama, localizada na costa do oceano Pacífico e, consequentemente, não teve mais acesso ao mar. O país precisava, então, anexar a região do Charco Boreal para retomar o acesso ao oceano pelo rio Paraguai. Em seguida, surgiram boatos que havia petróleo em Chaco. Eles eram infundados, mas o petróleo sempre foi um excelente motivo para desencadear conflitos armados.

Uma série de incidentes, na fronteira dos dois países, precipitou uma guerra de grandes proporções, com vantagem expressiva para a Bolívia, sua população era três vezes superior a do Paraguai, que ainda se recuperava do impacto de Elisa e Francisco. Além disso, os bolivianos tinham o apoio da Standard Oil, empréstimos de diversos bancos norte-americanos e um exército bem equipado sob o comando do general alemão Hans von Kundt. Mas, os bolivianos não tinham um espírito de luta e os índios recrutados à força para o exército vinham das montanhas. Os índios eram sensíveis às epidemias endêmicas dos pântanos de Charco, e muitos morreram com picadas de cobras, enquanto os paraguaios tinham mais conhecimento e experiência em conflitos armados em pântanos e florestas.

Em agosto de 1932, as tropas do Paraguai fizeram uma ofensiva sob o comando do general José Félix Estigarribia, um militar bem mais competente que seu homônimo da época de Elisa, aquele que empreitou contra o Exército brasileiro.

O general foi, mais tarde, presidente do Paraguai; uma grande cidade de Chaco chama-se *Mariscal* Estigarribia; além de ter sido homenageado com o nome de uma rua no centro de Assunção. Em 1935, as forças paraguaias entraram no território boliviano. Porém, mais de cem mil soldados morreram e a Guerra do Chaco foi o conflito mais violento na América do Sul no século XX. O esforço da guerra exauriu os dois países. Na conferência de paz, realizada em Buenos Aires, o Paraguai perdeu todas as suas conquistas territoriais e, apesar de sua hegemonia na região disputada, a Bolívia ganhou acesso ao rio Paraguai e ao Puerto Casado.

O resultado questionável da guerra causou uma instabilidade política tanto na Bolívia como no Paraguai. Em 1936, o herói de guerra coronel Rafael Franco assumiu o poder em Assunção, e transformou o Paraguai no primeiro país fascista da América Latina. Com o objetivo de legitimar sua autoridade, Franco procurou um ditador absolutista do passado para transformar em herói nacional, e em quem pudesse se espelhar. Assim, o dia 1º de março de 1936, o aniversário de 66 anos da morte de López, passou a ser um dia de comemoração nacional. Hoje, Francisco é um grande herói do país, que morreu no campo de batalha quando sua pátria estava sendo invadida por um inimigo feroz. Construíram estátuas equestres retratando-o com a espada na mão, galopando no campo de batalha, em vez da tradicional distância dos conflitos durante a guerra, como seria mais apropriado. Diversas ruas foram batizadas com seu nome e, por fim, construíram um shopping center em Assunção, com o nome absurdo de *General* López. Seria o mesmo que ir a Berlim e se deparar com um shopping center chamado Adolf Hitler.

Seus restos mortais foram exumados do túmulo em Cerro Corá, e levados para Assunção, onde receberam homenagens em uma cerimônia no Panteón de los Heroes, o nome atual da réplica de Francisco do túmulo de Napoleão em Les Invalides. O filho de Elisa e Francisco, Carlos, voltou para o Paraguai, enriqueceu e foi um líder do Partido Colorado, fundado em 1874, e que governou o país por trinta anos sem interrupção. Federico Noel também voltou para a América do Sul.

Os descendentes de Francisco e Elisa refizeram suas vidas no Paraguai, e o dinheiro deles financiou vários livros, que reavaliaram a vida e o legado de Francisco, entre eles as obras do escritor e historiador paraguaio

Juan E. O'Leary, que também foi homenageado com o nome de uma rua no centro de Assunção.

Franco foi deposto 18 meses depois, mas quando o general Stroessner assumiu o poder, em 1954, houve uma nova reavaliação histórica de Francisco Solano López como "herói nacional", com o objetivo de legitimar o governo de Stroessner. Cerro Corá é hoje um santuário nacional. Construíram um gigantesco monumento no campo de batalha, com um terraço para observar o local; uma alameda de estátuas de heróis de guerra segue do campo até a cruz erguida na margem do rio Aquidabán Nigui, onde o *General* López morreu. Stroessner também construiu um aeroporto para visitar Cerro Corá com frequência.

O culto a Elisa já começara. Padre Bodgado celebrava cerimônias solenes em uma gruta em Cerro Santo Tomas, onde, segundo uma lenda, são Tomás de Aquino vivera quando viera para a América do Sul muito antes de Colombo, e no pico de Cerro Hu, perto da antiga casa de verão de Elisa, a Casa Blanca, uma de suas inúmeras propriedades que ainda existe. E, para aumentar a nova dimensão da história espúria do país, Stroessner queria trazer seus restos mortais para o Paraguai.

Os membros da família López que, na ocasião, haviam adquirido um status social importante no Paraguai, tinham um profundo interesse em ver Elisa recuperar sua posição ao lado do herói nacional, o *General* López. Sua personalidade intrigava os escritores, e alguns relatos romanceados de sua vida foram best-sellers.

A reputação de Elisa Lynch, agora um trunfo político entre os liberais e o Partido Colorado de López, que domina a cena política desde 1949, foi restaurada. As escolas ensinam às crianças paraguaias que Madame Lynch foi uma heroína nacional, porque levou crianças para lutar contra os inimigos do país. Na verdade, isso é apenas uma parte de sua iconografia. Logo na saída do aeroporto de Assunção, construíram uma estátua gigantesca dessa mulher de personalidade forte, independente e decidida, a grande responsável pela morte de um terço da população do país, que roubou o dinheiro dos paraguaios e causou uma perda importante do território nacional. A estátua, segura a bandeira do Paraguai em uma das mãos e aos seus pés está um paraguaio morto ou, talvez, simbolicamente, o Paraguai morto. Com a outra mão, segura a mão de uma criança pequena. É possível que seja um erro de julgamento, mas não vejo nada de heroico em levar crianças desarmadas para serem mortas por soldados de cavalaria armados com lanças e sabres.

Em 1970, um século depois do fim da Guerra da Tríplice Aliança, o fiasco da derrota do Paraguai foi reescrito. A reputação de Elisa foi redimida e o Paraguai, mais uma vez, cultua sua figura emblemática. A urna com seus restos mortais guardada no Museo Madame Lynch foi levada do prédio do Ministério de Defesa Nacional, em procissão pela avenida *General López* até o cemitério nacional em La Recoleta. O mausoléu imponente, construído à custa de enorme gasto público, perto do túmulo da filha de Elisa, Corina Adelaida, recebeu com todas as cerimônias protocolares, a urna da heroína nacional do Paraguai. Houve mais discursos. As orquestras tocaram músicas, e descerraram uma placa na parede do monumento com as seguintes palavras:

> Este mausoléu é uma homenagem do povo, do governo e das Forças Armadas do país a Elisa Alicia Lynch, que acompanhou com desprendimento e altruísmo o maior herói da nação, marechal Francisco Solano López, até sua morte abnegada em Cerro Corá.

Uma estátua em tamanho natural de Elisa, com duas cruzes de cada lado, símbolos do martírio do povo paraguaio e de seu próprio martírio, foi colocada no alto do monumento. A imagem segura uma pá nas mãos, embora não seja uma sugestão proposital de que ela está enterrando o Paraguai ou seu tesouro. Mas, por fim, Elisa encontrou nesse enorme memorial um local de repouso adequado à imperatriz da América do Sul. Se, é claro, os restos mortais guardados na urna forem de fato dela. Afinal, o cadáver exumado por Teófilo Chammas, no cemitério de Père Lachaise, em 1961, tinha longos cabelos pretos iluminados com um brilho dourado pela luz Sol. Mas... O cabelo de Elisa era ruivo.

Bibliografia selecionada

Anon, *A narrative of facts related to Dr. Thomas Francia by an individual who witnessed many of them*. Londres: W. Mason, 1826.

Barman, Roderick J. *Citizen emperor – Pedro II and the making of Brazil, 1825-91*. Califórnia: Stanford University Press, 1999.

Barret, William E., *Woman on horseback*. Nova York: Frederick A. Stokes Company, 1938.

Bierman, John. *Napoleon III and his carnival empire*. Nova York: St Martin's Press, 1988.

Bishop, Nathaniel H. *A thousand mile's walk across South America*. Boston: Lee and Shepard, 1869.

Bliss, Porter C. *The ethnography of the Gran Chaco*. Buenos Aires: Buenos Aires Typographical Society, 1863.

Box, Pelham H. *The origins of the paraguayan war*. Urbana: University of Illinois, 1927.

Brodsky, Alan. *Madame Lynch & friend*. Nova York: Harper & Row, 1975.

Burton, Captain Richard F., *Letters from the battlefields of Paraguay*. Londres: Tinsley Brothers, 1870.

Carlyle, Thomas. "Dr. Francia", *The Foreign Quarterly Review*. Londres: Chapman and Hill, julho de 1843.

Charlevoix, Pierre F. X. de, *The history of Paraguay*. Londres: Lockyer Davis, 1769.

Farwell, Byron. *Burton: A biography of sir Richard Francis Burton*. Londres: Penguin, 1963.

Graham, R. B. Cunninghame. *Portrait of a dictator*. Londres: William Heinemann Ltd., 1933.

Hutchinson, Thomas J. *The Paraná with incidents of the paraguayan war*. Londres: Edward Standford, 1868.

Lynch, Elisa A. *Exposición y protesta*. Assunção: Fundación Cultural Republicana, 1987.

Lynch, John, *Argentine dictator: Juan Manuel de Rosas 1829-1852*. Oxford: Clarendon Press, 1981.

McMahon, General M. T., "The War in Paraguay". *Harper's Magazine*. Nova York, fevereiro e abril de 1870.

Masterman, George F. *Seven eventful years in Paraguay*. Londres: Sampson Low, Son, and Marston, 1869.

Maiz, Fidel. *Etapas de mi vida*. Assunção: La Mundial, 1919.

Miers, John. *The apocynacece of South America*, Londres: Williams and Northgate, 1878.

_____. *Travels in Chile and La Plata*, Londres: Baldwin, Cradock and Joy, 1826.

O'Leary, Juan E., *El General Solano López*, Madri: Félix Moliner, 1925;

_____.*Um denigrador uruguayano del General López*, Assunção, 1921.

Ouseley, W. Gore, *Views in South America*, Londres: Thomas McLean, 1852.

Page, Thomas J. *La Plata, the Argentine Confederation, and Paraguay*. Londres: Trubner & Co, 1859.

Rengger, Johann R. e Longchamp, Marçel F. X., *The reign of doctor J.G.R. de Francia in Paraguay*, Londres: T. Hurst, E. Chance & Co, 1827.

Robertson, J. P. e W. P., *Francia's reign of terror*. Londres: J. Murray, 1839.

Thompson, George, *The war in Paraguay*. Londres: Longmans, Green and Co. 1869.

Young, Henry L. *Eliza Lynch: regent of Paraguay*. Londres: Anthony Blond, 1966.

Warren, Harris G. *Paraguay: an informal history*. Oklahoma: University of Oklahoma Press, Norman, 1949.

Washburn, Charles A. *The history of Paraguay*. Boston: Lee and Shepard, 1871.

Zinny, Antonio. *Cronologia de los obispos del Paraguay*. Buenos Aires: Europea, 1887.

Índice remissivo

Alén, coronel Paulino 160/162
Ameryk, Richard 15
Angostura 17, 178, 190/191, 193, 199 e 203
Antiquera y Castro, Dom José de 23/24
Aquino, general 214/215
Aquino, (diretor do *El Semanario*) 172
Argélia 55 e 60
Argentina *ver também* Mitre, Bartoloméo: acordo de paz 142/145, 154/155 e 157; aliança com o Brasil 72, 97, 100, 105/106 e 112; Constituição de Rosas 39; convite ao Paraguai para aderir à Confederação Argentina (1814) 31; disputa com o Brasil em relação ao Uruguai 88, 96/97; Guerra da Tríplice Aliança 106, 143 e 241; guerras civis 41 e 107; insultos na imprensa a Francisco e Elisa 62, 97, 104, 156, 194, 198 e 214; invasão do Paraguai por Belgrano 26/28; ofensiva do Paraguai 104/105, 118/122; tortura e maus-tratos a prisioneiros infligidos por Francisco 102, 104, 115, 118, 135, 150, 159, 163, 179/181, 184/185, 187, 190, 197 e 214; tropas 111
Artigas, José 34
Assunção: catedral 37, 87, 96, 98, 151, 202 e 206; estátua de Elisa 240; experiência durante a guerra, 115, 123/124, 166/169 e 202; experiência pós-guerra 211, 220 e 226; fundação e primórdios de sua história 18/19, 21, 23/24, 26, 28 e 34; ópera 69, 79 e 109; projeto de modernização urbana de Francisco e Elisa 46, 68 e 74; projeto de urbanização de Carlos López 68; projeto de urbanização de Francia 35; situação pré-guerra 78 e 98
Aveiro, major 191, 216 e 219
Ayolas, Juan de 17/19

Báez, Cecilio 124, 185, 191, 207/209
Balet, Luisa 78
Balmaceda, Dom Diego de los Reyes 23
Balões de observação do Brasil 137
Baltazar (criado de Carreras) 177, 182/183
Barrett, William E. 171
Barrios, Dom Vicente 90, 101/102, 118, 121/122, 131, 139 e 169
Becchi, padre Geronimo 214
Bedoya, Dom Saturnino 30, 90, 124, 151/152 e 169
Belgrano, general Manuel 26/29, 112 e 145
Beneni, Giulia 57
Benitez, Gumesindo 172 e 184
Berges, Dom José 90, 171 e 184
Bermejo, Ildefonso e doña Pura 79/80
Bliss, Porter C. 166, 169, 170, 172/175, 177, 182/194
Blyth (J. & A.) de Limehouse 46 e 62
Bogado, Dean 194

Bolívar, Simón 25, 145 e 180
Bolívia 40, 110, 127, 160, 180, 215, 238/239
Bonaparte, José 25 e 26
Bonplan, Aimé 34 e 35
Booth, John Wilkes 104
Bordeaux, imigrantes 41, 62 e 81
Bowen, George 165
Brás, santo patrono do Paraguai 19
Brasil *ver também* Guerra da Tríplice Aliança: acordo de paz 113, 142/145, 154/155 e 157; alianças e disputas (pré--guerra/tratado) 41, 72/73, 88, 96/97, 100/101, 106; balões 137; custo da guerra 133/134, 226; Francisco é declarado um proscrito 211; imprecisão dos artilheiros 112; leis antiescravagistas 226, 237; maus-tratos/assassinato de prisioneiros por Francisco 102, 104, 115, 118, 135, 150, 159, 163, 179/181, 184/185, 187, 190, 197 e 214; província de Mato Grosso conquistada pelo Paraguai/reconquistada pelo Brasil 100/103, 107 e 152; recompensas pelo fracasso e incompetência 116/117; riqueza do 41, 60; tropas 111/112, 134 e 152
Brizuela (subordinado de Francisco que lhe apresentou Elisa) 59
Bruguez, general 169
Buenos Aires: ataques dos índios querandis 17/18; fundação da nova colônia 17/18, 21/22; porto inadequado para embarque e desembarque de navios 17 e 21
Burgos, Pedro 74
Burrell, Percy 225 e 230
Burton, *Sir* Richard: armas antiquadas das tropas paraguaias 111/112; Assunção na véspera da guerra 98; Buenos Aires 63; Carlos López 39 e 111; Elisa Lynch 71, 108, 205 e 223; Humaitá 128; lendas da coragem de Francisco e Elisa 196; motivos de Caxias para não capturar Francisco 201; móveis de Elisa 110, 205 e 234; soldadas amazonas 157/158

Caacupé 125/127
Caballero, general 199 e 219
Cabeza de Vaca, Alvar Núñez de Vera 20/21
Cabot, John 15
Cabot, Sebastian 15/18 e 21
Câmara, general José Antônio Correia da 219/222
Caminos, Luís 154/155 e 200
Campo Grande 99, 103 e 141
Campos, tenente-coronel 183/184
Candido, Dom 98
Canstatt, James 41, 77/78
Capedevila, Aureliano 200
Capedevila, Ramon 104/105 e 200
Cardenas, bispo Bernardino de 23
Carillo, doña Juana Pablo *ver* López
Carlos IV da Espanha 25/26
Carlyle, Thomas 37
Carreras, Antonio de los 167
Carreras, Rosita (filha de Francisco) 227/228 e 235
Carriguas, índios 212
Castiglione, condessa de 56
Cavallero, Dom Juan Pedro 29 e 31
Caxias, duque de: ataque a Humaitá 157/158, 163/162; ataque sempre do lado forte 190/191, 201/202; avaliação das propostas de paz 154/155, 157, 162; comandante do exército aliado em substituição a Mitre 144; estrada de toras de madeira em Chaco 189; libertação de Taylor como prisioneiro de guerra 197; Lomas Valentinas 178, 196, 198, 200 e 203;
cepo uruguayana (tortura) 180, 182, 184, 190 e 193
Cerro Corá 217/219, 222, 227/228, 239/241
Cerro León 78, 97, 198, 201/203 e 207
Chaco, Guerra do (Bolívia e Paraguai) 239
Chammas, Teófilo 7/9 e 242
Charlet, Christian 10 e 237

Chile 109 e 166
Cluny, M. de 78
Cochelet, embaixador e sra. Laurent 78/79, 81, 93/94, 124, 148/149, 162/163 e 230
Coléra 134/135, 138, 150/153, 165 e 204
Concepción 78 e 225
Corbalán, doña Oliva 135
Corbalán, Jaime 135
Cordal, Carmencita 45
Corpus Christi, forte 18/19
Corrientes 45/47, 64/65, 73, 76, 87, 104/105, 111/112, 114, 116, 122, 134 e 140
Cortés, Hernando 17
Corumbá 101/102 e 152
Crimeia, guerra da 47, 56, 61 e 97
Cuberville, embaixador 149 e 200
Cunninghame Graham, R. B.: atração de Francisco por Elisa 60; confiança em Elisa 73; delírios de Francisco 109; em Londres 23; fuga final 211; estilo e aparência 93, 109 e 213; influência sobre Francisco 89, 132 e 155; percepção do caráter cruel de Francisco 86
Curupaity 141, 161 e 252

D'Antigny, Blanche 58
d'Eu, conde 96, 118, 206/211, 215 e 220
De Gaulle, Charles 10
Decoud, Carlos 45/46
Decoud, coronel 118
Delfino 113
Diaz, general Cesar 128,
Diaz, Isadora 227 e 235
Días, Isidora 90
doença(s) 50, 52/53, 62, 72, 112, 138, 150/151, 153/154, 155, 167, 189, 201, 216/217 e 225
dourados 76
Duarte, major 118
Duffield, John A. 170 e 175
Dumas Filho, Alexandre 57
Dupart, Dorotea 78
Duplessis, Marie, condessa de Perrégaux 57
Duvall, Marius 204

Ejusquiza, Dom Felix 98, 104/105 e 181
Ejusquiza, Maria e Mercedes 194
El Semanario: Alexandre, o Grande moderno 45; Aquino (editor) prisão 172; batalha de Estero Bellaco 138 e 140; carta de Washburn a Caxias 144/145; cartas acusatórias de parentes em Buenos Aires 99; crítica a Mitre 144; confissão do padre Maiz 85; coragem e sacrifício 98 e 122; declaração de guerra 104; denúncia a Washburn e aos outros "conspiradores" 173; exigência do governo britânico da libertação de Canstatt 78; opróbrio de Estigarribia 121/122; pedido de doação de joias feito por Elisa às mulheres do Paraguai 123 e 128; rejeição ao plano de paz de Gould 154; silêncio em relação a Elisa 70; soldados escravos do exército brasileiro 134
Entre Rios 39, 97, 100, 104 e 112
Equador 16
Escalada, Juan Pedro 44
escravos: índios guaranis 16, 18 e 20; leis antiescravagistas do Brasil 226
Espínola, José 25/26
Espinoza, Lázaro de La Ribera y 25
Essart, Edmond Berchondes 234
Estigarribia, coronel Antonio de la Cruz 113, 117/120 e 122
Estigarribia, general José Félix 238/239
Eugénie, imperatriz 47, 58, 60, 74, 228 e 236

Fernando VII da Espanha 25/26
ferrovias 46 e 107
Fischer-Treuenfeld, barão von 97 e 149
Flores, general Venâncio 106
Fox, John 163/164 e 191
França *ver também* Cochelet: apoio ao bloqueio da Marinha brasileira 147; Napoleão 12, 25, 44, 46/48, 54/56, 58, 60/61, 68/69, 74, 81, 88/89, 91, 94/96; risco de assassinato de cidadãos franceses no Paraguai 149; rompimento das relações diplomáticas com Carlos 41; término

da Monarquia de Julho e a chegada ao poder de Luís Napoleão 53/54; visita de Francisco López à 46/47
Francia, José Gaspar Rodriguez: antecedentes 29; Constituição do Paraguai 30; morte 36; ódio aos espanhóis 29; paranoia 32/33; problema de sucessão 38; projeto de desenvolvimento do Paraguai 35; rede de espiões 32; reino de terror do *El Supremo* 31
Franciscanos 22
Franco, coronel Rafael 239
Franklin, Benjamin 33
Forte Olimpo 18/19

Galán, Ruiz de 19 e 79
Garmendia, Pancha 45 e 217
Gelot, Antoine 124, 229/230 e 233
Genebra, convenção de 102
Gill, Juan Bautista 233 e 235
Gould, G.Z. 152/157 e 222
Grã-Bretanha: apoio ao bloqueio do Exército brasileiro 147; prisão de Canstatt 41 e 77/78; proteção da embaixada dos Estados Unidos 165; sobrevivência dos súditos britânicos 92, 230/231; visita de Gould e a elaboração do plano de paz 154
Graham, R.B. Cunninghame *ver* Cunninghame Graham, R.B.
Grammont-Caderousse, duque de 57
Gran Chaco 21, 64, 115 e 205
Grant, Ulysses 175, 186, 207 e 209
Gregório XVI, papa 42
Guaranis, índios: baixas na guerra 235; escravidão pelos jesuítas 22 e 24; língua 16, 20; música 78; primeiros colonizadores espanhóis 20; recrutamento por Ros 24; tratamento de Francia aos guaranis 30 e 35
Guerra da Tríplice Aliança: ação em Humaitá 144; acordo de paz 113, 142/145, 154/155 e 157; assinatura do tratado 106, 109 e 143; baile de máscaras 94 e 127; baixas 112, 118, 121/122, 125, 139, 151/152, 154/155, 159, 161, 195, 200, 203, 225/226; batalha de Estero Bellaco 138 e 140; bloqueio 145; campanhas de Caxias 161, 165/166, 189, 191, 201/203; captura de um navio brasileiro pelo Exército do Paraguai 116; captura e rendição de Uruguaiana 118, 120, 180 e 206; carta de Skinner a Washburn 216; comemorações pelo aniversário de Francisco 99, 151 e 165; conde d'Eu 96, 118, 206/211, 215 e 220; confissão de Maiz 85; conquista da província de Mato Grosso pelas tropas paraguaias e a reconquista pelo Exército brasileiro 100/103, 107 e 152; coragem das tropas do Paraguai 195; Corumbá 101/102 e 152; derrota de Riachuelo 114, 116/117, 120, 123, 128 e 200; destino da filha de Burgos 74; encontro de Mitre e Francisco López 143; envolvimento com McMahon 193; fortificação em Ascurra 207, 209/211; fracasso da campanha de Estigarribia na Argentina 118; fuga de Francisco de Pikysyry e de Lomas Valentinas 200/201, 225 e 252; impressões de Gould 152/157 e 222; massacre de Piribebuy 197, 203/204, 207/211; maus-tratos infligidos a Juliana Martinez 181; medo de Stewart de ser assassinado 200; morte de Juana Pesoa 217; Nossa Senhora de Caacupé 126; ofensiva das tropas brasileiras a Curupaity 141, 161 e 252; papel de mediador da paz de Washburn 144; Paraguai perde o controle dos rios Paraná e Paraguai para as forças aliadas 203; partida de Assunção para Humaitá 115; perseguição aos embaixadores estrangeiros 147; retirada dos moradores de Assunção 167; saída do Uruguai do cenário da guerra 147; tortura, maus-tratos e assassinato de prisioneiros 102, 104, 115, 118, 135, 150, 159, 163, 179/181, 184/185, 187, 190, 197 e 214; tratamento cruel infligido a Pancha Garmendia 217; tropas e equipamentos

111/112, 118/119; visitas das esposas do corpo diplomático a Elisa 87; Washburn, Charles 39, 42/45, 59, 68, 74/75, 85, 89/90, 92/94, 99, 100, 115, 120, 125/131, 144/149, 154, 157, 162/163
Guizot, François 53

Haussmann, barão Georges 67/68 e 233
Hayes, presidente Rutherford B. 226
Hinistrosa, Gregorio de 23
Hugo, Victor 53
Humaitá: fortificações 41, 97; quartel-general de Francisco 128; ruínas 234; tropas 78
Humboldt, Alexander von 34

Igreja Apostólica Romana: bula papal transferiu a autoridade da diocese de Assunção para Buenos Aires 138/139; confisco dos bens da Igreja por Francia, que se intitulou chefe supremo da Igreja 32/33; recusa da anulação do casamento de Elisa 96
Inglaterra *ver* Grã-Bretanha
Irala, Domingo Martinez de 18/21
Irlanda: a Grande Fome 50
Isabel II, rainha da Espanha 61
Isabel, princesa do Brasil 95, 118 e 207
Itália: apoio ao bloqueio do exército brasileiro 147; relacionamento do cônsul com López 209 e 227

Jaray, Dom Luis de Cespedes 22
Jesuítas: papel exercido no início da história do Paraguai 22/25, 29/30, 35 e 91
Josefina, imperatriz da França 74, 95 e 110
Jovellanos, doña Dolores Carisimo de 90, 120/121

Kirkpatrick, William (avô da imperatriz Eugénie) 58
Krüger 135
Kundt, general Hans Von 238

Legião dos Paraguaios Livres, dissidentes paraguaios 118 e 144

Lescano, Pedro 84/86
Libertat, cônsul da França 191
Lima, Vianna de (ministro das Relações Exteriores do Brasil) 91
Lincoln, Abraham 88, 104 e 145
Liszt, Franz 53 e 236
Longchamp, Marcel 34
López, Adelina (filha de Francisco e Juana Pesoa) 73
López, Basilio, bispo de Assunção 42 e 75
López, Benigno: almirante da Forças Navais 103; desprezo por Elisa 62/63; filho preferido de Carlos nos últimos dias de vida 84; personalidade e aparência 42; prisão domiciliar depois da morte de Carlos 84, 99; prisão, tortura e morte 84, 152, 171, 184 e 194; propriedades compradas por Elisa 125; viagem à Europa com Francisco 46
López, Carlos Antonio: antecedentes 38; aparência 38; batismo de Panchito 75/76; Constituição e o governo do Paraguai 39; dificuldades diplomáticas 40; doença e morte 84; doações para a construção de sua estátua 87; Francisco, o filho preferido 48; Longevidade 77; recepção hostil a Elisa e a Francisco 66; Teatro Nacional 79 e 80
López, Carlos (filho de Francisco e Elisa) 8, 235 e 239
López, Corina Adelaida: nascimento e morte prematura 73 e 241
López, doña Juana Pablo Carillo (mãe de Francisco Solano): açoitamento 171; captura e libertação pelos soldados brasileiros 217; crítica a Benigno (forçada) 99; doença por excessos alimentares 163; Elisa e o Teatro Nacional 79; esposa de Carlos 38; pedido de ajuda ao embaixador dos EUA 167; pedidos de clemência para Benigno e Venancio 160; suposta conspiração com Saturnino Bedoya 124; traje para o baile de máscaras 94; viagem de navio a Nueva Burdeos 81 e 225

López, Elisa A. Solano (neta de Elisa e Francisco) 10

López, Emiliano (filho de Francisco e Juana Pesoa) 73, 209, 217, 229 e 235

López, Enrique (filho de Francisco e Elisa) 8

López, Federico Noel (filho de Francisco e Elisa) 8, 234/235

López, Francisco Solano: ambição 60; ataques de fúria quando embriagado 132; batismo de Panchito 75/76; captura do navio brasileiro 116; celebração de uma missa de ação de graças pela recuperação da saúde 151; considerado proscrito 211; coroas de louros 95; crueldade – aristocratas 46; cuidado de Elisa quando adoeceu 151; eleito presidente pelo Congresso 86/87; em Paris 107; encontro com o general Mitre 143; escolha de Luque como capital 167; exílio e prisão de dez mil paraguaios importantes 89; *Francisco Primero* 96; fuga final 211; funcionários civis e ministros 73; guerra – preparativos iniciais 72; "Herói de Corrientes" 46; Humaitá/Paso Pacú 147, 161 e 229; imitação da coroa de Napoleão em gesso 110; infidelidade 73; marechal do Paraguai 109; mediador na guerra civil da Argentina 77; medo e paranóia 129/130; morte e enterro 221/222; notícias na imprensa internacional 214; Palacios 76; partida para Ascurra, Caraguatay e San Estanislao 212 e 214; pedido de casamento à princesa Isabel do Brasil 95; perseguição de súditos britânicos 92 e 230; personalidade e aparência 43; petição ao papa para anular o casamento de Elisa 96; posição oficial – sucessor de Carlos 74; preparação para a guerra 98; quartel-general em Pikysyry 178; quartel-general em San Fernando 160; realização de bailes 93; recompensa pela coragem 117; recusa a abdicar 144; residência oficial 71; responsável pela morte de quase toda a população masculina do Paraguai 225; retorno ao Paraguai com Elisa 65; show da lanterna mágica 136; sistema de empréstimo para os paraguaios 92; testamento 231; viagem à Europa 46; vitória em Mato Grosso e derrota em Riachuelo 114, 116, 117, 120, 123, 128 e 200

López, Inocencia: captura e libertação pelos soldados brasileiros 167 e 225; casamento 90; comportamento na época de Carlos 42; morte e tortura do marido 139; na fuga final de Francisco 211; preocupação do embaixador dos EUA com seu bem-estar 169; prisão e maus-tratos 152, 205 e 216; relacionamento com Elisa 66 e 81; traje para o baile de máscaras 94; viagem de navio para Nueva Burdeos 81

López, Jorge Manuel (neto de Elisa e Francisco) 10

López, Leopoldo Antonio (filho mais novo de Francisco e Elisa) 233

López, Panchito (Juan Francisco) 69/70, 74/76, 86, 96, 121, 143/144, 151, 168, 179, 219/221

López, Rafaela: captura e libertação pelos soldados brasileiros 167 e 225; casamento 90; comportamento na época de Carlos 42; Elisa 66, 81; preocupação do embaixador dos EUA por seu bem-estar 169; prisão e maus-tratos 152, 205 e 216; traje para o baile à fantasia 94; viagem de navio para Nueva Burdeos 81

López, Venancio: assassinato 216; no Teatro Nacional 79/80; pedidos de clemência da mãe 160; personalidade e aparência 42; prisão 160

Luís Felipe, rei da França 53

Luís Napoleão *ver* Napoleão III

Ludwig, rei da Baviera 57

Luque 74, 167, 171, 174, 179, 198 e 203

Lynch, Corinne 53 e 54

Lynch, Elisa Alicia: admirada na região do rio da Prata 66, 77 e 80; antipatia pelo general Robles 114; atividades de capta-

ção de recursos 93; baile para comemorar a vitória na cidade de Uruguaiana (realizado apesar da derrota) 118, 120, 180 e 206; banhos em Piribebuy 197, 203/204, 207/211; captação de recursos nos bailes/joias das mulheres 93; casamento 54; casas 69; com McMahon, embaixador dos EUA 97; como amazonas 157/158; compra de propriedades 125; confisco do dinheiro do tesouro público 124, 151/152, 209, 211 e 232; conhecimento de seu caráter cruel 86; corridas de cavalo em Campo Grande 99; descrição de McMahon 194, 198 e 204; em Paris 59; exílio ver capítulo 14; fuga e captura 203; gentileza 166; heroína nacional ou aventureira assassina 241/242; hospitalidade 20; Humaitá 131; infidelidade de 73; influência sobre 89; insultada pela imprensa argentina 62, 97, 104, 156, 194, 198 e 214; intermediação dos diplomatas estrangeiros para enviar dinheiro e bens para o exterior 209/210; juventude e antecedentes 49; Michael, seu amante russo 56; morte 237; Museo Madame Lynch 241; o*demi-monde* parisiense 58; partida de Assunção 115; piano 113, 127, 167 e 213; privilégios de esposa de um chefe de Estado 87; processada pelo governo do Paraguai 235/236; processos judiciais por questões financeiras com Stewart na Inglaterra 229/232; regente em Assunção 123; retorno ao Paraguai 10, 226 e 234; roubo das joias da estátua de Nossa Senhora de Caacupé 126; Teatro Nacional 79/80; túmulo no cemitério de Père Lachaise e transferência dos restos mortais para o Paraguai 237/239; viagem de navio para Nueva Burdeos 81; viagem para o Paraguai 60
Lynch, John (pai de Elisa) 49/50

Maiz, padre Fidel 44, 75, 84/86, 182, 185, 188, 191/192, 194, 211 e 215

Malária 35, 138, 150, 212 e 229
Manlove, James 166, 168, 190 e 200
Marcó, coronel Hilario 215
Marquez, coronel Coriolano 94
Martinez, coronel 160 e 162
Martinez, doña Juliana Echegaray de 90, 162, 181, 192 e 194
Masterman, George: assassinato de prisioneiros de guerra por ordem de Francisco 159; baixas na guerra 154; biblioteca em Assunção 68/69; condições do hospital 123/124; corridas de cavalo em Campo Grande 99; costumes sexuais dos paraguaios 76; depoimento sobre o medo de Stewart de ser assassinado 192; diretor do Departamento Farmacêutico do Exército 97; estadia na embaixada dos EUA 169; jantar com 131; motivos de Caxias para não capturar López 201; prisões 163/164; relacionamento dos cônsules da França e da Itália com López 163; show da lanterna mágica 136; tratamento da señora Jovellanos 121
Mathilde, princesa 58
Mato Grosso (província do Brasil) 100/103, 107 e 152
Mato Grosso 41, 100/103, 107, 152,
Maximiliano, imperador 96 e 148
McMahon, general Martin T. 193/195, 197/198, 204, 207/210, 227 e 232
Mendez (comerciante preso por ordem de Francia) 32
Mendoza, Dom Diego 18
Mendoza, Dom Gonzalo de 18/19
Meza, almirante Pedro Ignácio 115/116
México 17, 21, 60, 88/89, 96 e 148
Michel, comandante (do *Doterel*) 157
Milton, John 73
Misiones 104, 113 e 118
Mitre, presidente Bartolomé 88 e 104
Mongilo, coronel 214
Montevidéu 23/24, 97, 100, 106, 113, 117/118, 146, 176, 193 e 227
Montez, Lola 57

Napoleão III, imperador da França 12, 25, 44, 46/48, 54/56, 58, 60/61, 68/69, 74, 81, 88/89, 91, 94/96
Napoleão Bonaparte, imperador 12, 25, 44, 46/48, 54/56, 58, 60/61, 68/69, 74, 81, 88/89, 91, 94/96
Napoleão, príncipe *Plon-Plon* (primo de Luís Napoleão) 58

O'Leary, Juan E. 244
Osorio, Dom Juan de 17
Osório, general 134 e 146
Otero, Caroline (*La Belle*) 57

Pacífico, Guerra do (entre Bolívia e Chile 1879/84) 238
Paddison, George 68 e 97
Paiaguás, índios (índios canoeiros) 16/19
Palacios, Manuel Antonio: acusado de atrocidades 201; balões de reconhecimento do exército brasileiro 137; batismo de Panchito López 75/76; bispo de Assunção 42, 90, 96 e 126; jantar com Elisa em Humaitá 131; Nossa Senhora de Caacupé 126; prisão, tortura e morte 138, 185/186, 194; show da lanterna mágica 136
Pantéon de los Heroes 12/13 e 239
Paraguai: alojamentos em Cerro León 78, 97, 198, 201/203 e 207; aristocracia destruída na batalha de Estero Bellaco 138; armas 111/112; característica do povo 195; Constituições 30, 38/39, 54/55, 83, 85, 86 e 235; costumes sexuais 76; devoção dos paraguaios a López 115 e 156; diminuição da população 15; disciplina 34; exército descalço 103; exílios dos paraguaios 98; geografia e o início da história moderna 15; impressões dos efeitos da guerra de Gould 152/157 e 222; independência da Espanha 28; níveis de alfabetização 40; preparativos para a guerra 98; prisões e torturas no governo de Francisco *ver* tortura; processos do governo contra Elisa Lynch 235/236; rios Paraguai e Paraná 16, 18, 21, 64, 81, 100, 148, 159/160, 189, 203, 205, 238/239; tesouro escondido 234; uniformes 150
Paraguai, rio 16, 18, 21, 64, 81, 100, 148, 159, 160, 189, 203, 205, 238/239
Paraguari 27, 116 e 210
Paraguayo Independiente 40 e 45
Parsons, capitão 190
Paso de la Pátria 64
Paso Pacú 147, 161 e 229
Patiño 71, 91, 204,
Patiño, Polycarpo 38
Pearl, Cora 56, 58 e 80
Pedro II, imperador do Brasil 60, 72, 88, 95/96, 103, 109, 117, 133, 144, 186, 202, 206, 226 e 237
Peninsular, guerra 25
Père Lachaise, cemitério 7, 9/10, 237 e 242
Pereira, Leite 167, 170/171, 174 e 185
Perón, Juan e Evita 12/13
Peru 16/18, 21, 24 e 60
Pesoa, Juana (amante de Francisco) 73, 209, 217 e 229
Pilcomayo, rio 11 e 18
Pio IX, papa 137
Piribebuy 197, 203/204, 207/211
Pizarro, Francisco 17
Portugal, cônsul *ver* Pereira, Leite
Prata, região do rio da Prata 16/17, 20, 23, 26, 46, 70 e 201

Quatrefages, Xavier (marido de Elisa Lynch) 54, 56 e 231
Quell, Hipolito Sánchez 9/10
Querandis, índios 17/18

Raça: antecedentes da mistura racial dos paraguaios 20; aversão de Francisco Solano López aos espanhóis 36; leis de Francia para humilhar os espanhóis 91
Ramos 135
Recaldè, Dolòres 181, 184 e 194
Regeneración Paraguay 214/215
Rengger, Johan 34

repovoamento do Paraguai, 205/206
Resquín, general 102, 199/200, 212, 214/216 e 219
Rhind, James 163/164
Riachuelo, derrota naval 114, 116/117, 120, 123, 128 e 200
Rio de Janeiro 17, 100/101, 103, 120, 150, 161, 166, 168, 176, 193 e 200
Rio Grande do Sul 35, 104, 113/114, 117/118
Rivero, major 214
Robertson, John 30/31 e 34
Robertson, William 34
Robles, general Wenceslao 113/114, 117/118 e 121
Rodriguez 167, 170/171 e 174
Rojas, Dom Lázaro (pai natural de Francisco Solano López) 38, 43 e 84
Rojas, Manuel 86
Romàn, padre 184 e 191
Ros, Dom Baltasar Garcia de 23
Rosas, Juan Manuel de 39
Roubo das joias da Nossa Senhora de Caacupé por Elisa 126

Saavedra, Hernando Arias de 22
Sagan, princesa de 56
Sagastume, José Vásquez 97 e 100
Saguier, capitão Adolfo 127, 194 e 209
San Estanislao 212 e 214
San Joaquín 215
Sánchez, Dom Carlos 90 e 184
Santa Anna, Antonio López de 89
Schneider, Hortense 57
Schnock, Adelaide (mãe de Elisa Lynch) 49
Show da lanterna mágica 136
Skinner, Frederick 128, 197, 216 e 220
Solalinda, Dom Manuel 208
Solano, Francisco (o primeiro santo do Paraguai) 215
Solis, José 172
Somellera, Benigno 31
Somellera, doutor Pedro 29/31
Sousa, general 26
Stark, William 200

Stewart, George 200, 204, 209, 216, 229, 230/232
Stewart, William: cirurgião-chefe do exército 97; discursos bombásticos e violentos de Francisco contra o embaixador dos Estados Unidos 154; jantares com Elisa 131; médico pessoal de Carlos ao seu lado nos últimos momentos 84; paranoia e covardia de Francisco 131 e 150; prisão da família 200; processo judicial de Elisa contra ele para recuperar o dinheiro depositado no Banco da Inglaterra 209; testemunha no testamento de Francisco 197; torturado por ordem de Francisco 183
Stroessner, general Alfredo 9/10, 12/13, 53, 59, 226 e 240

Tamandaré, almirante 118 e 133
Tamburini 53
Taunay, Alfredo d'Escragnolle 211
Taylor, Alonzo 68, 179/181, 183/185, 190, 197/198
The New York Times 156
Thompson, coronel George: destino das joias depositadas no túmulo do general Diaz 128; estratégia da guerra e contribuição para o esforço da guerra 112 e 123; estratégia de Caxias 201; Francisco e Elisa 128; Paso Pacú (a casa fortificada de Francisco) 147, 161 e 229; prisão de Stark 200; show da lanterna mágica 136
Thorton, Edward 91
Timbus, índios 18 e 19
tortura: aristocracia espanhola 98; "conspiração" de Washburn *ver* capítulo 11; Benitez 172 e 184; Bliss 182/194; *cepo uruguayana* 180, 182, 184, 190 e 193; colonos de Nueva Bordeos 148; da família de Francisco; esposa de Marcó 215/216; Manlove 166, 168, 190 e 200; ordens de tortura de Francisco quando embriagado 132; Romàn (torturador) 184 e 191; Saguier 127, 194 e 209; San

Fernando 160; tropas 156; Urdapilleta e os filhos 36/37; Watts 116 e 200
Três Bocas 16, 64 e 115
Treuenfeldver Fischer-Treuenfeld, barão von 97 e 149
Trevelyan, *Sir* Charles 51
Tríplice Aliança, Guerra da *ver* Guerra da Tríplice Aliança
Túmulo da família Martin no cemitério Père Lachaise 7 e 9
Tupac Amaru II 44

Urdapilleta, capitão Pascual 36/37
Urquiza, general Justo José de 39, 97, 100, 104/105 e 112
Uruguai: anos de exílio de Artigas no Paraguai 34; apoio ao bloqueio do Exército brasileiro 147; conflitos civis 72; disputas com o Brasil e a Argentina 88; embaixadores 100/111; inquérito no Congresso sobre a violação do bloqueio da Marinha dos EUA 145; queda do governo do Partido Branco 97; retorno de McMahon aos EUA *ver também* Washburn, Charles; tropas de Carlos atiram no navio Waterwitch dos EUA 41
Uruguaiana 118, 120, 180 e 206

Valpy, Henry 225, 230/231
Varela, Dom Florencio 87
Varela, Héctor 57, 71/72 e 80
Vasquez, Dom Nicholás 86
Velasco, Dom Bernardo 25/29, 31 e 40

Vénard, Élisabeth-Céleste, condessa de Chabrillan 57
Venezuela 25
Versen, major Von 166
Vila Maria (família de Mato Grosso) 102/103
Villoing, Thérèse (Lachman de solteira), marquesa de Païva, condessa Henckel-von Donnersmarck 57
Vítor Emanuel II, rei da Itália 88
Vitória, rainha da Inglaterra 46, 49, 58, 88, 94 e 131
Von Wisner de Morgenstern, coronel François du Genie Enrique 77 e 108

Washburne, Elihu B. 207
Watts, John 116 e 200
Whytehead, William: como enfermeiras 124; obrigadas a trabalhar no cultivo dos campos e nos matadouros 138

Xarayes, lago 16

Yegros, coronel Fulgencio 29 e 31
yerba maté 25, 35, 40, 67, 72, 82, 107, 229 e 231
Ygatimy 215
Young, Henry Lyon 155, 196, 215 e 234
Ysquibel, doña Juana 30

Zavala, Bruno Mauricio de 23/24
Zinny, Antonio 90
Zola, Émile 58
Zubizarreta, Carlos General 211